天下眾生・無所不相・凡入眼內・皆可為相

相不能渡無緣

相不能改業障

相不能轉生死

相不能逆宿命

# 額耳玄機

李英才

# 圓方立極

「天圓地方」是傳統中國的宇宙觀，象徵天地萬物，及其背後任運自然、生生不息、無窮無盡之大道。早在魏晉南北朝時代，何晏、王弼等名士更開創了清談玄學之先河，主旨在於透過思辨及辯論以探求天地萬物之道，當時是以《老子》、《莊子》、《易經》這三部著作為主，號稱「三玄」。東晉以後因為佛學的流行，佛法便也融匯在玄學中。故知，古代玄學實在是探索人生智慧及天地萬物之道的大學問。

可惜，近代之所謂玄學，卻被誤認為只局限於「山醫卜命相」五術、及民間對鬼神的迷信，故坊間便泛濫各式各樣導人迷信之玄學書籍，而原來玄學作為探索人生智慧及天地萬物之道的本質便完全被遺忘了。

有見及此，我們成立了「圓方出版社」（簡稱「圓方」）。《孟子》曰：「不以規矩、不成方圓」。所以，「圓方」的宗旨，是以「破除迷信、重人生智慧」為規，藉以撥亂反正，回復玄學作為智慧之學的光芒；以「重理性、重科學精神」為矩，希望能帶領玄學進入一個新紀元。「破除迷信、重人生智慧」即「圓而神」，「重理性、重科學精神」即「方以智」，既圓且方，故名「圓方」。

出版方面，「圓方」擬定四個系列如下：

一・「智慧經典系列」：讓經典因智慧而傳世；讓智慧因經典而普傳。

二・「生活智慧系列」：藉生活智慧，破除迷信；藉破除迷信，活出生活智慧。

三・「五術研究系列」：用理性及科學精神研究玄學；以研究玄學體驗理性、科學精神。

四・「流年運程系列」：「不離日夜尋常用，方為無上妙法門。」不帶迷信的流年運程書，能導人向善、積極樂觀、得失隨順，即是以智慧趨吉避凶之大道理。

在未來，「圓方」將會成立「正玄會」，藉以集結一群熱愛「破除迷信、重人生智慧」及「重理性、重科學精神」這種新玄學的有識之士，並效法古人「清談玄學」之風，藉以把玄學帶進理性及科學化的研究態度，更可廣納新的玄學研究家，集思廣益，使玄學有另一突破。

**李英才**，廣東電白縣人，沉醉術數，雅好琴箏，自稱「相琴兩癡」。八四年開始在社區設班公開教授掌相風水，學生人數為全港之冠。所設課程，相理、心理、哲理、情理共冶一爐，課堂上生動活潑，為全港唯一一位最專業而細緻、實例最多的術數老師，並為傳媒爭相報道。

春節聯歡，十年如一

師公率眾，共賀新春

五代同堂，齊賀師公

入門禮儀，深感榮寵

師徒連心，父子深恩

頂禮叩首，徒孫感恩

場面鼎盛，年年相聚

筆者訓話，學員細聽

學員表演，同台助慶

師公著作，人人有份

才藝助慶，情同家人

齊歌頌唱，喜慶連場

秋季聯歡，郊遊喜慶

師公傳藝，徒孫細聽

師徒歡聚，童真重現

言情真摯，師徒連心

# 代序一

英明相理典漢範
才俊達道樹楷模
耳蘊玄機辨心性
書存濟世展師豪

我和李英才師父的認識，是一個緣分的巧合，一段忘年之交就以徐志忠神父的介紹開始，偶爾在聖堂中的閑談，很奇怪以徐神父的身份，也會接觸相學。

我當時是該聖堂的堂區議會會長，經常和徐神父在一起；他對每一位教友的關懷，尤其是對小朋友的愛護，都在他的言行中流露了出來：「啊，你的小朋友腎水較差，小心身體，不要飲那麼多的冰冷飲品，你看他圍繞嘴唇的白邊，都浮現出來了」；「你的小朋友的耳朵很厚，很有福氣，要好好的栽培他」。輕輕的一言、淡淡的一語，都為教友帶來陣陣的溫馨！也令我由衷的佩服。

有一天，神父對我說：「師父的實例講座，有幾個免費的學位給我，你有沒有興趣？」我看一看記事簿，剛巧有空，便答應了他。

那天，我特意穿了很隨便的衣服，頭也不甚整理的，和幾個朋友一同前往。我見有兩三個學員出去作示範時，都很滿意而回，於是我也舉手出去任他品評（當時神父尚未有時間為我倆作介紹），我依他們的慣例，在黑板寫上自己的姓名和年齡（當時是六十一歲，名字自己也刻意寫得潦草）。

我還記得：「您閱歷很深，讀書很多，道德觀念很是濃厚！」

「江湖之言」，我心裏說。經過一兩分鐘普遍的論說後，他再說：「你太太很是漂亮的」，話還未完，我一派不信，便衝口的說：

「每一個人都說自己的太太漂亮的！」

「不過，在你六十歲前，你太太已離你而去！」他繼續的說。

全室嘩然，而我自己也愣住了，因為我太太在一九九七年香港回歸前，我五十八歲時確真被天父蒙召！

我不得不佩服得五體投地！

課程完結後，神父才為我倆作介紹。

經過多次的交往，我總覺得李英才師父不是一般的掌相術士；他除有術數這方面的天分外，也過目不忘，觀人更是了得；最難能可貴的，還是他為人的謙厚；不過我最欣賞他的，還是他真的導人向善，為人指點迷津；就好像本書裏，他曾說：「小孩耳朵相理不佳，是父母帶給他們的，所以應該是父母的責任，不可責怪小孩，否則不但小孩一生蒙受陰影，而家庭也可能帶來更多和更大的禍害」。

記得我太太在讀師範學院時的一位博士女講師，就有一段終生極為遺憾的往事：

「我爸爸是一個大富人家，生意一直都不錯，不過，在我出世後，爸爸的生意就慢慢的走向下坡，不知怎的，這個偌大的責任，竟落在我的身上，說我什麼：腳頭不好。自此以後，爸爸不但沒有抱一抱我，連正面望我一眼的機會都沒有，我一直就在他眼中隱形之下成長過來。雖然我很努力，力爭上游，考獲博士的最高的榮譽，也是各兄弟姊妹中成績最好的一個，可惜始終得不到爸爸的重視，也得不到與兄弟姊妹同等的看待！」

聽一聽這個經常發生在我們身邊的故事，再看一看師父前面的一番說話；可真是對那些冥頑不靈、迷信術士之人的當頭棒喝，也說明師父之語重而心長！

我太太的老師懂得化悲憤為力量，卒能學有所成！若是普通孩子，或會因此自暴自棄或反叛，不但在家庭內永無寧日、造成悲劇，更會將問題帶到學校、警署、懲教署、法院、社會福利署、監獄等不一而足。

為人父母者，不能不引以為戒！

如能早看師父之書、早聽師父之言，定能減少很多悲劇的出現。

希望師父能多寫好書，用正確的理念去將玄學之玄、迷信之迷，變得科學而理性，慢慢的潛移默化，為社會帶來溫馨，為世界增添歡暢，為人類回歸真、善、美。

另外，我也想將一些美好東西和大家共同分享，讓美好事物能更快速的傳揚，更有效的發揮功能。

我閱讀此書稿，覺得淺白而易明；畢竟耳部的範圍不大，變化亦不多，較為容易掌握；熟讀之，可以怡情、可以養性、可以沉思、可以啟疑、可以……

既然不同的耳朵長相和位置，足夠見證個人獨特的情志性向、生理結構等，所以我認為此書：

**為父母者要讀：**父母熟讀此書，及早知道子女的個性，從而悉心栽培，針對其弱點，加以正視而矯正；明白其優點而加以強化，使之更能發揮所長，造福社會，不致選擇錯了學科而貽誤終生或未能盡展所長，俗語有云：男人最怕入錯行，女人最怕嫁錯郎。

譬如：父母一早知其子女耳理粗糙、肉質不細，或耳朵過大時，就要有所警惕，他們子女可能會是個不守約的人，腎臟也可能為：大而不當。因為腎大，人也隨之粗枝大葉，精志難守，工作熱誠不夠，腦力難以集中，心無城府，但也苦無良策。這類型的人多是被動，需要有位積極、幹練的工作夥伴或生活伴侶，不時的在背後督促；那麼你就要為你的子女安排多一些這類型的朋友給他們，使他們受到感染而有所改善！

**為教師者要讀：**教師對青少年的成長，極為重要，誘導不善，將會帶來永久性的傷害；誘導得宜，不單令學生學有所成，也能為社會培育棟樑。

相信大家都會同意，教育應從小做起；例如：一些耳朵隱約不現的學生，其個性也較孤僻，不好群體生活，行事多思多慮，優柔寡斷，生性拖拉好磨；為師之道，就應該將他編配到一些踏實的同學的組別，並儘量找他做一些「行長」，甚而「班長」等領袖性的工作，久而久之，定能有所改善。

**為社工者要讀：**社工被大家尊稱為「北斗」，北斗者，北斗星也。一直以來，北斗星都引領着探險家和航海等人士，使他們不致於迷失方向；就好像社工引領着還迷途的羔羊，使他們納入正常的生活軌道。

但社工怎樣才可以埋身去接觸他們呢？

「知其過去」是最要家的方法。

這本書，除教導你「以耳觀人」外，對耳飾與心性，亦作很深入的研究；

尤其是新入行的社工，如能細心閱讀、勤加思考、多予揣摩，定可助你一臂之力去面對你那一群青少年的心性，逐個擊破，恰如其分的給予輔導，那他們又怎不對你佩服得五體投地的去聽從你的訓誨，而廣收宏效哩！

**為領袖者要讀：**作為一個領袖，權勢和金錢，雖然重要，但最重要的還是要「知人善用」。

每一個人，都有他的長處，同樣地也有他的短處；一個精明的領袖，若能讓他的員工儘量施展他的長處，他一定能幫機構或公司賺取榮耀和利潤；反之，不單會令機構或公司業務停滯不前，更甚的可能會整體都受到拖累！

例如：從耳朵的紋理中，你知道他是一個臀高的人，那麼你應該知道他是一個心性較浮誇不踏實，好自誇自耀，說的比做的多，又好大喜功的人，在團體分工中，意見最多的、挑剔最多的是他，效率最低的更是他；幸而此人無絕對的壞品，眼高手低雖是其缺點，但其本性並不壞，而且耳力普遍不錯，所以能接收更遠、更多的音訊。

所以在聘請員工上、在安排工作上，就要作出適當的調配！

熟讀本書，每一個員工的性格和傾向，你都瞭如指掌，那你又怎不無往而不利呢？

**為員工者要讀：**俗語有云：唔怕官，最怕管。雖然事事擦鞋，阿諛奉承或會奏效，但基本上自己的工作和表現，都要得到上司的認同和肯定，才有成功感和滿足感。

熟讀本書，對上司的瞭解加深，避重就輕，一定能夠事半而功倍，升職加薪，亦是指日可待的事！

**為商賈者要讀：**為商之道，「知己知彼、百戰百勝」，所以觀人於微，對你的成敗得失，極為重要；如果耳朵方正，額與頷形成一橢圓形者，別以為此人好講話，圓滑的交際手腕不表示有話好說，他自有堅持固守的基本則，再讓步都有限，同時對他的讓步也別抱以樂觀，老謀深算正是其人，必有應變之招，倒頭來自以為佔了便宜，其實吃虧的還是你！

與人談生意時，對方的長相先看個清楚！耳朵和頷骨的弧度像條拋物線者，其經營理念前進而主動，有靈活的管理概念和企劃方案；如果拋物線出現兩度以上者，更是精明刁滑，不僅做事有一套方法，生活更有一套理念，實非簡單人物，絕非等閑之輩；然而人非完善不缺，在可融通的限度內，也不必斤斤計較，錙銖必爭，否則顧此失彼，因小失大的可能性不是沒有。尤其是找合夥人，更應先估量自己的分量再出發仍不嫌遲。

**墮愛河者要讀：**先瞭解自己耳弧與頷弧的組合是什麼長相，尋出個性的屬類和特質，並瞭解對方的底細；如女方的耳弧和頷弧呈圓滑，特別是緊連式的耳垂，直接與頰頷部順連而下者，如果男方的弧度不夠理想，這樣的交往，勢必是女的處於主控地位，男的只能唯唯諾諾，固然女權持續高漲，除非男方甘之如飴，想必沒多少大男人願意受人頤指氣使，呼來喚去。

如其人之耳，上下大小相當，耳緣厚實圓順，則顯示其人踏實而磊落，不畏困難，多能出人頭地；如此看來，這樣的對象，應可付托終身吧。

**為……要讀：**放在案頭、放在心裏、尤其放在腦中；

遇有困惑、遇有疑慮、尤其遇有煩惱；
不妨加以引證，看看天地之造化、
看看教育之潛移、
看看關懷之啟思；
不難將你的困惑解除、
不難將你的疑慮散去、
更不難將你的煩惱掃推，
那時你便可海闊天空，
任意翱翔，隨心所居！

後學 **麥漢楷**

癸未孟冬於愛蓮軒

# 代序二——望診與相學

第一次聽到李英才師父的名字，是一九九四年前的事了，那時一位朋友剛上過李師父的掌相學課程，向我說李師父的口才很了得，上他的課娛樂性十分豐富。

我問朋友李師父有沒有真材實學，他說上課時當了活「教材」，讓李師父即席替他看掌相來作示範，結果令他十分驚訝。

原來我這位朋友曾經有機會發展一段異地情緣，可惜由於他優柔寡斷而錯過了，這段經歷居然給李師父說了出來。

朋友這番上課體驗，我聽完就算，想不到事隔多年，我和李師父有緣認識了，更想不到的是，我的診所和李師父的辦公室原來在同一幢商業大廈，更更想不到的，是我替李師父的作品寫起序來。

中醫治病，望、聞、問、切（把脈），是四大本領，每一項都是高深的學問，當中的「望」，就是望診，意思是醫者用眼睛觀望病人的身體形態、舉止動靜、臉色眼神、膚色毛髮、四肢五官和舌頭舌苔等等，來判斷病情的技藝。

古醫書《難經》說：「望而知之謂之神，聞而知之謂之聖，問而知之謂之工，切而知之謂之巧。」我們行醫，如果望聞問切都精通，即使面對疑難重病，判斷病情起來也能舉重若輕了。

中醫學的望診和中國掌相學，各有獨步天下的地方，也由於兩者都源自偉大的陰陽五行學說，雖然各有側重，想亦不乏相通之處。

對於掌相學，我是門外漢，今欣悉李師父新著即將出版，在書中暢談從耳朵看病理和人生，正是增長見聞的良好時機，藉此書窺探一下相學的堂奧矣。

**劉彥麟**

# 代序三——從子女面相尋找教養方法

我經常要為家長籌辦講座和工作坊。在今年的家長講座中，最受歡迎的，是「兒童面相與家長管教的關係」。

講者談笑風生，引喻恰當，誨人教化，不偏不倚，家長們頻頻拍掌稱讚，連番道謝。

首場講座完畢，家長們竟「賴着」不肯離場，熱情而善心的講者竟毫不猶疑地答允為我們多辦數場免費講座。多次講座終於完結了，家長們仍央着要再開講座。

這位深受家長愛戴的人，就是李英才師父。

在數次講座中，笑聲此起彼落，部分家長更笑中盈淚。這一則以悲，一則以喜。喜，是得到師父的明燈引路，知道解決方法；悲，是得悉自己不幸的際遇，引申出教養子女的負面手法，而這些手法，竟在子女的面上，留下不滅的印記。對於疏於關懷子女的父母，聽罷確是吃了一記悶棍。

李師父強調兒童教育是着重身教、言教及境教。

他先為每位家長簡單扼要地講述面相，從面容的形態特徵，印證每個人的性格。李師父又會把他們的子女相片，與家長面相作比較，直接指出家長的不足，並提供改善方法。

有一位家長確認夫婦之間常有微言，他們滿以為只是尋常之事，豈料這一切卻深深埋在孩子的心，再而浮現在孩子的面上，以致形成了一幅家族史，更不幸的是使其孩子在成長過程中發展了負面的性格。

師父又提點另一位家長，說她「厚顴埋鼻」，因此平日待人會謙厚隨和，對待子女愛護有加，容忍量大，可惜她只是將平日的怒氣怨憤積聚到不能再容忍時，便一次性爆發出來，她在不穩定的情緒下去教導孩子，因此遣詞用句難免會過火，孩子便會無所適從，也未必受得住，而將此刻的不滿情緒積壓起來，形成子女成長的障礙。經師父的提點，他們才如夢初醒，改掉壞習慣，以免延禍下一代。

李師父強調，看面相不能改變命運，卻能改善命運。兒童面相學是家長教育的教材工具，重點在於從孩子的面相，找出父母的本質。這可以讓父母從中先瞭解自己，然後留意子女的行為思想，找出雙方磨合之方法，從而塑造出子女良好的性格。所以父母積極正面的人生觀，以及和諧的家庭氣氛，正是身教、言教及境教的重點所在。

師父對人觀察入微，引導得宜，能夠從面相學的角度，為家長打開一道奇異的大門。他是一位難得的輔導專家。真想不到，面相學竟會是引領孩子成長的一套實用工具！

而我亦慶幸跟隨師父學習觀人之術，每課均有新的觀念，從而幫助家長面對問題，今得榮寵，為新書點序提筆，確有受寵若驚之感。從事教育多年，由老師至校長的位置，眼看不同孩子的成長，都有着不同的個性，現嘗試採用觀人之術為學生因材施教，及至閱覽「額相大全」的原稿，內容精闢獨到，啟迪了還在相學門檻的我。願廣大讀者亦可和我一起分享這個樂趣；一個熱誠而投入的老師，一個極為低調的相學奇才，卻可令不同年齡、不同階層的人，有着不同的感受，在此衷心預祝師父著作系列的宿願，早日心想事成。

弟子

二零零五年八月

# 自序——人可以貌相

看人是一種本事，是前人累積下來的經驗，十不離九，若是心清一些，更錯不了。

古人說：人不可貌相，我卻說：人絕對可以貌相！這不是我的固執，相信我的學生、朋友亦會認同我這個說法。一而再的踏實分析，數以萬計的實例可足以證明；再者，相貌也不單是相外表，而是要配合了眼神和談吐，以及其他許多小動作。這一來，看人便會更加準確。

獐頭鼠目的人，好不到哪裏去；和你談話時偷偷瞄你一眼，心裏不知打什麼壞主意，這些人要急急避開，愈遠愈好。

## 歷史明證

中國歷史的春秋時期，越王勾踐被吳王夫差所敗，困於會稽，後用文種、范蠡為相，臥薪嘗膽，矢志復仇；十年生聚、十年教訓後，終於復國，一眾追隨他的大臣，亦再重登政治舞台，惟大夫范蠡卻急流勇退，並對文種說：「飛鳥盡，良弓藏，狡兔死，走狗烹」，兼且在史書上留下精采的吉光片羽：「越王勾踐為人長頸鳥喙，鷹視狼顧，可以共患難，而不可共安樂，可以履危，不與履安。」范蠡並勸文種盡快歸隱；可惜文種沒有聽從他的說話。及後文種果然被越王處死，而范蠡和西施，卻可一葉扁舟，往太湖逍遙而去。

至於范蠡對越王勾踐相貌的形容，也恰是對他的評價。類似的忘恩負義之事例，在歷史上一而再的出現，如漢朝的劉邦和宋朝的趙匡胤，就是很典型的例子。

## 相由心生

相學是累積古人經驗，再加上統計智慧所得出來的成果。他們發現形相接近的人，性格也大致相同，甚至連命運也有迹可尋，是為「觀其形，相知其言、行」。可想而知，形相、性格和命運往往有無法言傳的關連。

不錯，面相可以決定性格，漂亮的人難免會恃貌行兇、心高氣傲。畢竟天生麗質是老天爺的恩賜，這與財富一樣同屬個人的資產。

不過，在相學裏，性格不是由面相來定奪的，反過來說，相由心生，乃是由人的素質去決定面相和性格，而性格又再決定命運。

要解釋「相出心生」，除了訴諸宗教或心理學的途徑外，也可根據「醫相同源」及「五行學說」的說法。

相學所說的五行，跟中國傳統醫學有很密切的關係。筆者多年前看過《生剋消長——陰陽五行與中國傳統科技》一書，書中說：「離開了陰陽五行與元氣學說，中醫就不成其為中醫了。今傳的醫學古籍，如《黃帝內經》、《神農本草經》、《難經》、《傷寒論》，莫不盛言陰陽五行。」

至於五行在中醫上的運用，着重的不是它們的本身，而是五行之間的關係。中醫認為，五行相生相剋是人體的正常現象，意思就是，相生相剋是不可分離的一體兩面。沒有生，就沒有事物的發生和成長；沒有剋，就不能維持正常協調關係下的變化與發展。因此必須生中有剋，剋中有生，相生相剋正是相反相成的事態表現。這也就是《老子》章所說「有無相生、難易相成、長短相形、高下相傾、言聲相和、前後相隨」的道理。

中醫理論的觀點認為：人體臟腑組織之間是相互密切聯繫着的，任何一個臟器組織的生理活動，都是整個人體生理活動的組成部分；它們之間，無不存在着相互資生和相互制約的關係。同時，任何臟腑組織的活動，都與外在環境有着一定的關係。五行學說應用於人體生理上，就是在說明人體臟腑組織之間，以及人體與外在自然環境之間相互聯繫的統一性。

至於五行在病理上的應用則是其相輔相成的關係，亦是英才從耳相開始面相系列的一個原因，「耳貫腦而通心，為心之司，腎之候，腎氣虛則昏而濁。」

其實，面相的表現多受「內在素質」影響，「內在素質」一詞值得我們去細味咀嚼，例如我們碰見別人，多從外表去量度對方：胖了、瘦了、疲了、老了、光鮮了、寒酸了，這等等都是很表面化的印象；世故一點的，也不過多一點什麼：顴大鼻小、眉低壓目、耳後見腮之類而已。人最可取、最獨特的，其實是那稱為氣質的內在素質，抹去浮誇表面的神態做作之後，便是那一點精氣神的內在素質。

## 相人就是相心

師父曾說過：「相人就是相心」，低手相人，高手相心，相人容易相心難。但若不懂相人的話，也無從談起相心。以貌取人，是從有形的外在、軀體、形相，去觀察與分析一個人。「觀察」一詞未必就是等同坊間的傳統睇相算命，俗人多在既定模式中去轉。相，是整體觀察的藝術，觀人於微便是處世的學問。

相心所要觀察、要感覺的，是人那無形的內在，是人的第四維，是人身處某種過程中的變化。相心之難，並非因為「心」之虛無縹緲，而是相心不離開觀察者自己的價值觀，不易客觀；對人生還看不透的人，如何去相別人的心？

英才自十多歲開始，術數一直陪伴我成長，直至今天，算一算也度過了三十多個年頭。自一九八四年恩師黎峰華師父推薦英才在屯門仁愛堂教授術數開始，不經不覺亦已在術數教壇上輾轉近三十年。

恩師對英才的影響極深，無論在學問，以及處世方面，都有很大的啟發，讓我永誌不忘。承恩師之教誨，發師門之光芒，幸有門下無數，更幸的是當中亦有執鞭為師，使桃李滿門，得傳師門之教誨，薪火得以相傳。至此，我相信勉強可以對恩師說一聲：「師父，我做到了。」

在這數十年教學生涯中，很多給我看過相的人都成為了我的好朋友，有些甚至在事業上跟我合作起來。最難得的是：有很多學問比我好，經驗比我多，社會地位比我高的人，都成了我相學班的學生外，也都成為「拍檔」、「知己」，跟我一起去研究相學，共同開發、推廣這個新的領域！

人生總有些地方是命運所安排，諸如父母、家人、健康、才智等，然而亦有屬於個人所努力的部分，諸如人生價值、處事態度、道德取向、交朋結友、悲喜苦樂，甚至是取善捨惡等，同樣有大家能力所及之範圍。就以生死來說，雖有天意安排，但生命的意義、存在的價值和態度，卻在乎你我如何面對，行善與樂、積極面對，還是作奸為惡、消極避世。這些抉擇，在英才看來，就是所謂生命境界、昇華之路。人需要學習，亦需要自知，明白什麼是正確，分辨什麼是錯誤。名、利、權、色，雖有吸引之處，但為此而逞一時之快，失一生之運，是否值得？

英才慶幸成長時得遇恩師，獲得術數知識的傳授，而能體會處世做人之理。黎恩師有一口頭禪：「好的拳師並非代表好的教練」，英才執教多年，確有所悟，《三國演義》〈草船借箭〉一節記載：「江邊小船，船艙內，白天。艙壁懸掛《經星昏明迭見圖》及《七十二候圖》……諸葛亮躺在艙內，雙手墊在腦後仔細端詳諸圖……魯肅指着壁上圖表：『先生，此圖有何用途？』孔明笑道：『子敬，亮反要問你，何為將帥？』魯肅：『統兵、陷陣、征討、封疆矣！』孔明：

『古今統兵者，均自以為將帥之才，殊不知將、帥之分，非勇悍之武夫所能通曉。平庸之將，所着重乃兵力多寡，勇猛如何，此類武將如呂布、袁紹等輩比比皆是，不足掛齒。』」

## 術數家的使命

回想今日香港術數界，我輩中人多以大小傳媒、周刊雜誌及生肖流年書等，來證明自家學問之了得；更有習相數載者，匆匆設班授徒，來個財運亨通。然而，我輩是否想過，乘此機會教誨學員人生處世之道？在金融海嘯期間，各界人心惶惶，前途未卜，正是學習玄術之我輩發揮救困扶危、避險止禍之機，而非恐天下之不亂，標奇立異，誇誕不經。一位有道的術數家及老師，該如孔明所述：「比如用兵，這兵字就大有學問，兵者有可見之兵，有不可見之兵，可見者荷戟執戈，肉身之上；不可見者，日月星辰、風雷水火、山川靈氣，如此萬物萬象均可為兵。」簡而言之，天時地利人和都屬用兵之訣，相學與相術之分，同出一理，術數家應以人心立善為主，德行為先，決不止於教人富貴榮華，避談處世待人之態度，而應是導人迷津，免世人陷於歧途，以致愈陷愈深，自是功德無量。

若以術數討好旁人而不知判斷是非、曲直、對錯者，這不異於邪魔奸險？對答間只在乎場面功夫，嘩眾取寵，以偏概全，根由不問，務求客人樂得開心，免於衝撞對峙，投其所好，唯唯諾諾而皆大歡喜，這是本末倒置。昔日恩師教誨：「禍福吉凶由心造」，正如《三國》諸葛亮的智慧：「高明之將帥，不僅知己知彼，善用兵將，還要觀天時，明地利，懂人生；熟讀兵法，料事準確，統帥萬軍，自然遊戲自如，興邦立國矣。」

英才自一九九七年至今，因應社會之變、人心搖擺之際，構思了凡百餘課程種類，將各類掌面相課程及講座配合時機，以應港人之需，目的是借助術數之能，憑一己之心，盡一己之力，幫扶大眾而已，當與坊間同業背道而行，實承恩師所授之哲理做人之道，以完助人之願也。

香港是國際大都市，來自五湖四海的人比比皆是，在某程度上，懂得「帶眼識人」確是比高學歷、高收入更為重要，尤其中港通自由行後，君不見千奇百怪、各式人種匯集香江，罪案頻生，人心比以往更難測、更難料。《論語‧季氏篇》說：「子曰：『益者三友，損者三友，友直、友諒、友多聞，益矣。友便辟，友善柔，友便佞，損矣。』」，可見擇友之重要。

## 相學的深層意義

讀歷史可以訓練人的分析思維，令人變得更聰明；研數學可以訓練人的邏輯思維，使人做事更有條理；而相學則可以讓我們體驗人生，衍生處世待人的哲學，明白是非對錯，知道什麼該做，什麼不該做。有一位姓阮的學員，擁有統計系碩士學位，英才與之曾於課前閑談，他說了一段很有意思的話，可供讀者分享：「相學確是一套很系統的研究人的學問，除非常常細心地分析人之五官、輪廓、骨骼、情態、氣色及聲音等，否則，很難在短時間內判斷有關形相之所屬而定吉凶，確實需經驗之累積、觀察之入微，並非如八字、斗數般，可回家慢慢靜心細算。習相者不但要擁有驚人記憶力，而且要有一種觀察入微的心眼、豐富的人生經驗，才能完整地發揮相學之精粹，老師的教學技巧可算是出神入化，折枝使劍之境界，令我等學員在驚嘆中學習，將深奧化為趣味的生活智慧，確是坊間少有。」

學員抬舉之情，往往令導師迷情自大，英才實不敢當，然而，當中有一點確見精警：「判斷」的而且確是相學家的一個難題，非習相三數月者所能辦到。近數年在學院中多了很多碩士、博士及教授等擁有較高文化背景的人士，在學習過程中，多了一份認同和尊重，此乃英才欣慰之處。任何學問研究者或瞭解人的學問者（如醫學、心理學、哲學等）都會有盲點，不能以偏概全，衷心盼望後學者能客觀分析，勿以權威學說及自命人神而誤盡眾生。

## 筆者的挑戰

編寫一系列的面相部位叢書，對英才確是一項很大的挑戰，既要將過去積存的相學資料重新整理，更要深入淺出令廣大讀者明瞭，對於工作量大得驚人的我，若非憑着一點傻勁和執著，相信很難做得到。而麥漢楷先生、劉醫師及莊校長能在百忙中為此書寫序，英才在此一併深深謝過。對於幾位對英才的讚賞，英才實不敢當，且有點汗顏。「師父」二字在筆者心中，實在是責任多於榮譽。

最後，英才深深感謝上天給我一位很好的啟蒙恩師：黎峰華師父，令今日的我，可以宏傳相法，幫助很多有需要的人，若非昔日恩師力推英才授課，相信今天英才仍未能惠及眾人了。古人說得好，「遇故而知新，可以為師矣」。平心而論，能不能「為師」，對我並不重要，但可以像一把火炬，能將恩師黎峰華所授的理念，引導更多人明白真相、真理，以及發掘更多有助社會的人材，此生無憾矣。師父，多謝你！

**李英才**

# 目錄

# 百歲流年圖

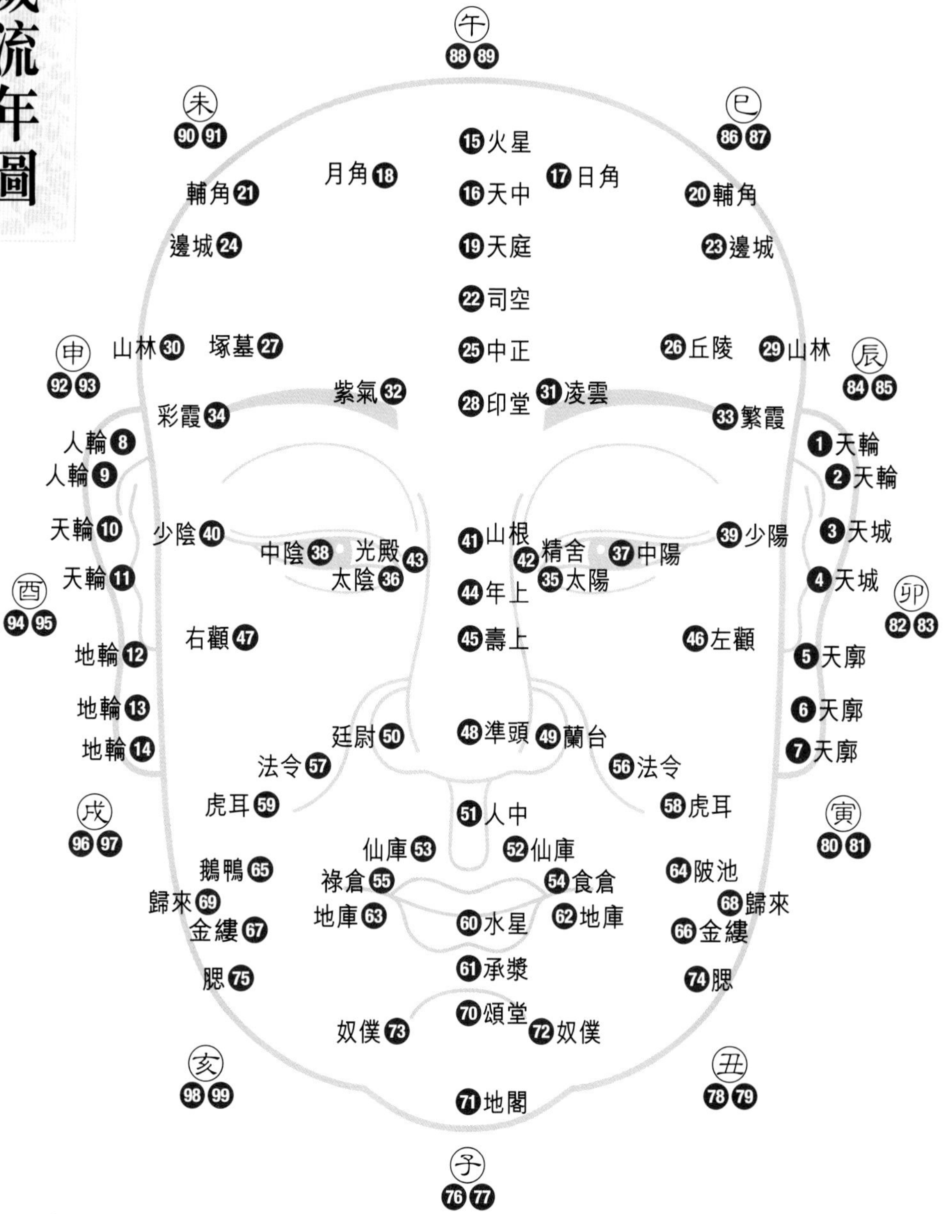

午 88 89
未 90 91
巳 86 87
15 火星
月角 18
17 日角
輔角 21
16 天中
20 輔角
邊城 24
19 天庭
23 邊城
22 司空
申 92 93
山林 30
塚墓 27
25 中正
26 丘陵
29 山林
辰 84 85
紫氣 32
28 印堂
31 凌雲
彩霞 34
33 繁霞
人輪 8
1 天輪
人輪 9
2 天輪
天輪 10
少陰 40
41 山根
39 少陽
3 天城
中陰 38
光殿 43
42 精舍
37 中陽
天輪 11
太陰 36
35 太陽
4 天城
酉 94 95
44 年上
卯 82 83
右顴 47
45 壽上
46 左顴
地輪 12
5 天廓
地輪 13
6 天廓
廷尉 50
48 準頭
49 蘭台
地輪 14
7 天廓
法令 57
56 法令
戌 96 97
虎耳 59
51 人中
58 虎耳
寅 80 81
仙庫 53
52 仙庫
鵝鴨 65
64 陂池
祿倉 55
54 食倉
歸來 69
68 歸來
地庫 63
60 水星
62 地庫
金縷 67
66 金縷
61 承漿
腮 75
74 腮
70 頌堂
奴僕 73
72 奴僕
亥 98 99
丑 78 79
71 地閣
子 76 77

# 第一章

# 觀人法

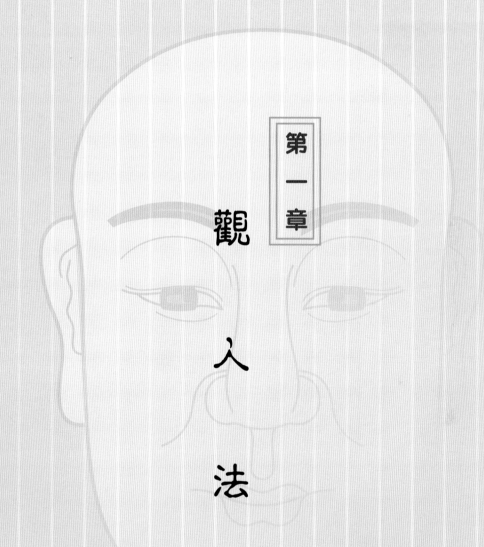

# 學相有益識人

相法在中國由來已久，人人可以研究，人人可以學得會。藉着相法知道自己的優點與缺點，可以作為修身處世的參考；藉着相法瞭解別人，可以建立人際關係，更有益於社會之和睦團結。

相傳黃帝軒轅氏時代，就開始有相法，說是風后氏所創，因此名為風鑑，東周時代就有唐舉等名相家，當時的著作內容包括國家的治亂興亡說、天象氣候、人情社會。立論雖然簡單，但意味深長，值得重視，可惜秦始皇焚書坑儒，這些著作都被燒毀，沒有流傳下來。

以後，漢朝的名相家如許負、管輅，唐朝名相家如李淳風、一行禪師，都沒有書籍可作參考。南北朝時，達摩來到中國，開始編著五來相法，也就是達摩相法。後來繼有陳希夷的《痲衣相法》，以及《柳莊相法》、《水鏡集》、《相理衡真》、《鐵關刀》及《大清神鑑》，先後共有七十餘家，各有不同的見解，當然也有不切實際的說法。

## 關於相術的歷史故事

相術雖然不是什麼大學問，但它的影響作用卻很大，茲舉幾個故事為例：

東周時代，吳王有四個兒子，大兒子名闔閭，次兒子名夷昧，三兒子名姬光，四兒子名季札。四個兒子之中，以季札的品德最好，姬光則最霸道，他和他的兒子慶忌擁有強大的兵力。吳王死後，若依長幼順序應該是闔閭繼承王位，若依品德能力應該是由季札繼承王位，可是姬光強霸卻，自己稱王。闔閭心裏不平，卻沒有辦法與其弟相爭，於是聘請名相家唐舉為他物色真正的賢能人才，唐舉推薦了在街頭吹蕭乞討的伍員和隱居在草廬的孫武，輔佐闔閭打天下，結果興吳滅楚稱霸，這就是相術識人的功效。

三國時代，諸葛亮輔佐漢王劉備攻取了長沙，黃忠和魏延來投降，諸葛亮接納了黃忠，派他領兵為將，但卻將魏延處極刑殺掉，劉備認為魏延並無罪，何以要殺？諸葛亮說：魏延這個人走路像野狼般經常回頭後顧，說話的聲音像豺叫，腦後可以看得見耳朵下面的腮骨上大下小，將來必忘恩負義，興兵叛變，現在殺了可以避免將來的後患。劉備認為殺了投降的武將，以後誰敢歸順，也難以收服人心，不如寬大為懷赦了他，並待之以恩。諸葛亮告誡魏延說：以後必須忠心不二，絕不允許再有別的念頭。後來諸葛亮六出祁山，不幸病逝於五丈原，魏延見諸葛亮一死，以為沒人治得了他，果然爭功奪權而叛變，幸這一切早在諸葛亮意料之中，並寫下錦囊派馬岱伏兵殺了魏延。如果諸葛亮不懂相法，蜀漢也早就危險了。

唐朝天寶年間，郭子儀是隸屬於哥舒翰的一個步兵，因犯罪被處極刑，恰巧遇到詩仙李白去拜訪哥舒翰。李白看郭子儀體格魁梧，鼻子像懸膽，前額廣寬如覆肝，不禁慨嘆說：「這位應該可成為國家的柱石，怎麼可以輕率的殺掉」，竟毅然向哥舒翰求情，拜懇赦免郭子儀的罪。後來平定了安史之亂，救了唐室，被封為汾陽侯，就是這位郭子儀。李白因為遭嫉妒被讒言中傷，也是靠郭子儀極力保全而沒有罹禍。最初李白救郭子儀不過是舉手之勞，結果國家與個人均蒙其益，這也是相術的識人功效。

清朝道光年間，曾國藩平定了洪楊之亂。曾國藩一向很拘謹，他的才能雖不及左宗棠，但是他所建立的功績，卻遠勝於左宗棠。曾國藩擅長研究相術，知人善用，例如當時的江忠源為六合太守，奉旨督糧，曾國藩看了他的形局，面露驚疑，久久不釋。江忠源離開後，曾國藩還在凝神沈思，好像想不透。左宗棠看見就問他什麼事情，曾國藩說：江忠源這個人外表很有威儀，屬金局而有和潤的金聲，並且劍眉鳳目，我以為國家又得一位柱石的大臣，所以很覺得驚喜。可是後來看他走路的樣子卻是飄搖不定。如果他是木局，便象徵大樹臨風，當屬好論，但是他屬金局，需要沉實形體，如今反而飄搖不定又這樣的明顯，便成金剋木，非常危險。如此清奇的格局，怎會有如此的缺點，真教我想不通。

後來江忠源晉陞為江蘇巡撫，卻為太平天國的忠王李秀成所殺。藉這個故事就可知曾國藩精於相術，有知人之明，所以成為中興名將。

以上都是從正史、野史中得知前人對相學運用之妙，完全用於生活及工作之中。歷史可以令人精明，相學的知識，就是我國民間傳統智慧的其中一種，惜現今相術之士願踏實地深研術數者稀。英才掩卷輕嘆，民風只崇拜明星、出鏡率；英才只能盡其綿力，以皮毛知識推動術數，更望業界前輩撥亂反正，持正地發揮、弘揚前人所遺留之智慧，於願足矣。

# 簡易觀人法

從古至今積累下來的所謂觀人、相人法，凡過百種之多，其中有繁有簡，難以逐一列出。其實，學習觀人術須按部就班，現在且待英才為大家一步一步、由淺入深地建立完整有序的理論基礎，讓大家能體會到觀人學的奧妙。

大家可以從這一章起，把自己關在房間裏，坐在書桌上，對着鏡子，一頁一頁地閱讀內容，一面閱讀，一面對照自己的面容，仔細端詳，仔細察看，仔細體會，保證沒多久大家便可以抓住要領，完全瞭解自己的面相，掌握自己的運勢，明白人生方向。

掌握了觀察自己的心得之後，再默默去觀察朋友、觀察同學、觀察同事，印證他們平日的習性，不難從中有所收穫。

學會觀人學，能夠觀人於微，生活一定會變得更美好，事業也一定會更順利，而一舉手、一投足，亦會充滿自信，當然人生的一切都會變得更有意義！

## 觀臉法

觀人學中，最基本是相人的臉形，所謂「相由心生」、「相隨心改」，這兩句說話指出了一個概念：個人的面貌代表着個人的內心世界，內心如何，面相就如何表現。因此，面部是人心的表徵，是不可置疑的事實。

簡單來說，大家都能體會，一位讀書人和一位運動家的面相、體相、手相等，其中必有所不同：前者看起來文質彬彬、斯文淡定；後者看起來卻粗獷豪邁、活潑伶俐，這是大家都會接納的基本觀人學的經驗。

因此，一位完全未學過觀人學的人，也可以用以下觀察臉形特徵的方法，大概看出對方的個性、心性和運勢等等。

## 三角形臉

前額生得寬闊、發達，而相對下巴尖削、瘦弱，此種臉形便謂之三角形臉。

本港前財政司司長梁錦松，就是三角形臉之佼佼者。有此臉形的人，身形多較為瘦削，身材修長，然體能較差，屬智慧型人，頭腦好，氣質好，又稱「心性質」或「神靈質」。

換個方法觀察此臉形的人，其額頭發達，前腦感覺神經系統較常人顯著，表徵着智慧、智能的發展，所以可判斷出此類型人皆是長於用腦，而短於用力。

有三角形臉的人，適合從事動腦筋之行業，如學者、作家、教師、智囊、顧問等。此外，由於氣質好，心靈發展佳，亦可嘗試從事藝術氣息較濃之工作。若涉及體力勞動的工種，則大大不宜。

（相不獨論）

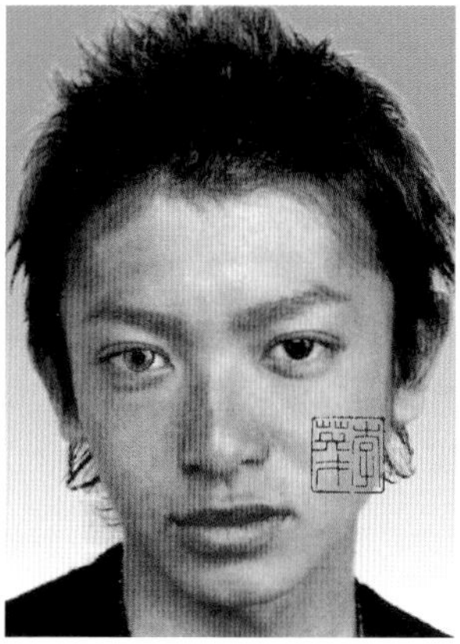

三角形臉，情鎖之相：
眼悶、唇掀、印窄

（相不獨論）

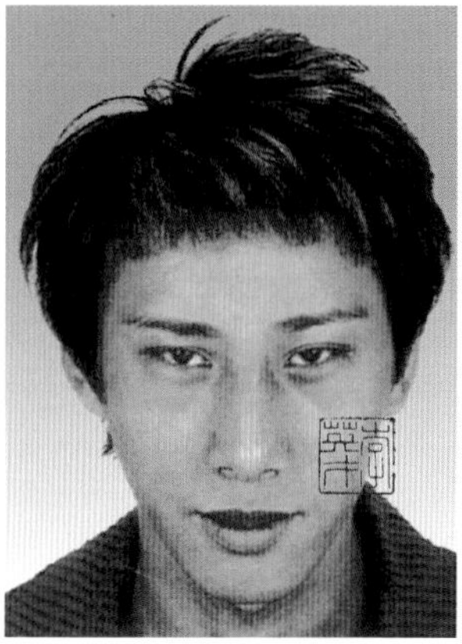

三角形臉，心術不正：
眉直、蛇眼

（相不獨論）

三角形臉，心思細密：
眼大、口細、鼻細

（相不獨論）

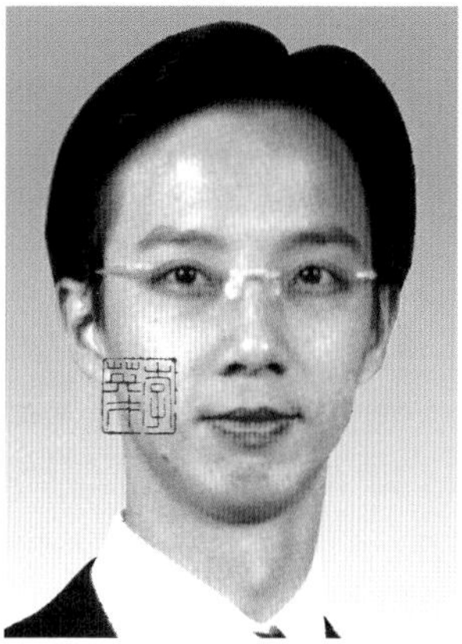

上佳三角形臉：山根托印，
神清敏靈，唇細齒白

（相不獨論）

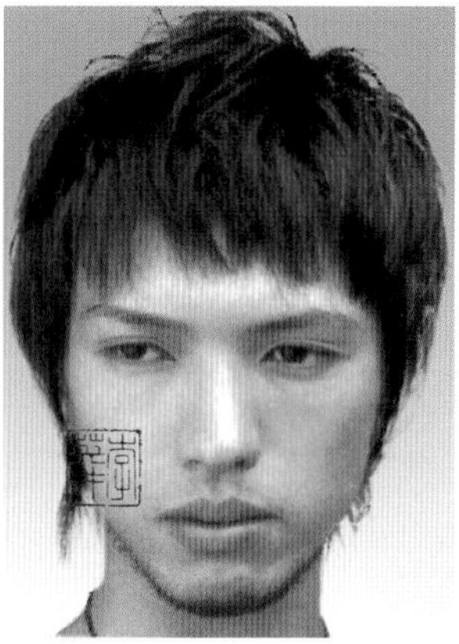

三角形臉，不良之相：
眼神不定，眉骨高聳，
口尖嘴斜

（相不獨論）

三角形臉，聰明誤用：
神強帶露，額如覆肝

## 方形臉

頭方、額方、下巴方，整體上臉形寬闊呈方角狀的感覺，此等臉形為方形臉。

方形臉的人，天生腦力和體力平均，不論學業或運動，皆容易有所發展，也容易有好表現，獲得成功。方形臉加上上佳筋骨質地，可稱「富貴相」。方形臉人好勝心強，喜歡接受挑戰，可從事紀律部隊、運動員等工作，唯缺點是較頑固及性情急躁。

（相不獨論）

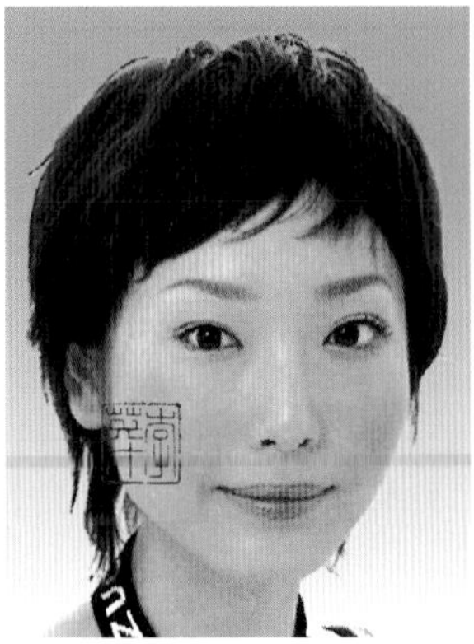

方形臉，幫夫之相：目睛含潤，眼秀而長，耳有垂珠

（相不獨論）

方形臉，富貴之相：眉清有彩，眼廣細長，方面顴豐

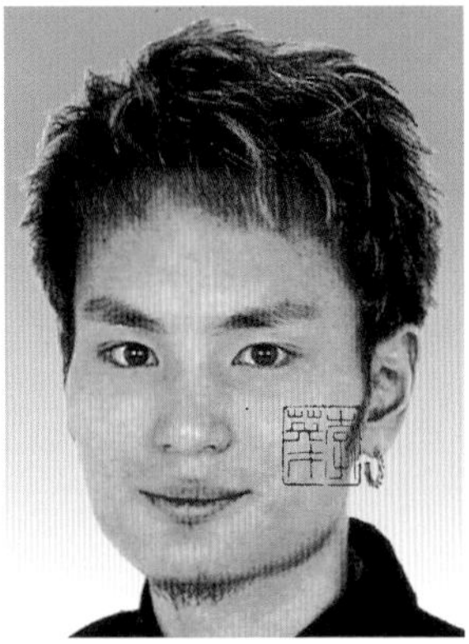

方形臉，辛勞之相：面薄顴橫，眉骨低凹，鼻細嘴尖

方形臉，富貴之相：目彩有威，眉濃有勢，法令深長

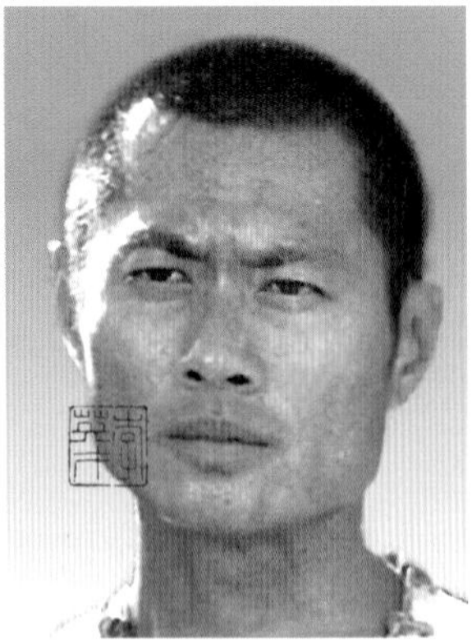

方形臉，不良之相：嘴薄唇尖，泛目閃露，兩眼低垂

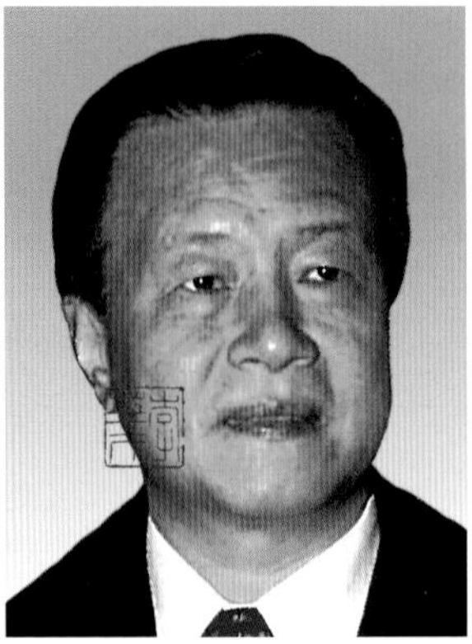

方形臉，大富大貴之相：五嶽隆，四瀆清，頰厚盈豐

## 圓形臉

面潤、四方呈圓，有別於方形臉，整體上給人豐滿圓潤的感覺，此等臉形謂之圓形臉。著名的例子有藝員沈澱霞。

圓形臉的人，給人肥滿、面漲、營養足夠的感覺，然多亦是充滿活力，故可歸納為「享福格」。

圓形臉的人性格最大特點是磊落大方，心地溫純，待人忠厚，討人喜歡，因而人緣甚佳。處事直接而積極，對於要進行之事坐言起行，毫不遲疑，故往往能對已定案之工作付諸實行，勇幹到底而成功；唯多欠缺嚴謹之處理事務能力，故多要能與其互補長短的夥伴輔助；其次，此臉形人士多不愛與人爭拗，做事又相當敬業樂業，樂助人群，適合投身服務性行業，或擔任前線處理客戶之工作。

（相不獨論）

圓形臉，旺夫益子之相：顴豐印滿，眉毛潤澤

（相不獨論）

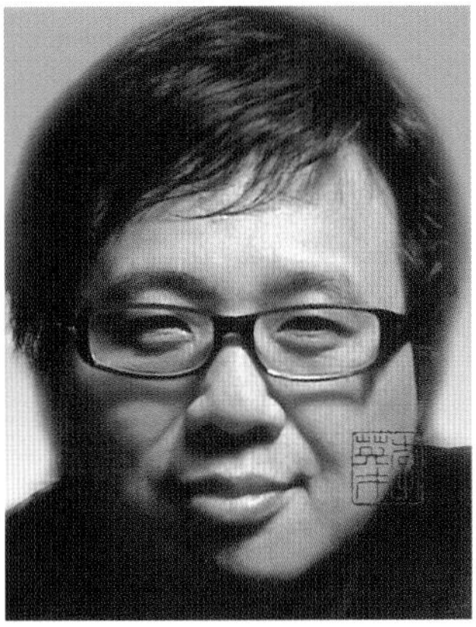

圓形臉，富貴之相：面起重城，神藏氣厚，顴鼻得配

（相不獨論）

圓形臉，食祿千鍾：面圓耳大，鼻如懸膽，唇清線明

（相不獨論）

圓形臉，貴氣之相：眉清見底，眼長明秀，額骨隆明

## 綜合形臉

凡具以上二或三種臉形之混合特徵，我們統稱為綜合形臉。

由於臉形等於人的本性，性格複雜而不統一者，命運亦比較反覆，故具綜合形臉者命運多變而反覆。

事實上，大多數人皆具綜合形臉，純粹是三角形臉、方形臉或圓形臉的入形入格人，為數較少。

# 整體觀人法

## 先觀骨格

凡觀人必須整體配合，斷不能只觀局部，否則就會流於見樹不見林、以偏概全之弊。《神相全編》卷首就有一篇用諸四海而皆準的觀人學詳細通則——〈相說〉。〈相說〉是一篇完整的觀人學通則，也是所有相人術的最基本道理，唯其用字過於精簡，沒有詳列研判之法，因此對初學者而言，就會流於艱深而有不明所以之難。

然大家已有了我前述各種觀人學的初步基礎概念，今再來參閱，相信艱深之感便會有所減少。以下先列出〈相說〉全文，然後再逐點說明，讓大家能進一步體會觀人學的總體準則。

### 《神相全編．相說》

「大凡觀人之相貌，先觀骨格，次看五行。量三停之長短，察面部之盈虧，觀眉目之清秀，看神氣之榮枯，取手足之厚薄，觀鬚髮之疏濁，量身材之長短，取五官之有成，看六府之有就，取五岳之歸朝，看倉庫之豐盈，觀陰陽之盛衰，看威儀之有無，辨形容之敦厚，觀氣色之喜滯，看體膚之細膩。觀頭之方圓、頂之平塌、骨之貴賤、骨肉之粗疏、氣之短促、聲之響亮，心田之好歹。俱依部位流年而推，骨格形局而斷，不可順時趨奉，有玷家傳。但於星宿富貴貧賤、壽夭窮通、榮枯得失、流年休咎，備皆週密，所相於人，萬無一失，學者亦宜參詳，推求真妙，不可忽諸。」

以上引文的意思是，凡相人之貌，先看其骨格，骨格又稱為骨法。相術家認同，骨格的好壞關係着人一生的壽、夭、貴、賤。《史記・淮陰侯列傳》說：「貴賤在於骨法，憂喜在於容色」，可見自古以來，骨格在相人學上佔着極為重要的比重。

王充的《論衡》也有〈骨相篇〉，專論骨相與性格及命運的關係，今已成為一套獨立的學問。

此外，相術家一般認為，骨肉的關係有如君臣，骨為君，肉為臣，因此骨格在人相學上，居最高的地位，起一切主導的作用，重要性非比尋常。

### 《照膽經・骨論》

《照膽經・骨論》認為，觀人學的第一個步驟就是相骨。書中云：「骨者，四體之幹，所受宜清滑長細，內外與肉相稱。若骨沉重粗滯而皮肉厚者，近於濁也。若骨堅立輕細而皮肉薄者，又近於寒也。大抵要聳直不橫不露、與肉相應者，乃為善相。」

## 次論五行

其次，我們看五行，以五行的原理，來區分人的形相及氣質，依外形特徵分為方、直、圓、尖、厚，賦予金、木、水、火、土五性，再兩兩相配如金木、金水……共得二十個合形。

《照膽經》有云：

「正金形方正潔白聳緊，其相在腮頤坐立言聲之間。」

「正木形長清秀豁達，其相眉髮顴壽手足之間。」

「正土形寬大肥厚肉散，其相在耳腹腰背行坐之間。」

「正火形上尖下大，不肥不瘦，其相在性情緩急之間。」

「正水形圓厚豐隆，寬不逼迫，其相在背準腹頤之間。」

當然，一般人大都是複合形，即兼具兩種特性，如金形帶火、水形帶土等等，也就是以一種形相為主，外加其他形相特質為輔。

## 再論餘相

跟着是量「三停」之長短，可以參閱本書第八十八頁〈額居上停〉一節中所列的法則。

觀面部是否豐滿或尖削，眉目是否清秀，神氣是否足夠。大體而論，長得豐隆、神足氣定的面相為較佳，尖嘴猴腮形的皆為貧賤之相。接着，觀雙手長得厚或薄，凡富貴之手都是又厚又軟，瘦而露骨多不會是貴人。再看鬍鬚頭髮長得柔順或是粗雜，當以柔順者較佳。

再來是評估身材的長短，看耳、眉、眼、鼻、口五官的形狀，額頭兩邊、左右顴骨、兩腮等六府是否充實相輔，面部五岳，即兩顴、鼻、額、下頦等五處，以及兩鼻孔下方的倉庫是否豐隆。

接着是觀氣色，即陰陽之氣，是盛是衰，可有威儀；再看容貌是否敦厚，氣色是歡喜狀或是濁滯狀，身體皮膚是細膩或是粗糙等。

最後一步是觀看頭部，頭頂形狀是否圓滿，說話聲音是否響亮，中氣是否充盈。

當然，配合流年運勢來推斷，又或再配合星相學，來論斷富、貴、貧、賤、壽、夭、窮、通、榮、枯、得、失等，自能完備週全。

## 總論相貌

從以上各種不同的觀人法，可以得到一些基本概論，也就可以訂下一列看相先後順序的通則：

(1) 先觀五岳：即額頭、兩顴、鼻子、下頦五個部位。若五岳長得豐隆朝聳，則一生不單富貴多榮，官運亦亨通。

(2) 次觀三停：包括面部三停和全身三停，若三停均等勻稱，則一生顯達。

詩曰：「相貌須教上下停，三停平等更相生，若還一處無均等，好惡中間有改更。」

(3) 三看走路及坐姿：走路要有威嚴之勢，坐姿如虎，具威嚴，多能受人尊重，成富貴之格。

(4) 再觀額：額主少年運，也就是二十五歲以前的運勢。

(5) 接着看鼻：鼻管中年運勢，自二十六到五十歲。

(6) 最後看地閣、水星：即口部和下巴，主晚年運勢，即五十歲以後。

大體上，所有部位都以高隆為佳，縱然未及高隆，也不可有任何低陷不平，或紋理雜亂，此乃下等相貌，一生運勢必多災多難，生活坎坷。

# 《神相全編．人面總論》

在《神相全編》卷三有一篇面相術總論，是用相學術語來寫成的。現將原文及注解詳列如下，讓讀者仔細參詳：（括號內是白話注解）

天庭欲起司空平（上額頭要豐隆高起，中額頭要廣闊平坦），
中正廣闊印堂清（下額頭要廣闊盈滿，兩眉間要清朗明亮），
山根不斷年壽潤（兩眼間不可太凹陷，鼻樑要廣闊而圓潤），
準頭齊圓人中正（鼻頭要圓大而整齊，人中要正立而不斜），
口如四字承漿闊（口要如四字有棱角，唇下凹處需要寬闊），
地閣歸朝倉庫盈（下頦又要向前翹起，衣食才不有所憂愁），
山根圓滿驛馬豐（兩眼間要圓滿豐起，兩邊額角亦要豐盈），
日月高兮邊地靜（日月兩角要略高起，額角髮際間要平靜），
陰陽肉多魚尾長（兩眼附近亦要肉多，魚尾之紋一定要長），
正面顴骨有神光（兩顴骨要亮而有神，也需有光采之熠耀），
蘭台平滿法令正（鼻孔兩邊要肥滿外，而法令紋也要對齊），
金櫃海角生微黃（鼻翼之間也要微觀，若呈現是黃色更妙），
三陰三陽不枯焦（雙眼附近也很重要，切不能有枯焦之感），
龍藏虎伏仍相當（面部左右邊要對稱，均勻整齊更是福氣），

五嶽四瀆無剋破（五岳四瀆應無缺陷，出於自然而且完整），
便是人間可相郎（如此就是好相的人，那自是人間之極品），
若見欹斜并低塌（若看到有任何偏斜，又有低塌凹下之處），
氣暗神昏受折磨（加上氣色昏暗昏濁，自然會多受折磨了），
面有神光射人目（面上若有神光耀目，其人定必神采飛揚），
男貴公侯女貴后（男命當可貴為公侯，女命則可貴為皇后）。

# 第二章

# 五官與十二宮

# 五官相法

大家都知道面相的五官是指：耳、眉、眼、鼻、口。在相人術上，這五個部位各有其代表性：耳為採聽官、眉為保壽官、眼為監察官、鼻為審辨官、口為出納官。顧名思義，大致可以猜到不同部位所負責的運勢了。

相學書《人倫大統賦》說：「一官成十年之貴顯，一府就十載之富豐，但於五官之中，倘得一官成者，可享十年之貴也，如得五官俱成，其貴終老。」

意思就是，只要五官其中一官長得好，就有十年的好運勢，若五官都好，一生到老都是富貴運，由此可見五官的重要性。

不過，《人倫大統賦》把人中稱為保壽官，有別於《神相全編》以眉為保壽官。以下就五官作詳細解說。

## 面部五官位置圖

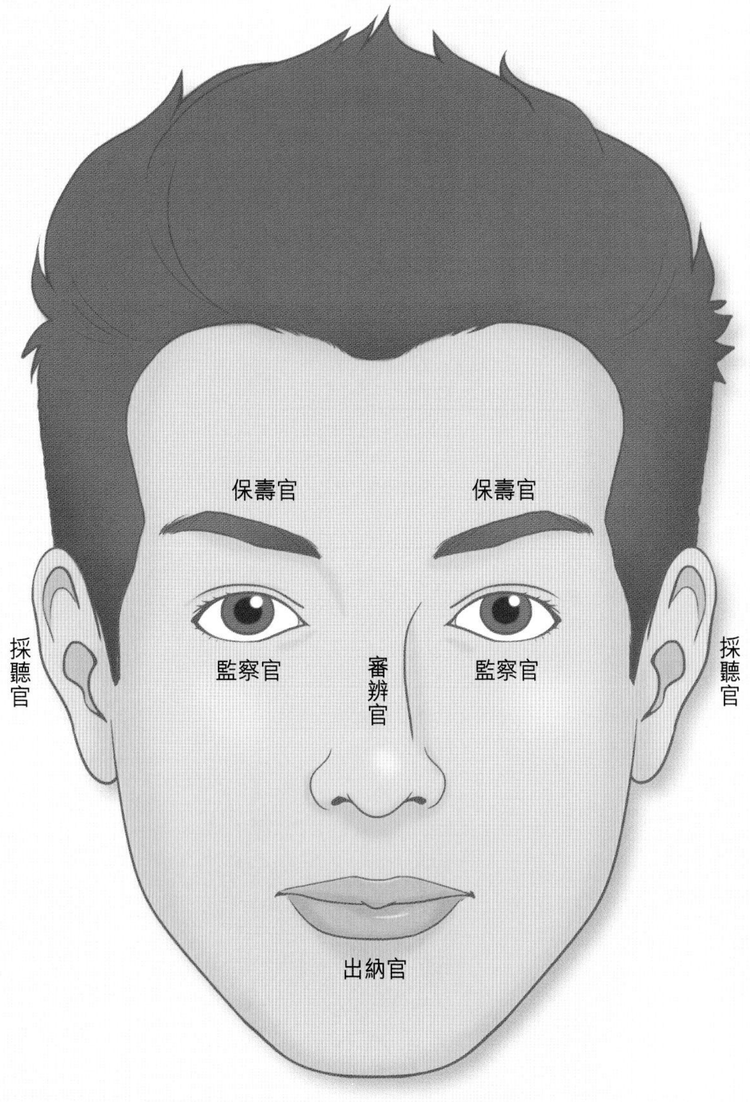
保壽官
保壽官
採聽官
監察官
審辨官
監察官
採聽官
出納官

## 耳：採聽官

《神相全編》說：「耳須要色鮮，高聳於眉，輪廓完整，貼肉敦厚，風門寬大者，謂之採聽官成。」

### 耳的位置

古人認為「耳為君，眉為臣」，君宜上而臣宜下，所以耳朵最好能高過眉毛，主貴。另一方面，耳長、厚大、垂肩的人，屬極貴之人，不過這類耳相很少見。此外，雙耳往後貼（當然不是真的貼到後腦）為佳相，也就是不要長得像招風耳，要向後愈貼後腦愈好。

（相不獨論）

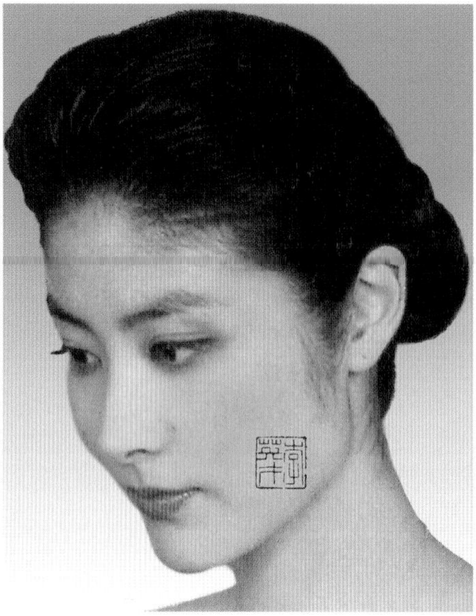

高聳於眉，輪廓完整，上乘耳相

（相不獨論）

耳大垂肩，富貴福祿

## 耳色

《人倫大統賦》說：「白或過面，主聲譽之飛揚。瑩白貫輪，主信行之敦厚。」意思是，耳朵色白的人會名震天下。

耳要色鮮才主貴且安穩，若是耳皮粗黑又乾，表示會走他鄉。

## 耳垂

一般人都知道耳要有耳垂，也就是有垂珠才是好相。垂珠圓大肉厚，主財祿亨通。

（相不獨論）

耳低於眼，急功近利

（相不獨論）

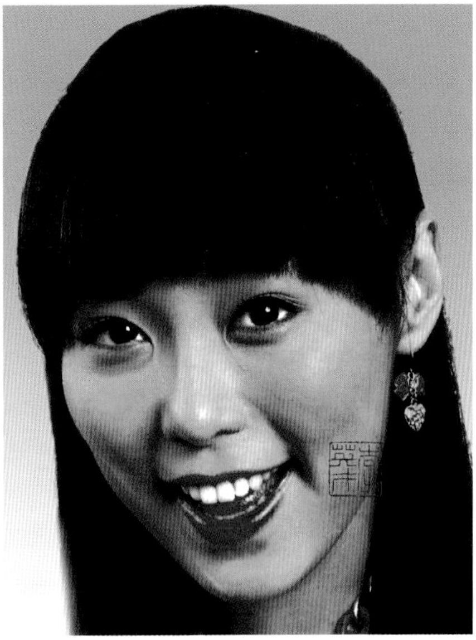

高聳於眉，瑩白貫輪，少年揚名

## 耳孔

耳孔在相書上稱為「命門」，因此耳孔要大，若是小至連小指尖也難進入的話，主愚頑短壽，無智之人。若耳孔生毛，更主長壽。

《洞中經》說：「耳孔容針，家無一金。」也就是說，耳孔小的人不會富有。

## 耳的缺陷

《黃金相》說：「左耳缺，先損父；右耳缺，先損母。左右齊缺，雙親並損。」指左耳有缺陷會影響到父親，故左耳有缺陷的人，可能其父親已不在人世了；右耳有缺陷者，則對母親有妨礙。因此耳朵輪廓不佳的人，家中多破散。

## 耳形

《人倫大統賦》說：「耳薄如紙，貧而早死。」

耳不可太薄，也不可尖小、直如箭，表示孤貧。

（相不獨論）

輪飛廓反，童運反覆

（相不獨論）

耳薄且尖，體弱奔波

# 眉：保壽官

《神相全編》說：「眉須要寬廣清長，雙分入鬢，或如懸犀，新月之樣，首尾豐盈，高居額中，乃為保壽宮成。」

## 眉形

《廣鑒集》說：「眉是目之君，膽之苗，面之表也。」

兩眉清秀，彎如新月，便是聰明智慧、文學博雅、高明富貴之相。

一般而言，眉毛要比眼睛清長才好，如果眉短不過目，代表人情薄，兄弟姊妹少。

眉骨高起的人，性勇而暴，知進不知退，知成不知敗，常會不應為而為，不可與之交朋友。

眉與眼太靠近，稱為眉低壓眼，運勢慘淡不佳，且會災厄連連。

（相不獨論）

眉骨高起，性勇而暴

（相不獨論）

雙分入鬢，聰明解語

## 眉距

兩眉之間的印堂，也就是官祿宮，若被眉毛侵犯，不利財祿，因此兩眉之間應該寬廣才好，眉頭湊在一起就不好，這一點是很容易觀察的。

如果眉尾兩端長至鬢角附近，主平生多福而貴。

## 眉毛

眉毛豎立的人，神剛氣暴，性急勇猛，好鬥貪殺，不會多加思考。

若眉毛不是平彎形，而是眉頭低、眉尾高的偏直形狀，家庭、事業都不順。

左眉豎直者，對妻不利；右眉豎直者，對子不利。

眉毛黑而濃密，頭髮又厚，多是思想較遲滯的人。眉毛上長有螺旋狀毛的人，主剛健勇猛，可當武官。

（相不獨論）

眉清印闊，高明富貴

（相不獨論）

眉毛豎立，神剛氣暴

## 眼：監察官

《神相全編》說：「眼須要含藏不露，黑白分明，瞳子端定，光彩射人，或細長極寸，乃為監察官成。」

### 眼瞳

眼睛要黑光如點漆，照暉明朗，光采射人，才是大貴之相，可位至部長級。若瞳子瑩潔，黑白分明，眼長如鳳目，也是大富大貴之相。

（相不獨論）

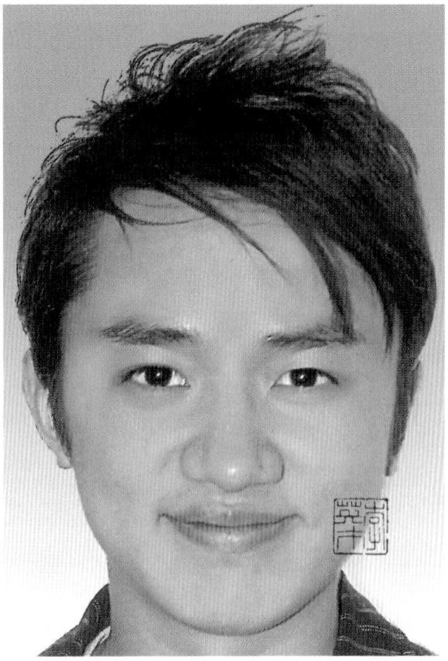

眉直見勢，義勇有為

（相不獨論）

含藏不露，光采內斂

（相不獨論）

眉如懸犀，壽過九旬

眼睛大而端定，眼光不浮不露，黑白分明的人，可朝演藝事業發展。

## 眼神

孟子對眼睛極有研究，他說：「胸中正則眸子瞭焉，胸中不正則眸子眊焉。眸子不能掩其惡也，善惡在目中偏正。善者正視、神清、睛定；惡則斜視、不定、神濁。」清楚地點出眼睛的相法。

眼要有神，但不可浮光逼人，主心性狠惡。如果上下眼堂帶紅赤色，必是奸狡貪鄙之人。

看物或看人時，昂面向上視者，為人賊性，自以為是，不容他人意見，且多疑；而斜眼看人者，多是稟性剛強，吝鄙貪求的人，這兩者都不可與之為友。

眼睛圓大且露光的人，心懷兇狠，多招禍患，常有官訟，易陷囹圄。

三角眼，或似雞蛇鼠目者，都不是好心性的人，貪婪無恥，不可交也。

（相不獨論）

眼善心善，眼淫心蕩

（相不獨論）

睛圓露光，多招禍患

（相不獨論）

斜視帶閃，吝鄙貪求

（相不獨論）

雞蛇鼠目，不可交也

（相不獨論）

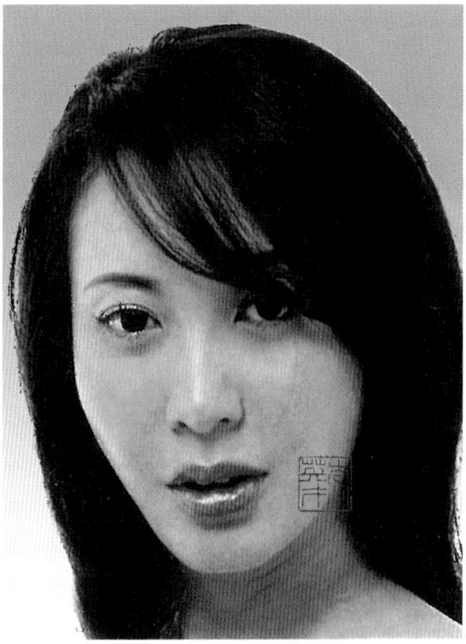

桃花悶弱，情鎖今生

## 鼻：審辨官

《神相全編》說：「鼻須要樑柱端直，印堂平闊，山根連印，年壽高隆，準圓庫起，形如懸膽，齊如截筒，色鮮黃明，乃為審辨官成。」意思是說，鼻色要光明，鼻樑高隆，或是鼻子長大，都是富貴之相。

鼻形長得像一個懸掛的膽，從印堂就隆隆懸垂直下到準頭，準頭完美圓滿的人，富貴一生。

### 山根

山根低塌、橫紋亂流的人，無法守住祖產，對家庭也不利，夫妻常會有爭執。若再加上眉壓眼，輕者中年大病或有刑獄；重者易生意外而亡。

### 鼻樑

鼻樑不正，中年易有厄運。鼻子長得短小，主貧賤。古說：「鼻小莫求官」，就是指鼻子小的

（相不獨論）

山根低塌，眼露神凶，刑獄之災

（相不獨論）

樑柱端直，印堂平闊，少年揚名

人，在官途上難有發展。

鼻樑上若有縱橫交錯的紋理，主離家，一生奔波，終日苦窮，忙碌困厄。

## 鼻孔

《黃金相》說：「（鼻之）左右胞謂之仙庫，左胞名左庫，右胞名右庫。夫庫者，欲高豐厚。竅者，庫之户，户欲小而齊。庫厚而隆，庫小而齊者，庫內有積也。庫狹而薄，户大而薄者，庫無積也。竅小庫齊之相，好聚而不捨；户寬反仰之相，無積而好施也。」

鼻孔兩邊隆起處稱為「庫」，鼻孔稱為「竅」。

由上述的引文可知，鼻孔小的人較能守財；鼻孔大的人較肯施捨。不論鼻孔大小，最重要是不能仰露，鼻孔太仰露，代表一生無法積財。

（相不獨論）

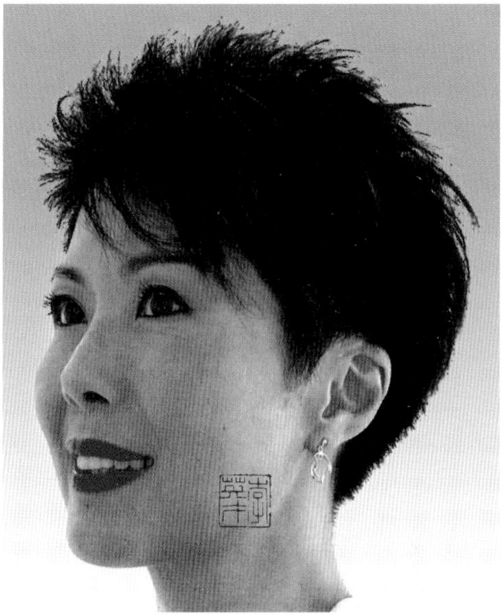

竅大庫薄，難守錢財

（相不獨論）

鼻薄樑低，富貴不足

### 準頭

若某人準頭突然發黑，左胞氣色黯慘，就會生大病，若不儘快醫治，不出十天會病亡，必須注意。如果是已生病的人出現此情況，就知道其人天國近了。

（相不獨論）

準圓庫起，富貴之相

（相不獨論）

顴鼻相配，富貴雙全

## 口：出納官

《神相全編》說：「口須要方大，唇紅端厚，角弓開大合小，乃為出納宮成。」

## 唇色、唇紋

口唇鮮紅，主文章才俊，可名揚四方。若是紅裏透紫，主富貴，一生衣食不缺。

上下唇都有很多紋理，為人寬和，多做善事。遇到惡者，會規勸向善，也是富貴之命，子孫均賢。

## 口形

睡覺時張口的人，會泄元氣，不會長壽。

口大但不正，為人多奸猾；唇薄且橫偏，好說是非。

嘴角下垂的人，會招人憎嫌，人緣差。

口長得聚小、橫窄；或嘴唇外掀；或唇色青，笑時齒露；或口唇偏斜的人，都主孤剋。

（相不獨論）

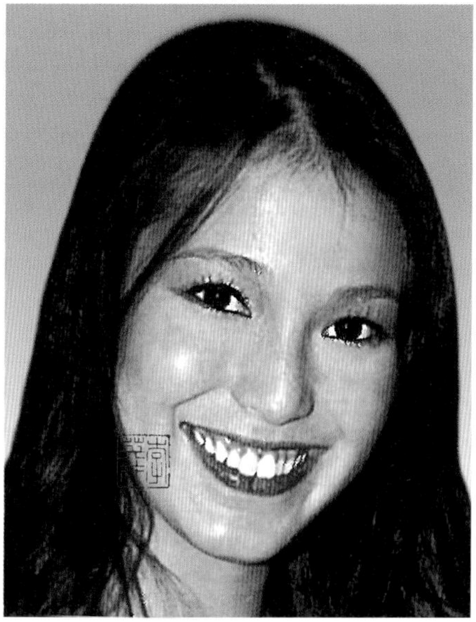

仰月彎弓，開大合小，樂觀福厚

（相不獨論）

外掀嘴尖，三停不配，孤剋之相

## 口相法則

《五總龜》說：「口者心之外表，賞罰之所出也，榮辱之所關。欲端而厚，言不亂發，謂之口德。若多言而亂發者，謂之口佞。若方廣有棱者，主壽。形如弓稍向上者，主貴。若尖而薄反者，主賤。若黑痣生於唇上者，平生酒肉來。生於口角者，災滯。」

以上都是很簡明的口相法則。簡而言之，唇上有黑痣的人，一生不愁飲食，黑痣生在嘴邊的人，不太理想。

唇厚的人較好，唇太過尖薄的人，較命苦。古代認為美人要櫻桃小嘴，但以相學上說，就注定命苦，所以美人多薄命，也是有道理的。

（相不獨論）

方大端厚，待人以誠

（相不獨論）

嘴尖薄反，災滯孤剋

（相不獨論）

口唇偏斜，晚見浮萍

（相不獨論）

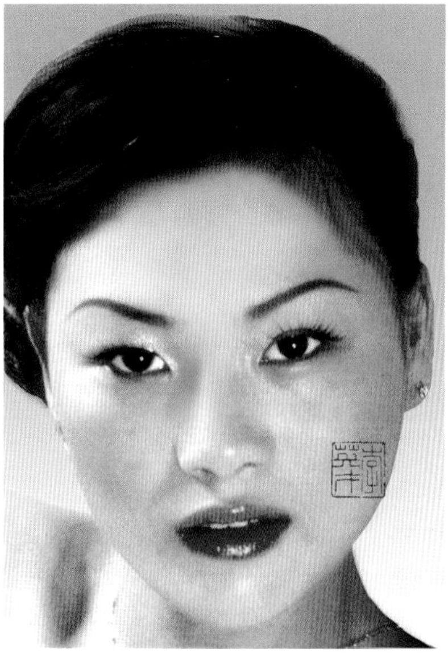

尖薄櫻桃，美人命薄

# 十二宮相法

相人之法，是將人之面部，劃分為十二部分，統稱為十二宮，以之測斷禍福吉凶與命運得失。這十二宮即：

一・命宮
二・財帛宮
三・兄弟宮
四・田宅宮
五・子女宮（又稱男女宮）
六・奴僕宮
七・夫妻宮（又稱妻妾宮）
八・疾厄宮
九・遷移宮
十・官祿宮
十一・福德宮
十二・父母宮

## 面部十二宮位置圖

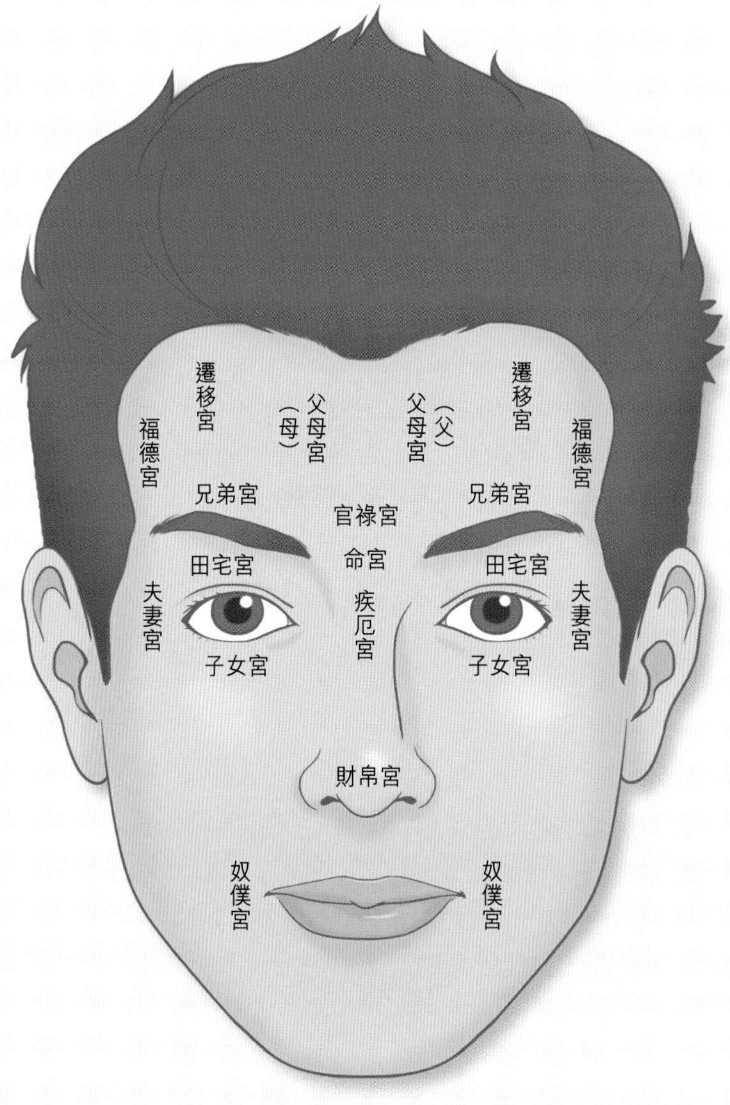
遷移宮
福德宮
父母宮
（母）
父母宮
（父）
遷移宮
福德宮
兄弟宮
官祿宮
兄弟宮
田宅宮
命宮
田宅宮
夫妻宮
疾厄宮
夫妻宮
子女宮
子女宮
財帛宮
奴僕宮
奴僕宮

## 一．命宮

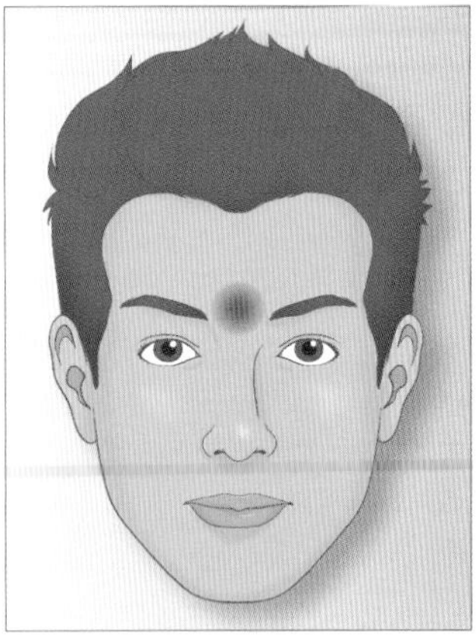

十二宮中的「命宮」相等於「印堂」，位於兩眉間、山根之上。

命宮主精神、生命、願望和成敗等事。人一生的吉凶、禍福、榮枯，皆深受命宮影響，而人的七情六慾也會在這裏凝聚，進而呈現出來。

詩曰：「眉眼中央是命宮，光明瑩淨學須通，若還紋理多迍滯，破盡家財及祖宗。」

要知命宮之好壞，先看兩眉是否接近相連，兩眉愈接近，則印堂愈窄小，運程就不太順暢，終其一生運氣也較為差劣。

好的命宮是要明亮潤澤，主長壽及身體健壯，也表示容易得到貴人之扶助。

命宮平坦光明如鏡，沒有任何瑕疵，表示其人博學多聞，學問通達；若加上山根平滿的話，更主一生福壽無憂。

好印堂配合聳直的鼻子，是有財星輔助之兆，有小富之貌；若再加上眼睛黑白分明，更是有財帛豐盈之相。

（相不獨論）

印堂明亮潤澤，光華如鏡

命宮上有三條直紋形成川字的人，命逢驛馬官星，多會貴為將相，自能富貴雙全。

若只見一條或兩條直線紋，則主破財、剋妻、害子，所以家庭狀況多不完好。此外，命宮紋路紊亂的人，也有離鄉及家庭失和之象。

若命宮呈凹沉之相，無可置疑地代表其人一生清寒。而額頭窄、眉枯亂，也是破財與短壽之相。

（相不獨論）

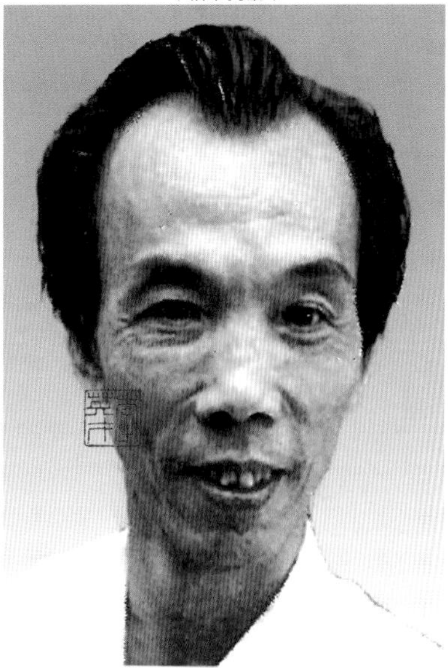

印堂凹沉淺薄，交連破敗

## 二・財帛宮

財帛宮就是鼻子，主財運事業，自我努力。既然鼻子表示財星，所以亦要長得像截筒懸膽的形狀為佳。

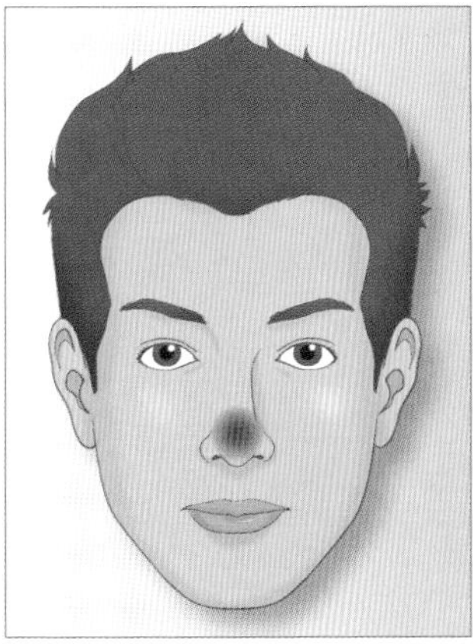

詩曰：「鼻主財星瑩若隆，兩邊廚灶莫教空，仰露家無財與粟，地閣相朝甲櫃豐。」

財帛宮以豐滿圓潤為最好。鼻子看起來枯削的人，表示其財帛已消失，財運自是不佳。

鼻形要中正不偏，方為上格。對於鼻形，古語有云：「有天無地，先富後貧。天薄地豐，始貧後富；天高地厚，富貴滿足，蔭及子孫。」

意思是說，鼻子上半部比下半部長得好，屬先富後貧之格局，不佳。山根小而準頭大，是先貧後富之型格，主吉。若整個鼻子從上到下肉挺而豐厚，便是最理想的格局，主能大富大貴，且可福蔭子孫。

另一方面，女性以鼻為夫星。若鼻子聳直豐隆，一生財旺富貴，得享夫福。

鼻頭若是長得鷹嘴似的尖啄，又隆起成峰，表示容易破財，亦主一生貧寒。

鼻孔最忌仰露，仰露則表示缺隔宿之糧，錢財守不住，這好比廚灶皆空，必定是家無積蓄。

## 三・兄弟宮

兄弟宮即左右兩眉，主兄弟、朋友、家世、人際關係及情智。

詩曰：「眉為兄弟軟徑長，兄弟生成四五強，兩角不齊須異母，交連黃薄送他鄉。」

眉毛要豐蔚，不宜有虧陷。

（相不獨論）

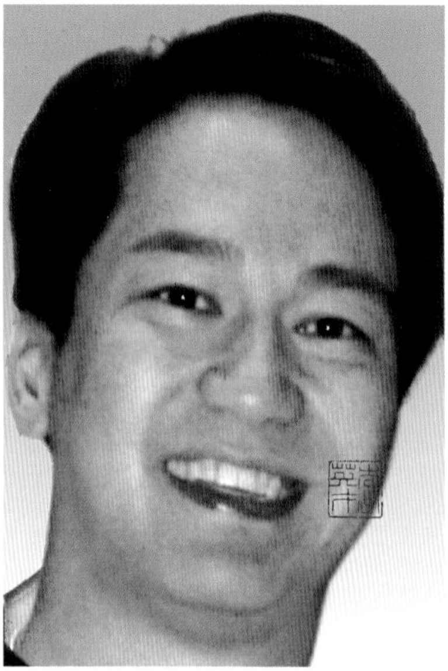

鼻子聳直豐隆，中正不偏

（相不獨論）

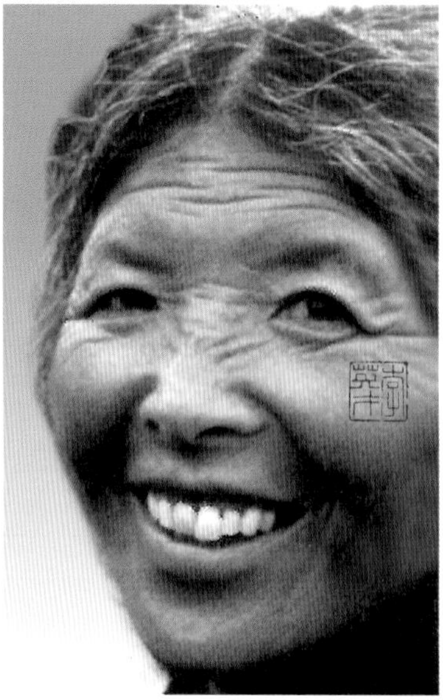

鼻孔偏斜仰露，廚灶皆空

眉長於雙眼，主兄弟和睦平安，眉短則有手足分離、斯人獨憔悴的境遇。

眉毛清秀有彩毛，必為孤騰清高之士；眉毛濃厚豐盈，表示朋友多助，義友弟兄，隨侍在側；眉毛呈紅黃氣色的話，會有榮貴喜慶之事；眉秀而毛疏，形狀自然端正，有如新月，表示兄弟和氣，成就卓越。

相反，不佳的眉相是：眉毛中斷，表示兄弟會分散；氣色發青，表示兄弟有口舌糾紛；氣色呈黑白，表示兄弟有傷亡。

（相不獨論）

眉毛豐蔚，清秀有彩

（相不獨論）

眉毛濃厚低垂，壓眼神弱

若是眉毛粗而短，則表示親戚朋友緣淡，多有離別；眉毛長得有點像環狀，像將眼包藏起來的話，那就大為不妙，表示其人際關係差，不得人緣；如果左右眉毛不一致，表示父母會離異；如果眉毛相交，色黃而薄，即為命喪他鄉之兆。

此外，眉毛有迴旋狀，表示兄弟朋友眾多，但都屬蛇鼠之輩，性格好勇鬥狠；眉毛散亂的人，錢財不易積聚，也就難累積成富；眉毛逆生的人，仇兄賊弟，互相妒害，紛爭很多，或易與異性同居。

## 四．田宅宮

田宅宮位居兩眼眉眼之間，也就是雙眼與上眼皮之處，主家庭運、人緣及不動產。

詩曰：「眼為田宅主其宮，清秀分明一樣同，若是陰陽枯更露，父母家財總是空。」

鳳目高眉的人，財富運得天獨厚也。田宅宮如果看起來形同陰陽枯骨，其人的家產、田園必不得保；若出現紅眼而眼皮又白，更會家財盡傾，事業也難有大成。

田宅宮若呈黃明氣色，表示個人運勢昌隆，不論做任何事都無往而不利。上班一族會步步高升；縱是小人也能得寵，利見貴人。

眼睛如墨點般深黑，則其終生產業榮茂，衣食無憂。

田宅宮最忌紅筋赤脈侵入眼睛，表示早年會破盡家園，一生到老家徒四壁，貧苦一生。

田宅宮發黑，表示有杖責，也就是有是非；發白，表示有子女之憂；發紅，表示田宅喜事重重，當有財。

上眼皮低塌，表示眼睛不顯，主破財；若是平而不凸，則表示田宅不守；如果呈現青氣，更主有官非訴訟，是非纏身，且田宅、家產兩皆空。

（相不獨論）

鳳目高眉，眉眼開闊

（相不獨論）

眼皮低塌，田宅宮形似陰陽枯骨

## 五・子女宮

子女宮古稱男女宮，然因為亦表示子女及兒孫，故稱「子女宮」較為貼切。子女宮位於眼睛下方的下眼皮處，又稱為「淚堂」，主子女之多寡、個人道德觀、生殖能力等。

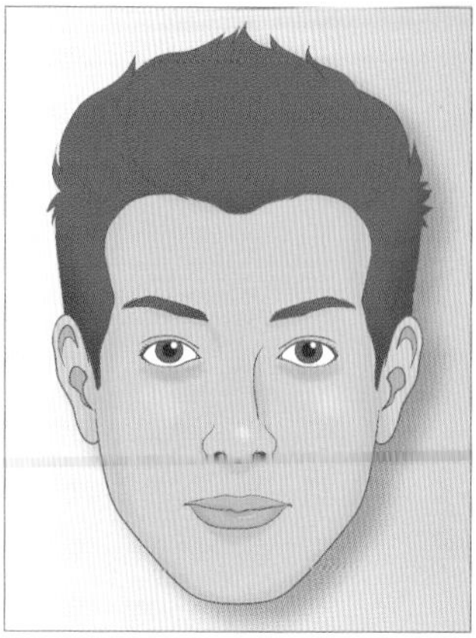

詩曰：「男女三陽起臥蠶，瑩然光彩好兒郎，懸針理亂來侵位，宿債平生不可當。」

淚堂要平滿好看為上，表示兒孫福祿榮昌；如果呈現略為顯凸之狀，像隱隱臥蠶一般，稱為臥蠶紋，表示子息清貴有成就。如果左眼下有臥蠶紋，表示會生得貴子。

如果淚堂不凸反而深陷，表示與子女無緣。左邊枯陷的話，有損兒子；右邊枯陷則有損女兒。子女宮有黑痣或有斜紋的人，一生到老與兒女無緣。如果眼下無肉的話，更會妨礙子女運勢。有亂紋侵入淚堂的人，表示膝下無子，要招義子或養女。

女性子女宮氣色發青，表示會有生產上的苦厄；發黑白氣色，表示子女會有悲哀事；發紅黃氣色，則主喜事將至。

（相不獨論）

子女宮平滿顯凸，臥蠶紋起

（相不獨論）

子女宮斜紋無肉、枯陷

## 六・奴僕宮

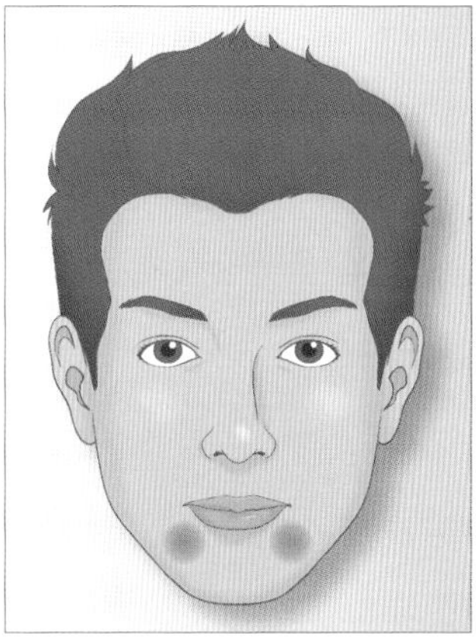

奴僕宮指下巴地閣的部位，即嘴角下方兩側，上接口部，主居住運、與部屬及下一代的關係。

詩曰：「奴僕還須地閣豐，水星兩角不相容，若言三處都無應，傾陷紋痕總不同。」

口部以下整個下頦，長得圓飽豐滿，表示會有傭人成群，一呼百應；換言之，若是老板或管理階層，屬下必人材濟濟。

下巴地閣呈尖斜狀的人，多不會是好人，長得壞心腸，受人恩惠後，非但不識感恩，且常怨恨他人不周。

如奴僕宮有絞紋敗陷之狀，則表示奴僕不周，也沒有可用之人。

（相不獨論）

奴僕宮圓飽豐滿，下頦整齊

（相不獨論）

奴僕宮絞紋敗陷，枯乾無力

下頷若發青色，則表示下屬可能會有損傷，或自己用人不當；若呈白黑色，則表示「僕馬墜墮」，不利遠行，最好不要出國或外遊；若呈赤紅之氣色，表示僕馬生口舌，有失財之兆，要多加注意錢財流向；如出現帶黃氣色，多有好的預兆。

## 七・夫妻宮

夫妻宮古稱妻妾宮，唯現代法律不准納妾，故改稱「夫妻宮」似較適合。夫妻宮位於眼睛末端的魚尾紋處，稱為奸門，主夫妻感情、配偶婚姻關係及男女間的事。

詩曰：「奸門光澤保妻宮，財帛盈箱見始終，若是奸門生黯黲，斜紋黑痣蕩淫奔。」

夫妻宮光潤無紋最佳，必保妻全四德；豐隆平滿的話，娶妻財帛盈箱；如果兩顴顴骨過豐，有上侵夫妻宮之勢，主興隆，會因妻得祿，是上好之命。

總而言之，只要夫妻宮豐滿，則夫貴妻榮，奴僕成行。

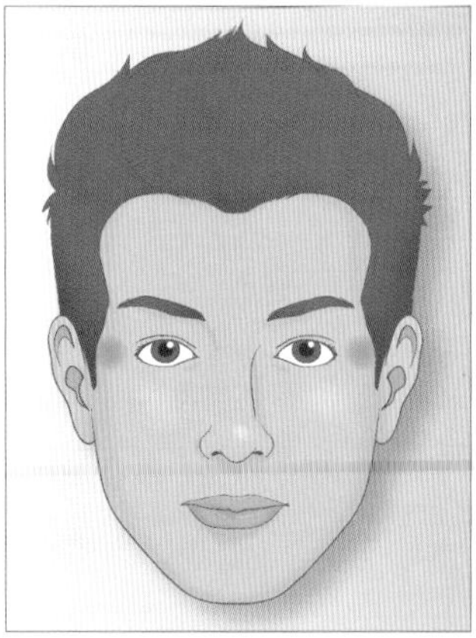

女性魚尾奸門處明潤亮人，主可得貴人為夫，但若是奸門深藏陷下，主易生意外。

為丈夫者，若發現妻子魚尾紋太多，就要小心她可能會遭惡運而死。若奸門見黑痣，易生婚外之情。

奸門氣色青，表示妻子心事重重，愁眉不展，諸事不順，煩惱纏身；而奸門發紅的人，表示夫妻有口舌，正在吵架；奸門有晦暗或呈黑之氣色，主夫妻分離，表示會有生離死別之事發生；出現紅黃色，表示夫妻和諧吉祥。

（相不獨論）

夫妻宮光潤無紋、豐隆平滿

（相不獨論）

夫妻宮深藏陷下，魚尾紋多

## 八・疾厄宮

疾厄宮位於印堂命宮下方、雙眼之間山根的部位，主個性、健康、遺傳、對疾病危難的抵抗力及應付能力。

詩曰：「山根疾厄起平平，一世無災禍不生，若值紋痕并枯骨，平生辛苦即難成。」

疾厄宮豐隆飽滿，必福祿無窮。若看起來隱隱透出光采，主五福俱全，上佳之相。

若是有疤痕紋理，整個部位顯得低陷，這表示其人經年累月都會有疾病纏身。若形狀呈尖斜，則

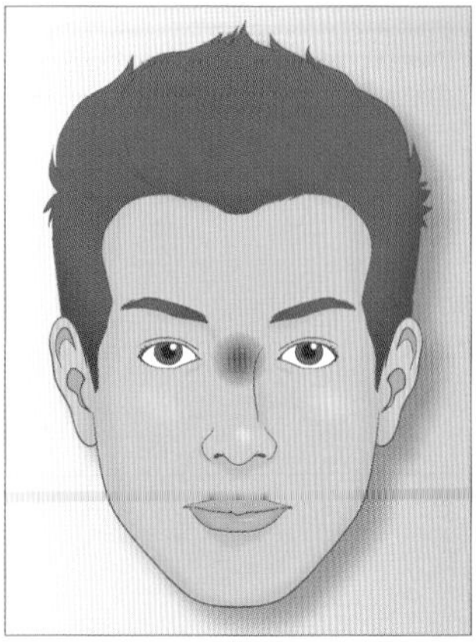

表示一生多難受苦。

假如疾厄宮呈現煙霧狀的昏暗氣色，表示身體正抱恙不適，或易生大病，嚴重者可能有災厄纏身。

疾厄宮氣色現青，則主憂驚；呈赤紅色，須防大難臨門；發白，則主妻兒會有悲憾之事；發黑，主死亡，須千萬小心注意。相反，發紅黃紫氣，則主喜氣連連。

（相不獨論）

山根托印，豐隆飽滿

（相不獨論）

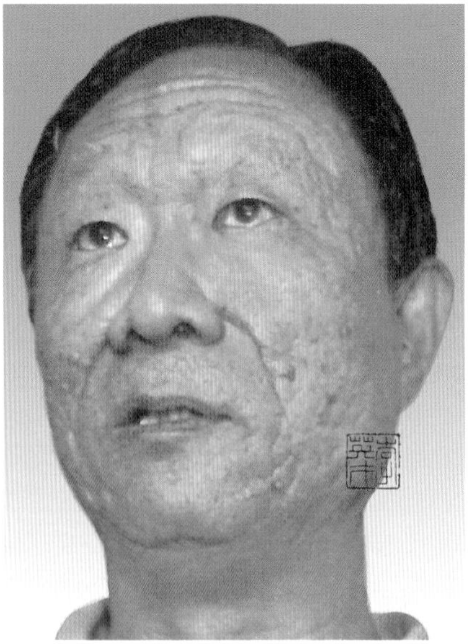

山根尖削單薄、低陷

## 九・遷移宮

遷移宮位於眉角與髮際之間，也就是兩側眉尾之外圍靠上、近額頭之處，主出外發展、遷徙、旅遊、遠近朋友的助力或關乎國際貿易業務運勢的成敗。

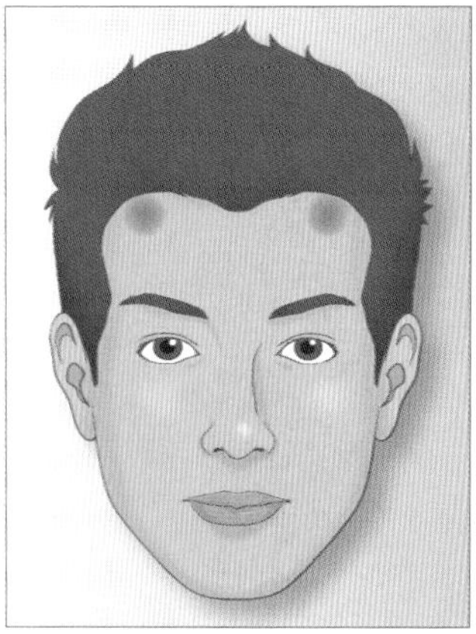

詩曰：「遷移宮分在天倉，低陷平生少住場，魚尾末年不相應，定因游宦卻尋常。」

遷移宮以生得豐盈隆滿為佳，有華彩光澤，表示順利無憂、一帆風順。如果能延伸到魚尾紋處，多表夫妻感情恩愛，幸福到得人欽羨。

遷移宮若有騰起情況，且明潤潔淨，此乃驛馬星動之兆，表示將有遠行，更遠的甚至乎有移民之可能。

然此宮若顯得低陷，則表示一生到老也難覓固定居所，命中注定無房無產。

假若某天早上發覺自己的遷移宮氣色昏暗，而且該部位有缺陷，或有黑子，那就必須特別留神，非必要也不宜外出，恐會有災厄之事發生。

如氣色現青，表示遠行會有不利之事發生，也有失財之可能。

如氣色發白，外出旅行多有不如意之事；出現黑氣，除主破財或生意外，更甚者恐怕有意外損人命之事；相反，呈紅黃紫氣，則表示會有意外之財，喜兆也。

## 十・官祿宮

官祿宮位居額頭正中偏上，也就是髮際以下、印堂以上的上額頭部位，此部位還包括兩旁的日月角，主個人才智、事業成敗、權位升降等。

詩曰：「官祿榮宮仔細詳，山根倉庫要相當，忽然瑩淨無痕點，定主官榮貴久長。」

如果官祿宮隱隱然看到有額骨凸起，直達天中（髮際以下），稱「伏犀貫頂」，表示一生也不會遇到對簿公堂之事，地位、工作都不會遇上任何糾紛，事業、官運皆順利。

如果左右驛馬寬廣凸起，有朝向中央官祿宮的樣子，則一定事業

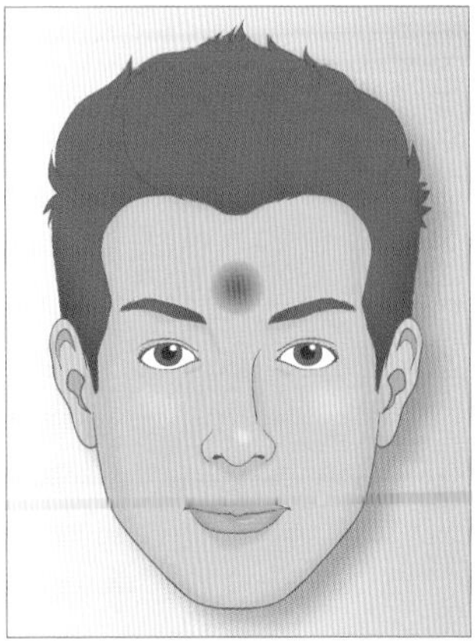

（相不獨論）

遷移宮豐盈、隆滿

（相不獨論）

遷移宮低陷、偏薄

顯達，步步高陞，地位超群。

額角堂堂，形狀凸顯、開揚沒有缺陷者，縱遇官訟，也會得貴人相助，迎刃而解，一生多會平步青雲。

若官祿宮有紋痕，甚至有破相的話，當會招惹意外，事業難成；若加上兩眼有紅血絲，當有徒刑之憂。

若官祿宮呈現青氣，主憂疑不順；現赤紅色，主將有口舌是非；呈白色，主穿孝素服，家人有亡故；紅黃色，則是升官之兆。

（相不獨論）

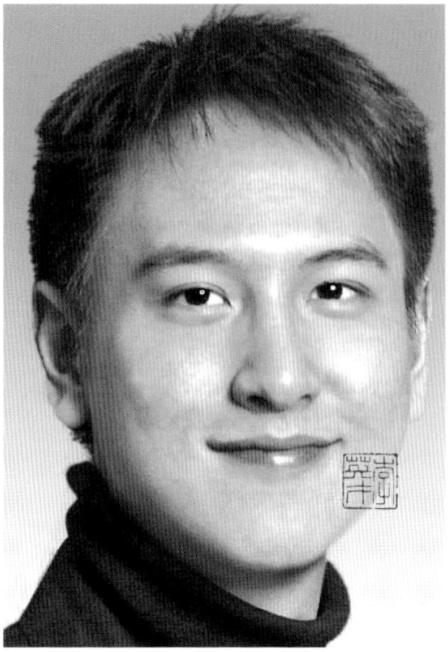

額骨凸起、平滿

（相不獨論）

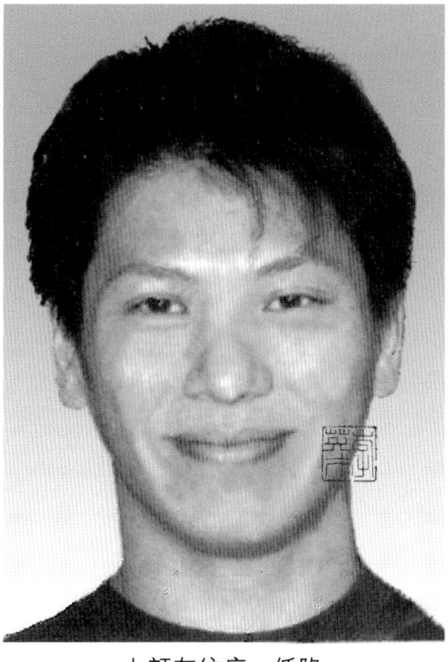

上額有紋痕、低陷

## 十一・福德宮

福德宮位在眉尾之上、近額頭髮際之處，亦即靠近遷移宮天倉之處，主財運與福分。

詩曰：「福德天倉地閣圓，五星光照福綿綿，若還缺陷并尖破，衣食平平更不全。」

福德宮需要豐滿明潤，略凸為佳，主有祖宗護蔭，一生福德永崇延綿。

相書有云：「天倉地閣相朝，德行五福」，意思是，兩邊額角（天倉）和下頦（地閣）都凸起的話，則一生福氣綿綿，凡事逢凶化吉。

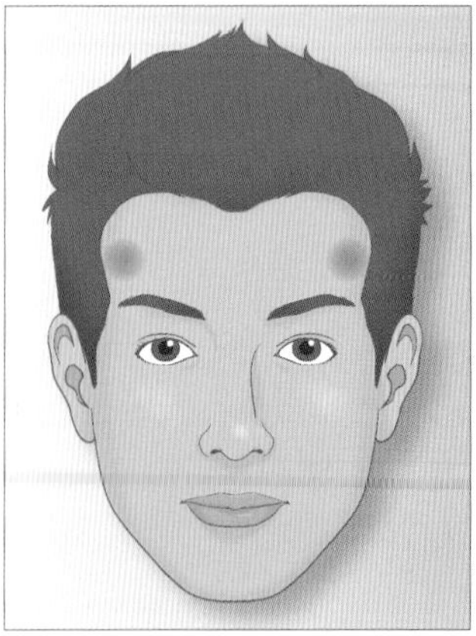

如果額、口、鼻、兩顴五星皆隆起朝拱，則一生福祿滔滔。

如果天倉與額角顯得略為狹小，然而下頦圓闊，則表示少年福分較薄，早年辛勞，但年歲愈長，運程也變得愈來愈好。

若天倉額角寬廣豐潤，但下頦較狹小，呈上寬下窄之狀，表示早年福祿佳，少年易得志，但是晚年福分較為薄弱，愈老愈辛勞，為晚年辛苦格。

（相不獨論）

福德宮寬廣、豐潤

此外，福德宮如果有凹陷缺痕，多見不利；若加上淺窄呈昏暗之色，主常遇災厄之事，甚至有家破人亡之災。

福德宮呈青色，主心情憂戚，多疑多慮，諸事必不順暢；若呈紅色，主酒肉過多，且要忌口舌招尤；呈白色，主有災疾；呈紅黃色，大吉之兆也。

（相不獨論）

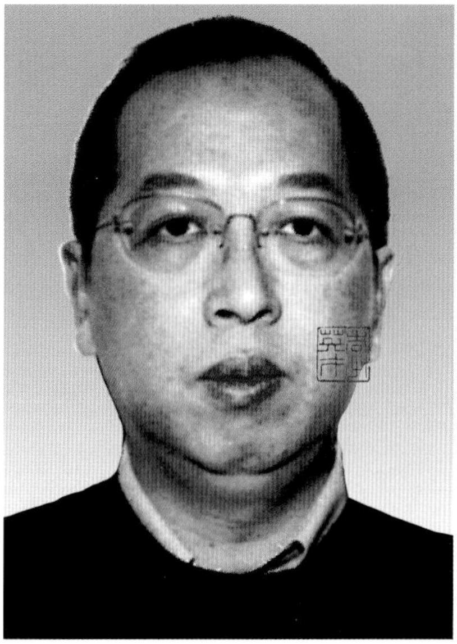

福德宮凹陷、淺窄

## 十二．父母宮

父母宮亦稱日角月角，也就是額頭中央略偏之兩側，或天庭的左右位置，主父母、祖蔭。

詩曰：「天庭左右圓豐滿，父母長壽福祿厚，左角呈缺父緣薄，右角不明母難候。」

大體上，父母宮以高圓、明淨、豐滿為佳，主父母長壽康寧。日月角豐隆，則表示父母雙親福祿榮厚，更有祖蔭可承。

日月角若呈低塌之形貌，多是自幼就失去雙親，或父母早年離異，亦可能其中一人離開家鄉，異地成家，不然則是自幼多災，常受病痛。

左邊為日角，主父親；右邊為月角，主母親。如果其中一邊有紋痕缺陷，就表示父緣或母緣較薄，又或是父親或母親有病痛在身。

額頭尖削而且兩肩相交的人，幼年就與父母無緣。額頭兩側傾斜向後，形狀狹窄，多為私生子，或是次房所生。要化解上述日月角的各種厄運，可以拜養義父或義母，以彌補缺陷。

眉毛在鑑別父母宮之好壞，也有着極為重要之地位，故凡看父母宮，多兼看眉毛，互相印證。

例如，如果兩眉相連，主妨害父母，與父母緣薄，家運不順。如果左眉高凸、右眉低陷，表示母親會先過世；相反，右眉高凸、左眉低陷，則表示父親會先離去。若是左眉長得位置較高，右眉較低，正面看來呈右傾斜狀，表示母親會先過世，而父親會再娶；若是反過來呈左傾斜狀，表示父親會先過世，而母親會再婚。

氣色方面，若父母宮呈青色，主父母有憂疑，多有口舌糾紛，家庭不和；呈現灰暗氣色，表示父母有疾病纏身；呈黑白氣色，主父母喪亡；呈紅黃氣色，則主雙親有喜慶。

（相不獨論）

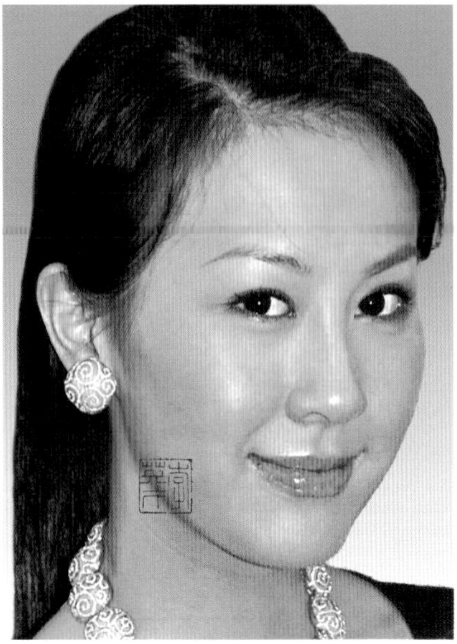

日月角高隆、圓潤

（相不獨論）

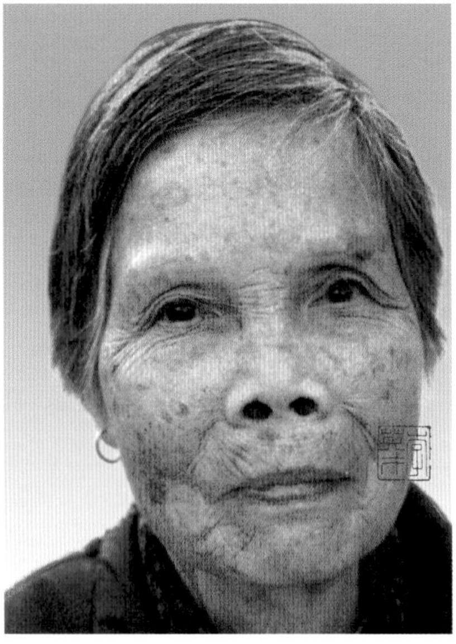

日月角低塌、傾斜

# 第三章

# 額相詳解

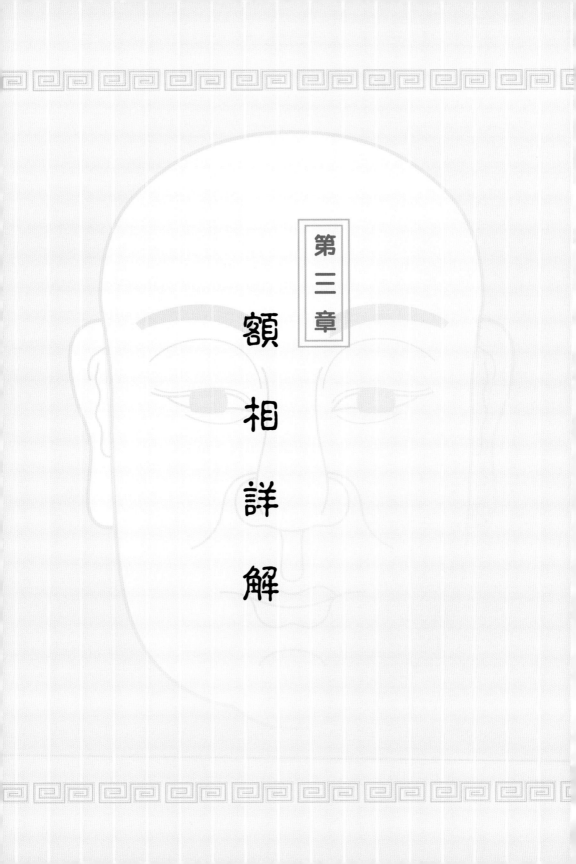

# 額居上停

古書有云：「三停平等，一生衣祿無虧」，看相早有「看三停知人一生福禍、成敗」之說。所謂「三停」，是指將人之面相分為三部分：

從頭頂髮際至眉毛上方的前額部分，統稱上停；從眉毛至鼻子的準頭部分，統稱中停；鼻子以下至下巴為下停。

額的高度，由髮際下至印堂，以相等於整張臉長度的三分之一為標準，且以廣闊為佳，這表示個人的智力能夠全面而平均發展。

由於額居三停之上而主智慧，故凡是與個人理想、計劃有關，都可體現在這個部位內。中停的顴和鼻，是收成表徵。觀乎成功，得看理想和計劃，是否過於空想，倘能再配合中下停而行動，始得成果，所以古書云：「三停平等，一生衣祿無虧」，就是這個道理。

前額主要觀察先天稟賦，代表遺傳、知識、藝術、宗教、道德，以及青少年時期的運氣趨勢，因此相學上的命宮、官祿宮、遷移宮、父母宮、兄弟宮、福德宮都分佈在前額的區域內，範圍廣泛而複雜，其重要性可想而知。

中國相學家對額的評價是，它廣集：思、識、聽、聞、言五用，這與佛家之「相由心生」論不謀而合，表徵着人的胸襟氣度和腦心氣質。

## 古籍論額

古書對於額相有以下之說：

「額方而闊，初主榮華」；

「額方面闊，無險而吉祥立至」；

「髮齊額廣，英俊聰明」；

「廣額秀眉，文章道士」；

「額為火宿，管前三十載之榮枯」。

以上說明，額是代表一個人的青少年運程，即十五歲至三十歲的際遇，所以有「初主榮華」之說。

至於額骨高隆，往往也主吉兆，有云：

「伏犀貫頂，一品王侯」；

「輔骨插天，千軍勇將」；

「骨插邊庭，威武揚四海」；

「日月角聳，必佐明君」。

此外，印堂對上、髮際之下的部位統稱天庭，亦有云：

「天庭高聳，少年富貴可期」；

「南方貴宦清高，多主天庭豐闊」；
「天庭高闊，須知僕馬無虧」。

至於何為下等之額相？古籍亦有評云：
「額偏不正，內淫而外貌若無」；
「頭尖額窄，固不可以求官」。

對於女性的額相，古相書亦有評論：
「額尖耳反，雖三嫁而未休」；
「頭大額大，終主刑夫」；
「鼻尖額低，終為侍妾」；
「亂紋額上，男女並主孤刑」。

古相書亦有云：「六府高強，一生富足」。

這六府的上二府，就是指前額眉毛上方的「天倉」；中二府是指左右「命門」；下二府是指左右嘴角奴僕「地庫」。

大富之貌，即是指這六府必定是豐滿的。因此顴骨高隆、印堂平滿是富貴之象。

形容印堂優點的有：
「印堂多喜氣，謀無不通」；

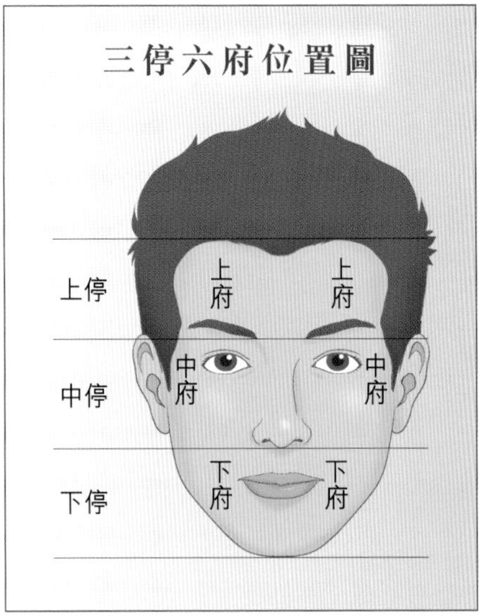

三停六府位置圖

「印堂接中正，終須利官」；

「顴聳印平，天師之爵」。

形容印堂缺點的是：

「印堂狹窄，子晚妻遲」。

以上都是以額形作禍福吉凶之經典古籍紀錄。我們學面相，宜先將各部位認識清楚之後，再去對照古相書之說，這樣就很容易貫通了。

## 前額為少年運勢

《人倫大統賦》云：「欲察人倫先從額相」。

由此證明，人相學的重要相理是，以觀看額相判斷其人一生命運，因為額相蘊藏着個人智慧和知識（智慧為先天，知識為後天），觀額之骨骼寬窄、高低及額之紋痣、氣色等，即可判別其人資質之優劣和各種心理和病理現象。

訣曰：「額為火星。天中、天庭、司空、中正，皆在於額，所以辨人之貴賤也。寬主富貴，方更華榮。山林不起，祖業有亦多傾。天庭不揚，功名得亦多滯。塌者剋敗，低者刑愚，偏者偃蹇。右陷者損母，左陷者損父，額尖者亦然。額乃官祿之宮，如有筋沖紋亂骨橫，皆為不利。」

「婦人以柔為本。如額太方、太大、太高，皆剋夫，額尖耳反三嫁未休。又額尖顴露謂三顴面亦刑三夫。」

## 流年部位歌

十五火星居正額，十六天中骨格成。
十七十八日月角，運逢十九應天庭。
輔角二十二十一，二十二歲至司空。
二十三四邊城地，二十五歲逢中正。
二十六上主丘陵，二十七年看塚墓。
二十八過印堂限，二九三十山林部。

## 額相訣竅

額相有兩種相法：
一・以流年部位及個別位置分辨好壞。
二・以前額之形狀差別判斷一生成敗。

# 七種主要額形

## 一・美人尖

美人尖亦稱為金雞啄印。凡有美人啄，學業運一定欠順利，最低程度也會有四年以上的阻滯。其次亦代表父母關係欠佳、婚姻有問題、生活艱難辛苦；不然就是其人早出社會工作。

此額相屬陰性，代表其人感情豐富，對人親切，沒有主見，容易受外來影響，朋友的好壞，主宰其人生去向，遇好人成好人，遇壞人變壞人。然凡有美人啄者，婚後大都以家庭為重。

（相不獨論）

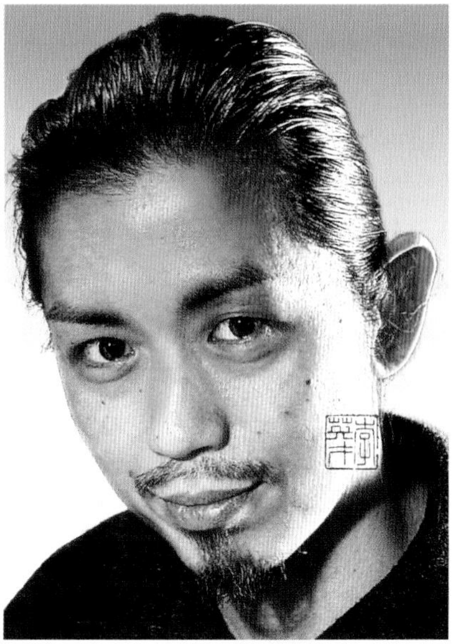

（相不獨論）

## 二・寡婦額

寡婦額即是髮際呈半月形。在女性方面，第一次婚姻多不長久，容易再婚；此外，亦指此女子會獨立過生活的意思。若為男性，人品不錯，而且正直無偏，缺點就是缺乏雄心壯志。

（相不獨論）

（相不獨論）

## 三・衝圓額

衝圓額就是額骨圓圓地走出，亦即象壽星公一般的額，雖然長壽卻必是一人孤獨到老，故以松妻鶴子最好，不過，額骨太過凸出的人都愛胡思亂想，終日自找煩惱。

如果男性有之，少年運多比較反覆，記憶力頗強，然而額骨過分凸出，始終是大忌。結髮婚姻，難到白頭。此外，額太高的男性，好勇鬥狠。

（相不獨論）

（相不獨論）

女性有此相，善於隨機應變，長於交際，朋友聚會，多半不會有冷清的場面出現。如配大眼則更顯精明，唯婚姻運比較差，原因是此額為「照夫鏡」，好尋變化，不安於穩定生活，婚後一兩年夫妻多有冷戰。

## 四．四方額

四方額亦稱角額，屬陽性，性格上有實事求是的特點。

男性如擁有此額，工作上會一絲不苟，唯過分保守，一板一眼，不善變通。如果從名利看，求利方面，中年後運較佳，唯得名機會不大。

至於四方額之女性，夫運較差，福緣也較為薄弱，原因是擁此額者，多執着於男女平等、同工同酬，本身性格過於剛強，易與配偶爭執，故多為職業婦女。

總而言之，不論男女，四方額最忌短窄，短窄則其人多有神經質，心胸狹窄，目光短小，欠遠見，難成大器，要儘量改善自己的性格，否則一事無成。雖知「知命者不怨天，知己者不尤人」。

（相不獨論）

（相不獨論）

（相不獨論）

（相不獨論）

## 五．M字額

M字額主要分兩大類：一闊，一窄。

兩類M字額都對藝術特別有感覺，他未必是天才，但喜歡從事創作，例如：美術、音樂、文藝、戲劇等。若不是以此為正職，工餘往往都會花費不少心思時間去接觸藝術。

此外，寬闊的M字額屬於正常的一種，但若是生得狹窄的話，就欠缺對藝術的興趣，只是代表脾氣好，性格溫和。

（相不獨論）

窄M字額

（相不獨論）

闊M字額

## 六．鋸齒額

鋸齒額又名亂額。有此額相者，道德觀念較薄弱，容易與長輩或上司頂撞，一生比較操勞。相書有說：「髮際巖巉父先喪，山根低陷母先亡」，此乃古老相法，在今天看來，未必是喪亡之象，唯一般會多病痛或無助力。至於女性額角太亂，亦容易與丈夫口角，多有頂撞，因而影響姻緣。

（相不獨論）

（相不獨論）

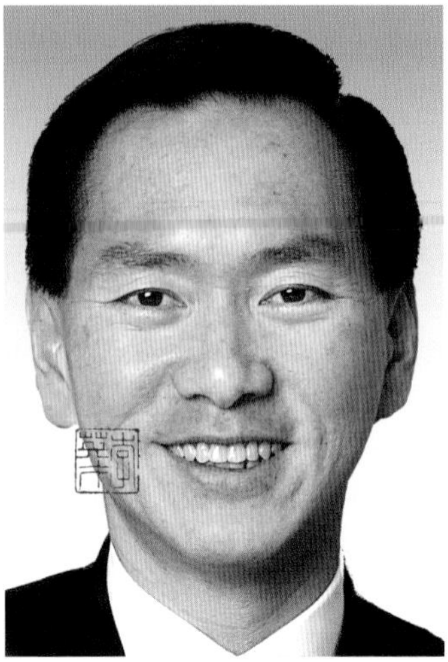

（相不獨論）

（相不獨論）

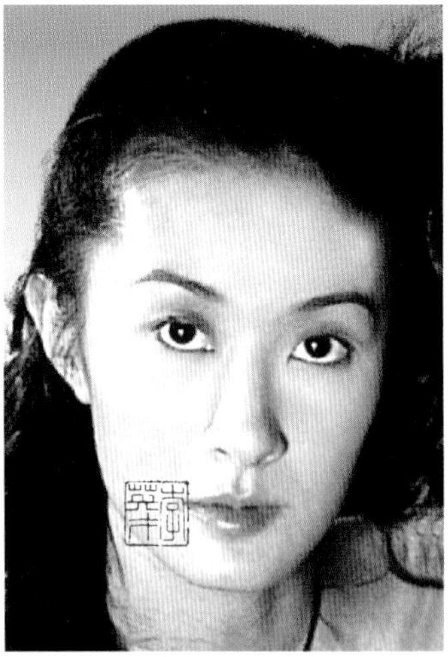

## 七・漸禿額

漸禿額是兩邊額角漸漸向上禿，屬於長期勞心勞力之額相。有此額者，縱是家庭環境再好，也多不願坐享其成，反愛力拼耕耘，凡事親力親為，屬於先苦後甜的格局。

若見交遊宮凹陷，則朋友少，或協助朋友時，多不得要領，反遭埋怨，如現青筋者更甚。

（相不獨論）

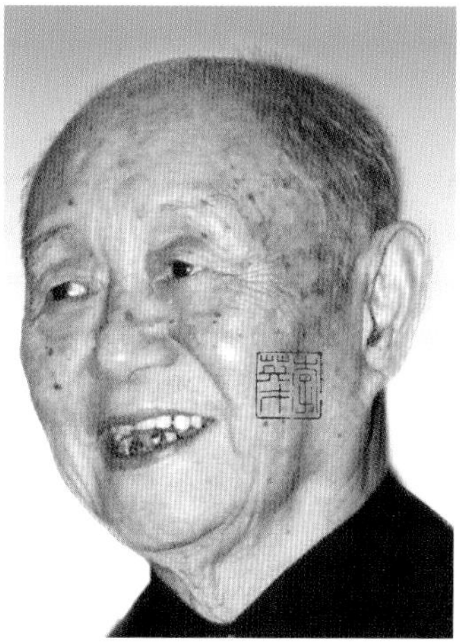

以上七種為最常見之額相，但習相者不能一成不變地觀察，須知相學為千變萬化之學問，須融會貫通、靈活觀察，方有準繩的判斷。

# 額高額低相法

## 額高

額過分高凸，稱為「照夫鏡」，其人對現實多不滿足，尤其喜歡與他人比較，往往不滿現狀，而自招煩惱。

額太高的女性，性格高傲，外出工作比在家當主婦較適合，而且多是性慾較強者。其實，女性應以柔為本，額太方、太廣、太高、太闊都是不好。

額高的男性，不易服人，且用腦過多，情緒波動大。

（相不獨論）

## 額低

額太低的人易患抑鬱，三十歲前運氣欠順，要特別留意。如果父母年紀相差十至二十年，子女的額多數生得較低，唯千萬不可以頭髮遮擋前額。前額定要開揚，代表失意之時能迅速解決問題。

（相不獨論）

（相不獨論）

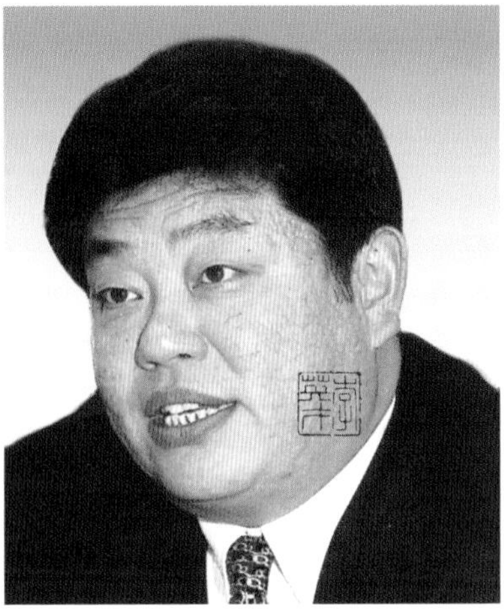

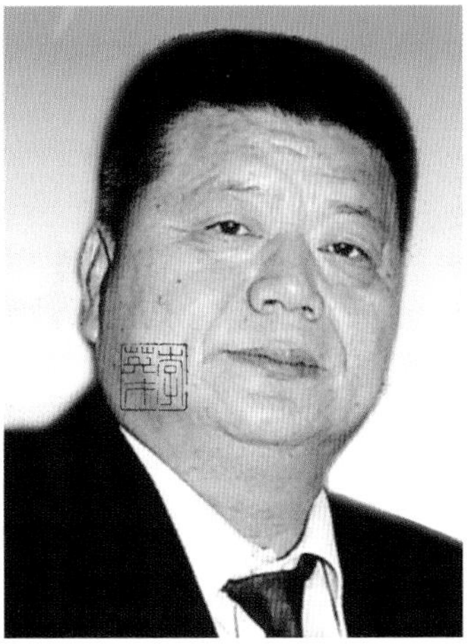

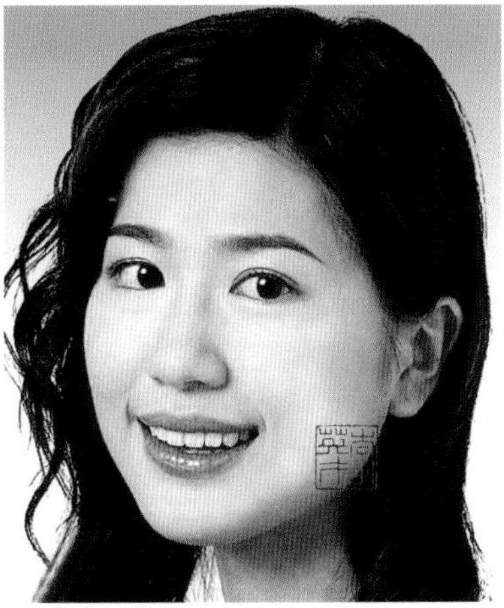

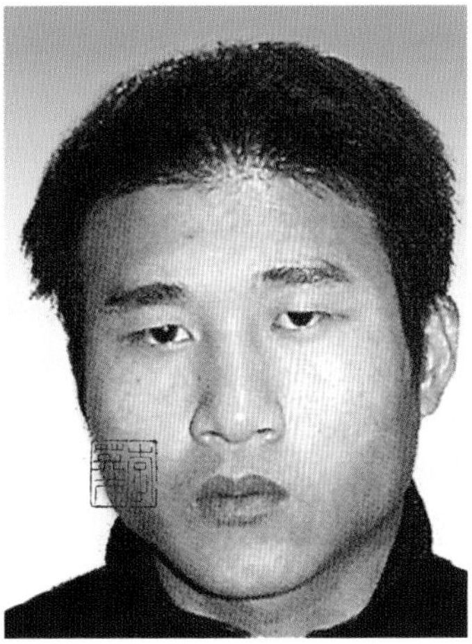

# 額闊額窄相法

## 額闊

額闊多指驛馬位，若驛馬位闊則表示多有助力，甚至遠方的朋友都能對自己有所幫助，生活自然容易又開心，沒有太多煩惱積壓於心內。

（相不獨論）

（相不獨論）

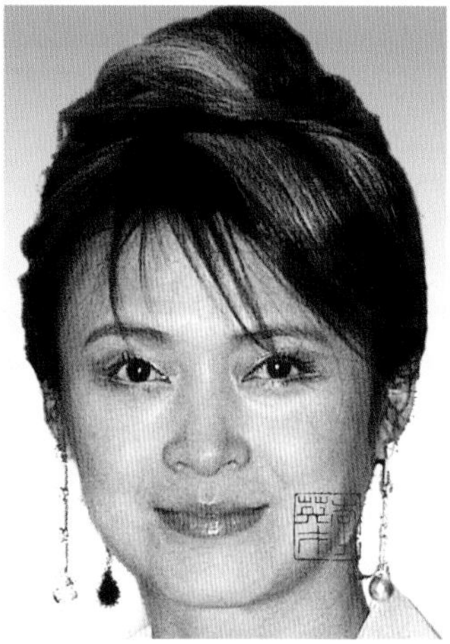

# 額窄

額窄者多是福德宮窄、驛馬窄，形成斜削的現象。

如果福德宮窄，其人物質欲望過強，難有閑錢，偶然得到一筆閑財，亦往往會有千般理由花費掉，故宜想辦法自我控制，否則晚景甚虞。

（相不獨論）

（相不獨論）

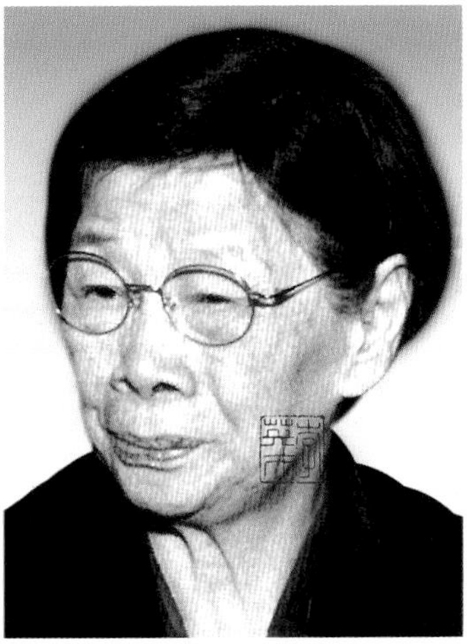

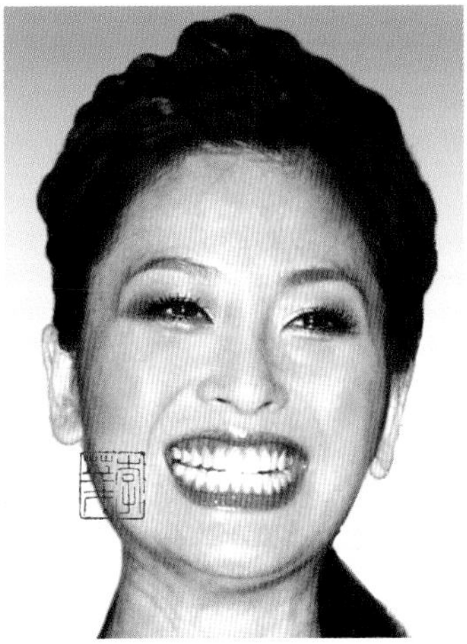

擁有窄額相者，有兩個特點：

一・凡做生意者，調動的銀碼愈大，愈是得心應手；若銀碼太小，往往無法週轉。此人永遠不懂好好管理錢財，須有賢內助或善於理財的配偶輔助，方能大富。

二・此相之人多不注重個人外觀，只求有衣可披，有履可穿，不求華衣美服、名牌錦服，唯特別愛花費在購置體積較大之家具，或用在飲食方面。

此外，凡驛馬窄者，少會出國，或是不喜歡旅遊異地，身處外地時會諸多挑剔，故極少將金錢用於外遊。

# 額紋相法

天庭至印堂須飽滿，天庭可有橫紋，但不宜有直紋；而印堂則可有直紋而不宜有橫紋。

印堂懸針破印，主沖妻；有兩紋者，多思想；有三紋者，與妻無緣。印堂有橫紋者，一定多官非，或為積犯，或是一生貧苦。

一般來說，額紋宜長不宜短，宜直不宜曲，忌碎、忌斷。額紋太多，斷斷續續，主奔波勞碌，而且愛管閑事，喜歡出鋒頭。俗語

（相不獨論）

中年紋曲

（相不獨論）

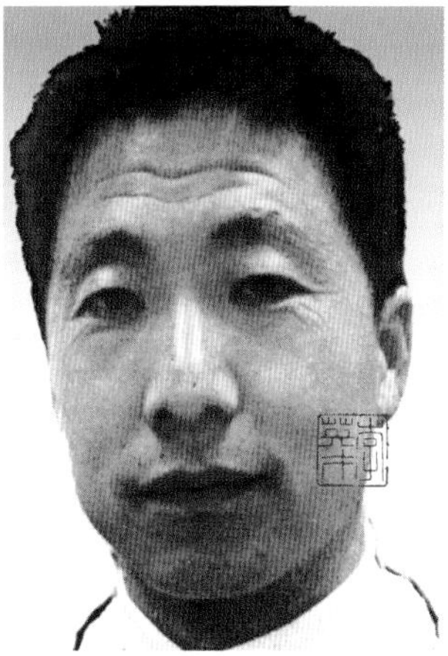

中年紋深

（相不獨論）

（相不獨論）

中年紋曲

（相不獨論）

有云：「額藏三紋，少年無真運」，做事較勞心，思想早熟，但人緣佳。

額上有完整三條橫紋，多是知識分子，其思想周密，且有過目不忘之能，踏入中年運氣轉好。

可是，人到四十歲而額上無紋，代表其人性格倔強，不求人助，觀乎很多上了年紀之女性，家務非常操勞，仍不會要求子女幫忙，多屬這類額相。

（相不獨論）

（相不獨論）

老年紋幼

（相不獨論）

老年紋直

（相不獨論）

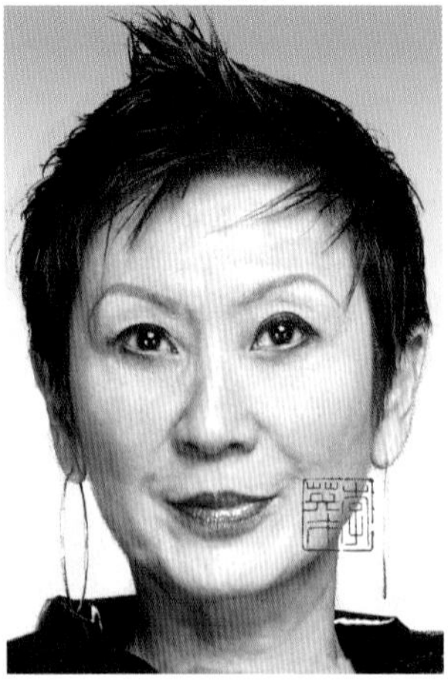

（相不獨論）

（相不獨論）

中年無紋

（相不獨論）

（相不獨論）

老年無紋

（相不獨論）

（相不獨論）

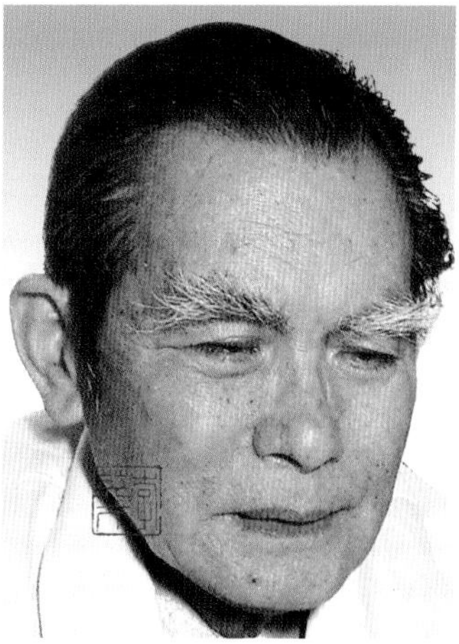

老年無紋

# 印堂相理二十七項

印堂乃十二宮之首，其重要性可想而知，習前額相法前，必須熟悉印堂相理吉凶，方為上策。善相者必先相印堂之好壞作為整體禍福之準繩。

(1) 印堂位於兩眉之間，主要看抱負理想、貴賤、心性、量度、壽元、婚姻和家宅。印堂為九陽氣，也是陰騭神出入之所，一個人所有的吉凶禍福都可以從印堂看出個大概。印堂相理佳，若兼配五官相理俱美，實是難能可貴之上好佳相（圖❶、圖❷）。

（相不獨論）

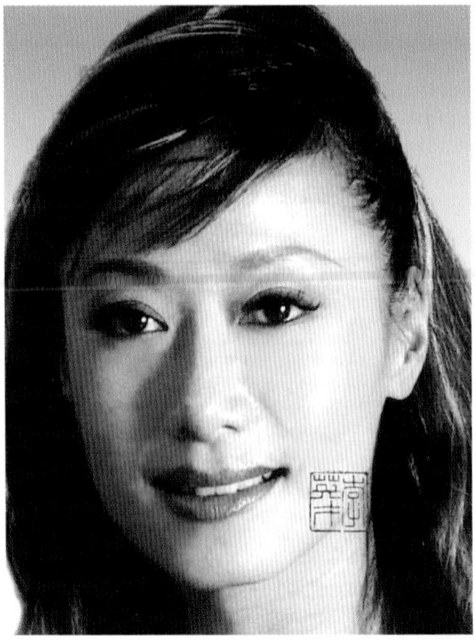

圖❶

（相不獨論）

圖❷

印堂為九陽氣及陰騭神之出入所。
圖❶、❷為極佳印堂，
配以五官優美，
為難得之佳相。

(2) 印堂相理佳（圖❸），主精神生活愉快，為人樂觀，理想和抱負也比較容易實現。印堂相理欠佳（圖❹）者，主精神生活不愉快，勞心勞力。

(3) 印堂開闊平正、圓潤如鏡（圖❺），屬貴格，主智慧高、度量大、長壽，心情愉快，且一生中貴人多助，小人難逢。

(4) 印堂相理佳兼且眉清目秀、鼻豐顴高（圖❻），主一生功名早達、富貴雙全。印堂相理佳者，本身的理想和抱負較易實現。書云：「印闊樑高者，一生近貴」，即印堂相理佳又山根高者，一生多貴人相助也。

（相不獨論）

圖❸ 印堂相佳，精神飽滿

（相不獨論）

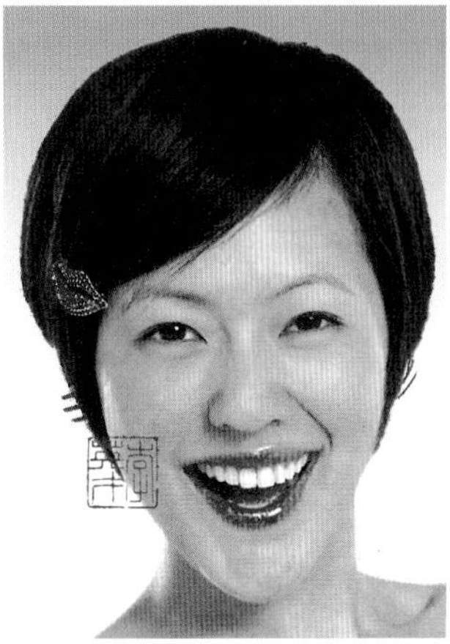

圖❺ 印堂圓潤如鏡，貴格量大

（相不獨論）

圖❹ 印堂欠佳，勞心勞力

（相不獨論）

圖❻ 印堂相佳，眉清目秀

(5) 印堂佳且地閣豐隆（圖❼），主高壽、晚運昌榮，這皆因印堂相理佳者為人樂觀，地閣相理佳者晚運好之故也。女性印堂相理佳（圖❽），主幫夫、蔭夫。

(6) 女性印堂相理佳且山根豐隆（圖❾），主所生子女善良優秀。若印堂相理佳而山根低陷（圖❿），主二十八歲或以前所生子女優於二十九歲或以後所生子女。若印堂不佳而山根豐隆（圖⓫），主二十九歲或以後所生子女優於二十八歲或以前所生子女。

（相不獨論）

圖❼ 印堂佳，地閣豐

（相不獨論）

圖❽ 印堂相佳，幫夫蔭夫

（相不獨論）

圖❾ 印堂佳，山根隆，
子女優秀

（相不獨論）

圖❿ 印堂佳、山根陷，
宜於二十八歲前生育

（相不獨論）

圖⓫ 印堂陷，山根隆，宜在
二十九歲後生育，子必貴

(7) 印堂相理不佳，例如見鎖眉、疤痕、凹陷、惡痣、惡紋（圖⑫），主家庭、婚姻是非多，易被家人拖累。若夫妻宮又欠佳，主剋夫或剋妻；但若只有印堂相理不好，則不可論剋夫、剋妻。

(8) 印堂痕破（圖⑬），痕、痣、紋為印堂帶煞，若眉眼又帶煞，主一生多凶險、災難。

(9) 印堂凹陷、紋、痕、痣破（圖⑭）者，幼年時學業半途中斷，青少年時離鄉外出發展，一生勞碌辛苦，少成多敗。

(10) 印堂凹陷（圖⑮）者，一生事業較辛苦勞碌，多敗少成，小人多，貴人少。印堂有破損或惡紋、亂紋者，主一生工作變動多，勞多獲少。

（相不獨論）

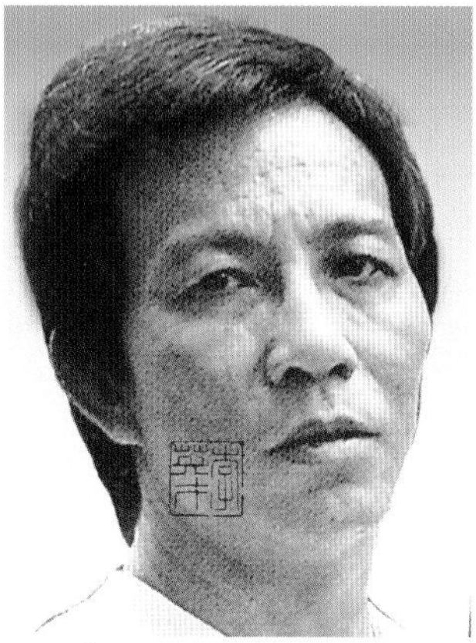

圖⑫ 印堂惡紋，妻宮狹窄，剋妻之相

（相不獨論）

圖⑭ 印堂陷破，離鄉別井

（相不獨論）

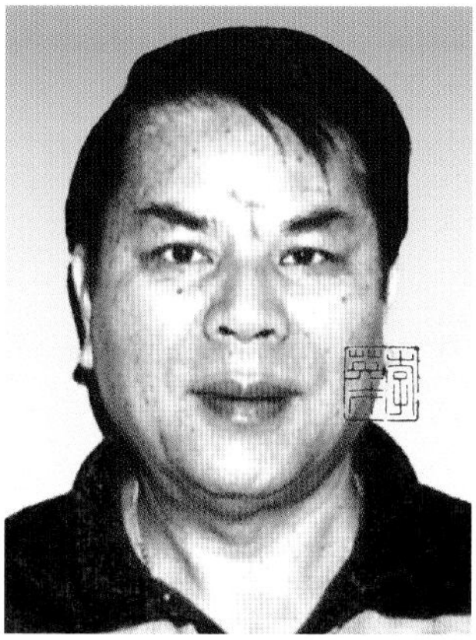

圖⑬ 印堂痕紋，眉眼帶煞，一生多險

（相不獨論）

圖⑮ 印陷神閃，唇薄嘴尖，一生多敗少成

(11) 印堂凹陷（圖⑯）、狹窄或有惡紋，主不得長輩提携，亦難繼承祖業，且夫妻刑剋，配偶貌醜。若鼻子亦多惡紋痣侵破，主娶揮霍之妻或嫁負心之夫，不宜早婚。

(12) 印堂若見陷破、惡痣、疤痕，兼且雙眼昏暗無神、眉濃濁不秀（圖⑰），縱然日月角（父母宮）豐隆，亦刑剋父母，父母重病或早亡。

(13) 印堂以一隻半指節為標準或稍寬為吉。印堂以平整或稍凸為吉，印堂稍凸（圖⑱）的人具有特殊才華。

(14) 印堂短於一個指節者為窄，主量度狹小。印堂太窄（圖⑲）或鎖眉，其人主易鑽牛角尖，容易想不開且量度狹小，但宜朝研究、創造發明方向發展，成就較佳。此外，鎖眉者宜拔去中間左右相連之眉毛，有助改善運程。

（相不獨論）

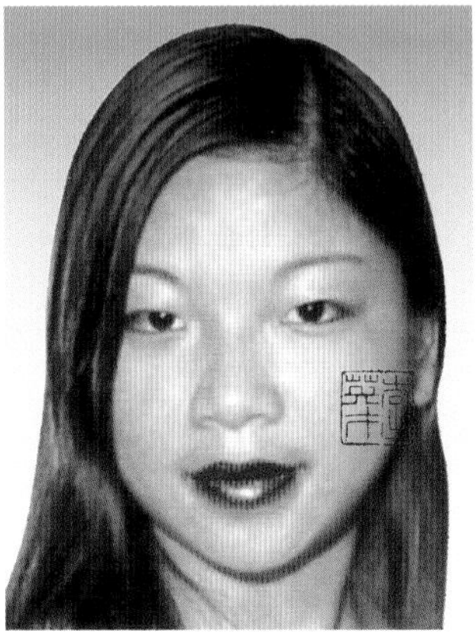

圖⑯ 印堂凹陷，切忌早婚

（相不獨論）

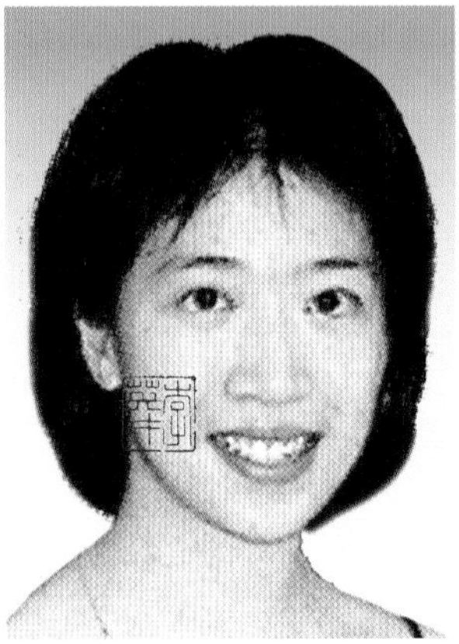

圖⑱ 印堂稍凸，才華特殊

（相不獨論）

圖⑰ 印陷破損，眉濃刑剋

（相不獨論）

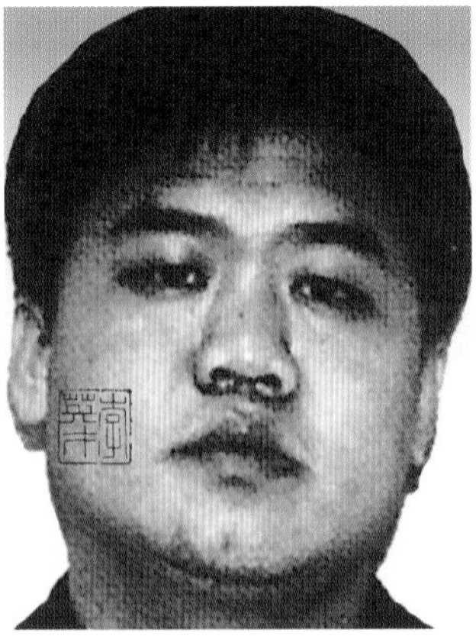

圖⑲ 印堂狹窄，量度淺薄

(15) 兩眉鎖印（圖⑳），主二十八歲和三十九歲時易有凶象，並主男性疑心大，女性則妒忌心強，易感患得患失。因此，當我們為鎖印之人看相，切不可明說其壞運，因其人易想不開，常常鑽牛角尖。

(16) 男性印堂愈寬愈好（圖㉑），主量度大。女性印堂寬闊平整，主有男子量度志氣，為女中大丈夫。唯女性印堂若寬過二指節（圖㉒），主貞操觀念薄弱。

(17) 印堂相理佳，利掌實權（圖㉓），宜從事陽性職業，如：軍官、管理、政治等，成就甚高。印堂相理不佳者，不宜正業，最宜異路功名和陰性職業，如：幕僚、研究、藝術、五術等，但不論從事何種行業，皆主勞心勞力。

（相不獨論）

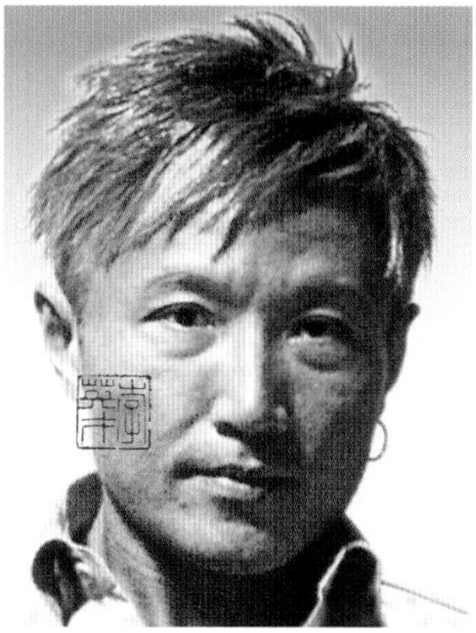

圖⑳ 兩眉鎖印，多疑多忌

（相不獨論）

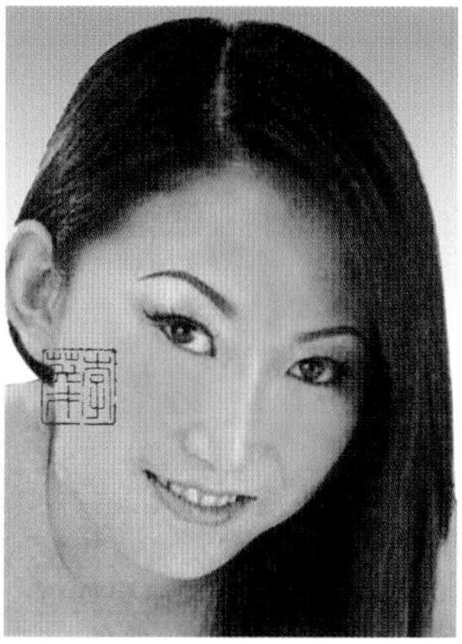

圖㉒ 印堂過寬，貞操薄弱

（相不獨論）

圖㉑ 印闊量大，成就非凡

（相不獨論）

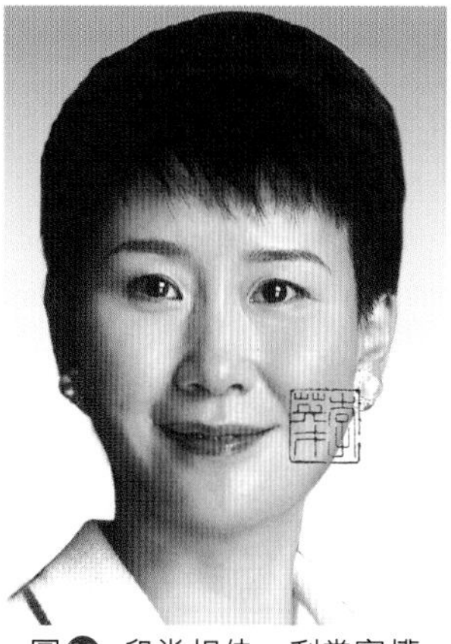

圖㉓ 印堂相佳，利掌實權

(18) 印堂紋正形美，有兩條平行等長之功名直紋（圖㉔），主名成利就，事業有成，又主高壽，唯功名紋宜於四十歲後才長出來，最吉。功名紋若其中一條稍微不正或微斜者，雖主有功名，但勞碌。若一長　短者，主勞碌，且一生事業變化多。

(19) 印堂有懸針紋長超過山根（圖㉕），主易有牢獄之災。懸針紋對木型人較不忌，事業上較無妨，但對其他五行型格的人的事業妨礙甚大，但一樣主刑剋六親，工作辛苦勞碌，人生也較有凶險。有懸針紋的人，最宜從事異路財榮之職業。若懸針紋生腳，雖主有凶險，但能逢凶化吉。

(20) 印堂有懸針痕（圖㉖）比懸針紋破壞更嚴重，主個性固執、意志力強、愛恨強烈、自我觀念強、自大、人際關係差、易有官非，並主刑剋，一是刑剋自己，二十六至三十歲時身體欠佳；二是刑剋六親、早年離鄉發展，六親疏遠。

(21) 印堂有八字紋，主男性一生一事無成，女性則妒忌心強、婚姻不美。窄八字紋者較凶，易離婚再嫁。

（相不獨論）

圖㉕ 印內懸針，勞碌辛苦

（相不獨論）

圖㉔ 紋正形美，功成名就

（相不獨論）

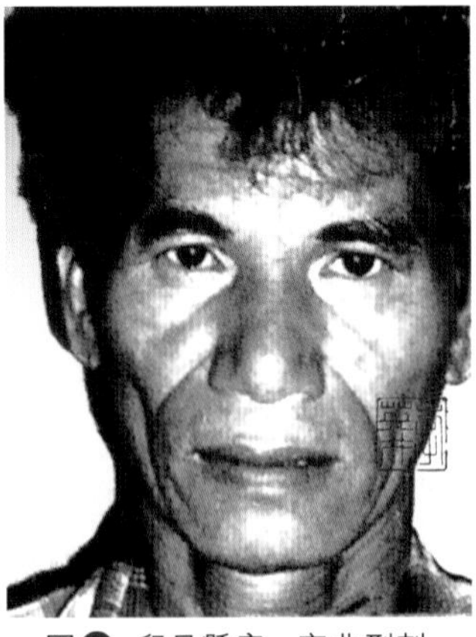

圖㉖ 印見懸痕，官非刑剋

(22) 印堂相逼（圖㉗）或有〕〔字紋，主個性愚魯，智慧不高，常怨天尤人，庸碌一生。

(23) 印堂紋理雜亂（圖㉘），主勞心勞力，心神不寧，勞碌辛苦，且一生中名大於利。

(24) 印堂有「×」交叉紋（圖㉙）者，品性不良、敗祖辱身、行為不檢，易犯官訟刑罰，一生凶險多災。

(25) 印堂有小疤痕（圖㉚），或不平，或微暗，主性情傲上，年輕時尤其容易反抗長輩、上司，一生難得長上提攜。

(26) 印堂之顏色以紅黃紫、明潤為吉。印堂紅得發紫，男主升官發財，女主丈夫當前運程極佳。女性以印堂和鼻子為夫星，若兩者都明亮，主當前丈夫運程佳；反之，若呈暗色則

（相不獨論）

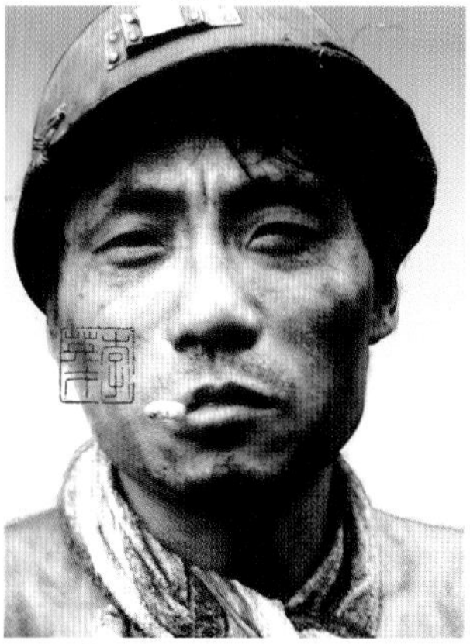

圖㉗ 印堂相逼，怨天尤人

（相不獨論）

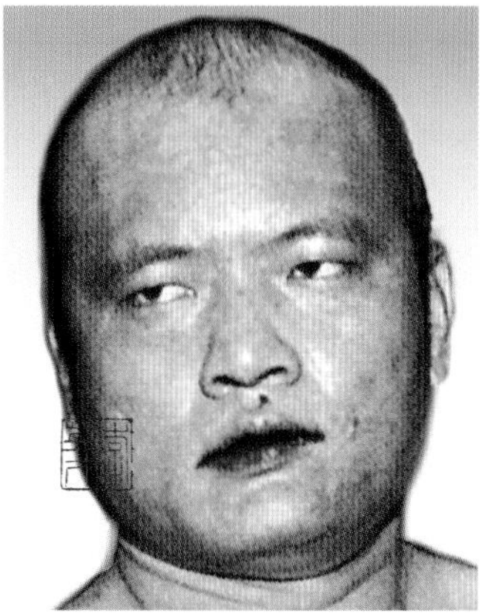

圖㉙ 印堂交叉凹陷，品性不良，易惹官訟刑罰

（相不獨論）

圖㉘ 印堂紋理雜亂，心神不寧，勞碌辛苦

（相不獨論）

圖㉚ 印堂小疤痕，性情傲上，早年易反抗長輩

主當前丈夫運程不佳。印堂枯黑，主死亡。

(27)
印堂氣色黯黑，易有大凶禍；青色主憂驚；枯白色主孝服（若山根、鼻子皆呈白色最驗）；赤色主血光、火災、中風，赤色呈條狀是中風前兆，呈塊狀易有血光和車禍之克應。

# 額相六十四項

以下額相形格，只是對相理當中的優劣作簡單分析而已，並非代表一個人之妻財子祿的全部。習相者宜謹記「相不獨論」之原則，勿一成不變地運用。

(1) 額頭主要看祖蔭、官祿、事業、智力、婚姻，主實齡十五歲至三十歲的運氣吉凶、好壞。古相士云：「無額不貴」，若額相好，縱然耳相欠佳（圖㉛），主三十歲以前事業仍可以有良好發展，有小富之機。額、耳、印堂三者相理俱佳（圖㉜）者，三十歲之前可發迹，是少年富貴之命。

(2) 好的額相有以下特徵：寬額隆闊、平滑如覆肝狀；輔角、天倉骨隆起；天中印堂平起，髮際高而整齊。額隆平闊（圖㉝），主為人聰明，才智出眾，堅決果斷，社交面廣，官場得意，事業運佳。

(3) 額頭看先天智慧（先天帶來的）和後天知識（後天

（相不獨論）

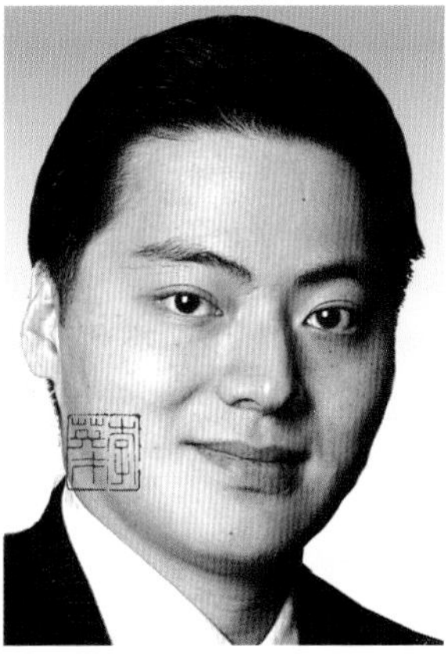

圖㉛ 耳相欠佳，前額飽滿，具小富之機

（相不獨論）

圖㉜ 前額隆，印堂佳，耳相厚，少年富貴

（相不獨論）

圖㉝ 額隆平闊，堅決果斷，富貴有成

修為）的重要部位。額相佳（圖㉞）者，聰明智高，知識淵博；反之，若額頭相理不佳（圖㉟），主才智低俗，事業難有大成就。

(4) 南人北相（圖㊱）或北人南相（圖㊲）為特殊格局。南方人的下巴地閣長相一般較差，故以額為尊。若南方人地閣下巴相理佳者，為南人北相特殊格局，主中晚年貴顯。相反，北方人的額頭長相大都不好，因此以地閣為重。若北方人額相佳者，為北人南相特殊格局，亦主貴顯。

(5) 額頭主要看思想，額相佳主思維積極，思想周到；額相不佳則主思想欠細密。地閣主要看行動，若地閣相埋佳（圖㊳），主行動積極。地閣相理欠佳，則行動力不足。額與地閣俱美

（相不獨論）

圖㊱ 南人北相，主富顯

圖㊲ 北人南相，主貴顯

（相不獨論）

圖㉞ 額角崢嶸，聰明智高

圖㊳ 額偏窄，地閣隆，思慮不周，行動有餘

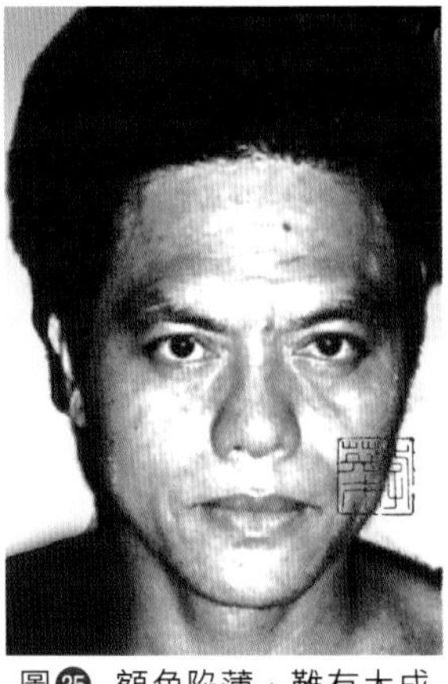

圖㉟ 額角陷薄，難有大成

(6)

（圖39），思想、行動力俱佳。

大吉額相有三個條件：

一・天中平起（天中平起要從側面看才會準確），主事業順暢、官場得意。

二・邊城豐起，主頭腦聰明、智慧高超、具創造力，破壞力也強，主貴顯。

三・山林隆起（左串骨起），主一生多貴人相助。有此相的人，適宜修道學佛，容易達致修道圓滿。（圖40至43）

（相不獨論）

圖40

圖42

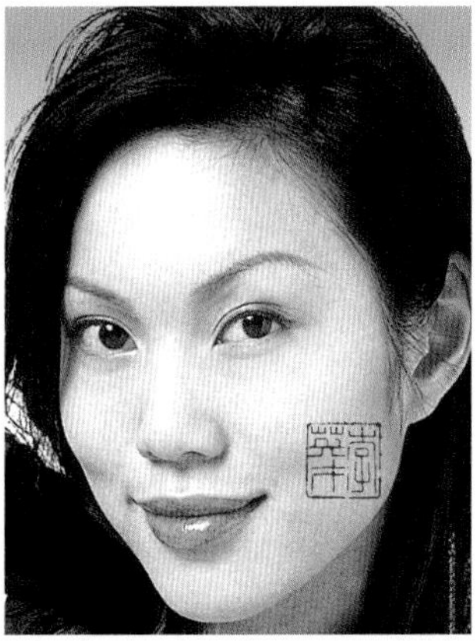

圖41

圖43

圖40至43　天中平起，邊城豐起，山林隆起，主少年富貴

（相不獨論）

圖39　額主思想，地閣主行動，兩者皆美之相

(7) 額、耳、印堂主早運，三者相理俱佳（圖44），主少年運順遂；若其中一部位或三個部位相理俱不美（圖45）者，主三十歲前無法得志，早年發達難。

(8) 額方主貴（圖46），額圓主富（圖47）。額平滑如覆肝，名「伏犀骨起」（圖48至圖49），主貴顯；若眼、眉、鼻、口相理亦佳者，主大貴之命。若額窄不圓相理差（圖50），主經商必敗，事業難成。

（相不獨論）

圖44 額、耳、印堂相理佳，少年運順

（相不獨論）

圖45 額、耳、印堂不佳，一生運程反覆

圖46 額方主貴

圖47 額圓主富

（相不獨論）

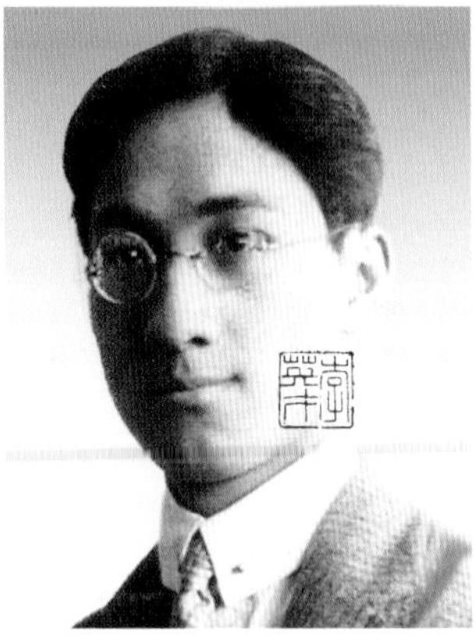

圖48 額如覆肝，主名

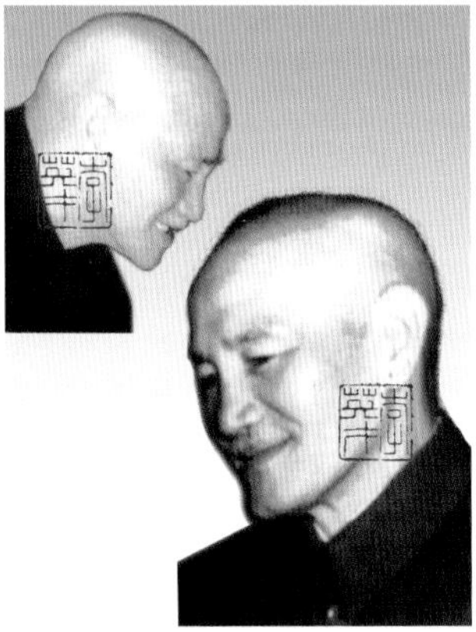

圖49 伏犀骨起，主貴顯

圖50 額窄不圓，經商必敗

(9) 額頭高廣、圓方、豐隆如覆肝，加上雙耳耳提高、白潤照額（圖51），名「金木火三星拱照」，主三十歲前就已經少年早成，氣勢如虹。若額窄而印堂、眉、眼相理欠佳（圖52）者，一生成就不會太高，且中年必敗運損財。

(10) 額頭寬廣平闊飽滿、天地有朝（圖53），主智力高超；額頭太凸（圖54）則主孤獨及刑剋；額頭太凹或往上斜入，主智力不高，乃愚庸之人。

(11) 額方、高、廣，又有奇骨相輔（圖55）者，最宜在官界發展。額圓而無奇骨相輔（圖56）者，最宜在商界發展。書云：「額方主貴，額圓主富，額窄不圓，經商必敗」。

（相不獨論）

圖51 額廣豐隆，耳高白潤，少年早成

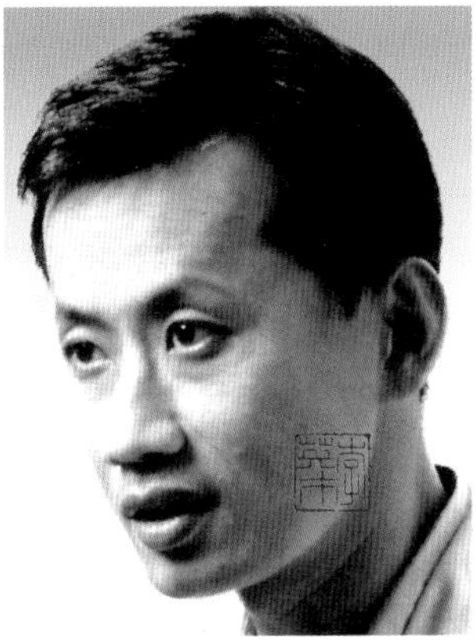

圖52 額窄印低，眉眼欠佳，中年敗運損財

圖53 額廣平闊，天地有朝，智力高超，人中龍鳳

（相不獨論）

圖54 額凸斜入，愚庸之輩

圖55 額方高廣，配有奇骨，官場發展極佳

圖56 額圓無奇骨承托，宜從商取富

(12) 額頭豐隆如覆肝，鼻子也見豐隆、直如截筒（圖57）者，為「火土相生」格，主事業順暢，受父母、兄弟幫扶、助益，且多貴人提攜而能有所成就。

(13) 額大而高廣，但手腳短而單薄（圖58、圖59）者，為不吉之相，會抵銷額相佳的優勢。

(14) 額相佳而鼻子塌陷（圖60），為「火土不相生」，主發達難。額相佳但嘴唇單薄或口形歪斜（圖61），為「火水不濟」格，主不能成富。

（相不獨論）

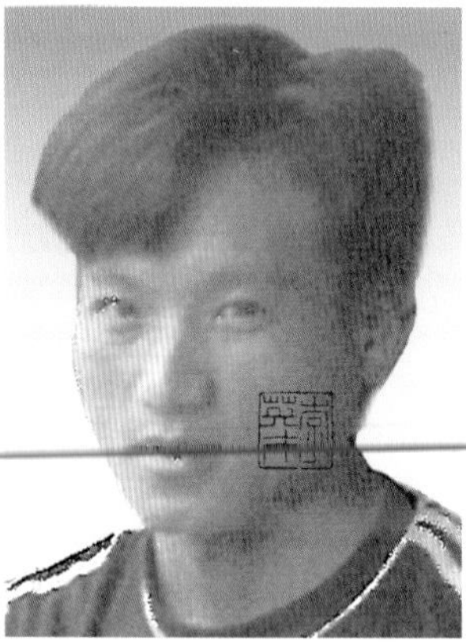

圖59 額大高廣

圖60 額佳鼻塌，火土不相生，財難留身

（相不獨論）

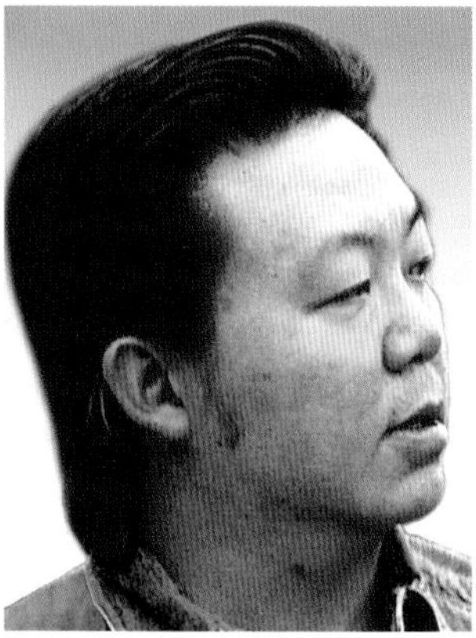

圖57 額如覆肝，鼻厚截筒，事業有成

圖61 額佳口歪，火水不濟，不能成富

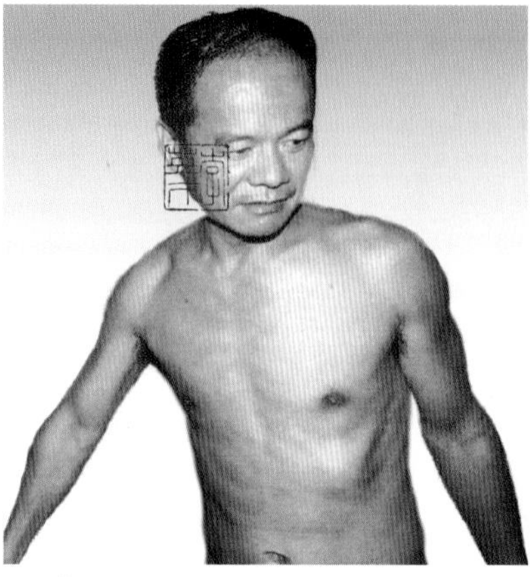

圖58 頭大額廣，手腳短薄，不吉之相

(15) 額相欠佳者，事業運大都不好；若其他部位相理佳（圖62），則勞碌而得小富小貴。

(16) 額相差，而眉、眼、鼻、口、地閣相理見佳（圖63），主早年有阻，但晚運昌榮；相反，額相佳而眉、眼、鼻、口、地閣相理不佳（圖64），主一事無成，非善相也。

(17) 男性額頭以寬廣、豐隆，以及圓、方如覆肝者最吉，主事業運佳。額圓者，宜工商界發展；額方（圖65）者，宜政界、官界發展。

(18) 男性額如覆肝（圖66），主事業運佳，智慧高超，處事能力強，若其他部位相理俱佳，主富貴雙全，家運榮昌。

（相不獨論）

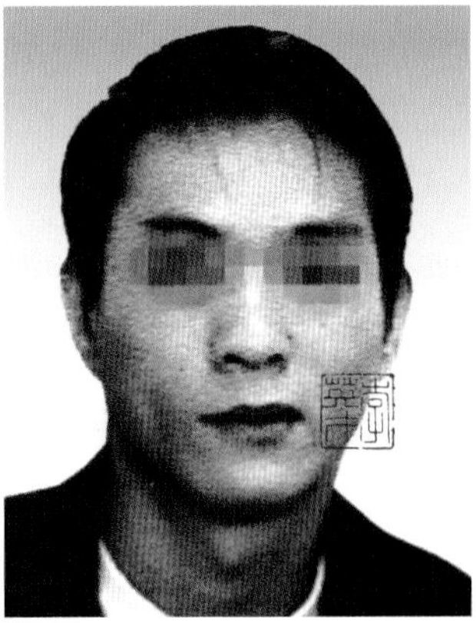

圖64 額相佳但五官差，殊非善相

（相不獨論）

圖62 額相欠佳，五官明朗，工作勞碌，小富小貴

圖65 額頭方者，宜政界、官界發展

圖63 額差但五官正，可享中晚運

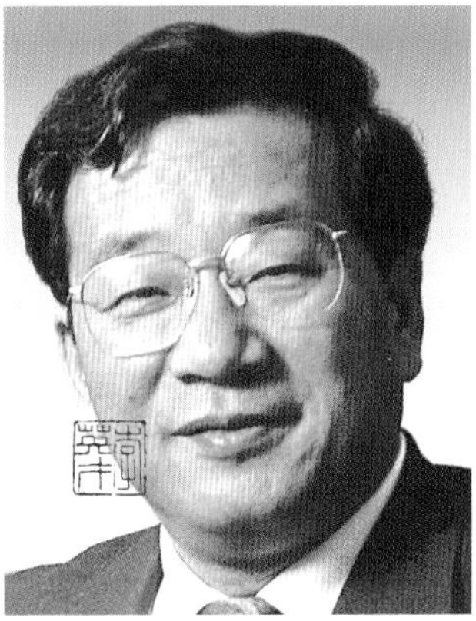

圖66 額平如覆肝，伏犀骨起

(19) 男性額頭氣色佳，只論事業運，不論婚姻。男性額亮（圖67），主目前事業運佳。觀看面相官祿宮時，可與手相之官祿宮（中指下方離卦宮位）氣色合參，以論好壞吉凶。

(20) 不佳的額相有以下特徵：額窄、尖、低、陷、疤痕、惡痣、髮際不齊、美人尖、旋毛、紋多雜沖斷、色如朦塵。額頭窄小（圖68），主出生環境不好。額尖削（後傾成尖型），主刑剋父母，祖蔭無力。額窄、削、低，皆主智慧不高、愚魯、器量小、婚姻不美。額尖窄而地閣豐隆（圖69）者，為水剋火，主一生勞碌奔波，多敗少成。

(21) 額頭窄小，兩邊近眉的頭髮遮蓋天倉位（圖70），頭亦小（圖71）者，主其人智力不高、胸襟狹小，表面柔和，內心急躁，且幼年運程及生活環境欠佳。

（相不獨論）

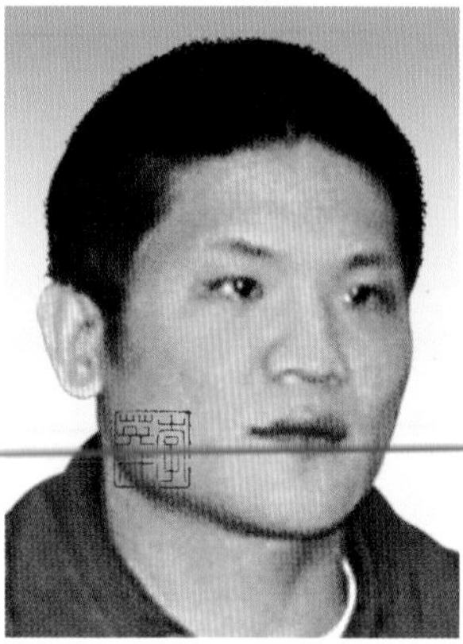

圖69 額尖而窄，地閣豐隆，一生多敗少成

圖70 額窄、天倉位被遮，智力欠佳

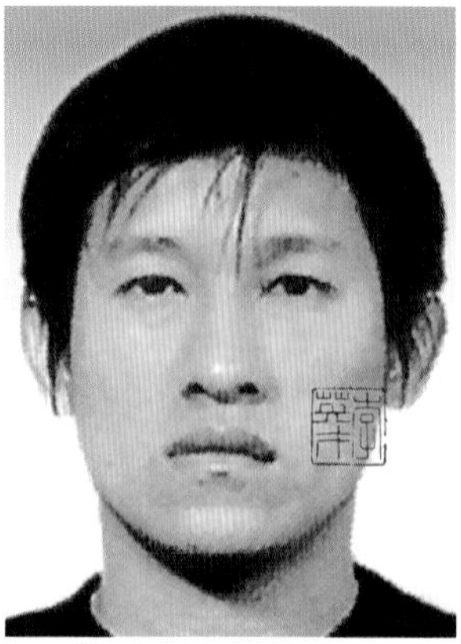

圖71 額窄頭小，胸襟狹小

（相不獨論）

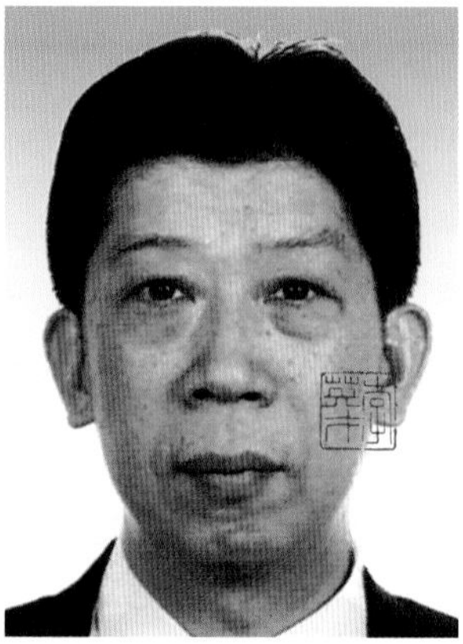

圖68 額頭窄小，祖蔭無力

（相不獨論）

圖67 男額色佳，事業順暢，光澤明亮，官運亨通

(22) 額頭低窄，但平滑明亮且地閣豐隆（圖72），天地有朝，若其人出生於長江以南，為南人北相特殊格局，主貴顯。

(23) 額頭低窄，但其他五官相理皆美，也主中富中貴，但早運必欠佳而勞碌。若額頭低窄，五官相理也不佳（圖73）者，一生勞碌貧賤，多敗少成。

(24) 額頭低窄，但頭圓兼眉清目秀、鼻顴相配、地閣豐隆（圖74）者，仍屬貴格，唯幼年時易有刑剋或生活環境不佳。額相不佳而地閣佳（圖75）者，早運不暢，但五十歲後之運勢必昌隆也。

(25) 髮際不整齊（圖76）或呈燕子狀者，勞心勞力，常有挫折，且刑剋父母，易與父母生離死別；但若父母為老夫少妻，年齡相差二十五歲以上則無妨。

（相不獨論）

圖72 額頭低窄，地閣豐隆，南人北相，貴顯之命

（相不獨論）

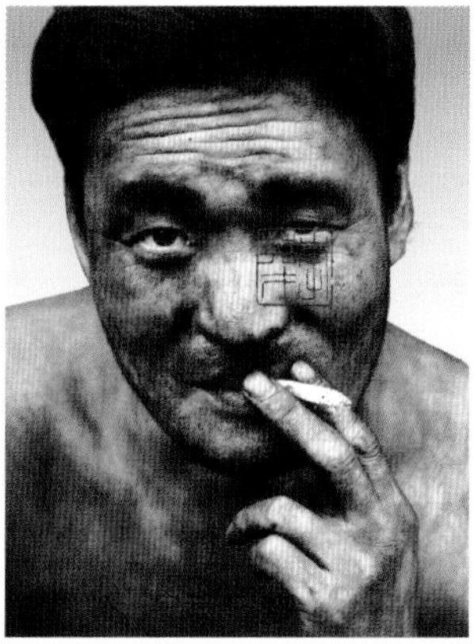

圖73 額頭低窄，紋深凹陷，勞碌少成

（相不獨論）

圖74 額窄而鼻顴相配，仍屬貴相

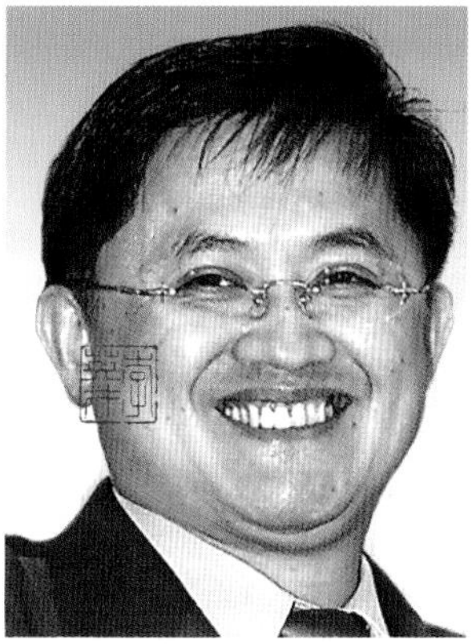

圖75 額窄而地閣佳，中晚運亨通

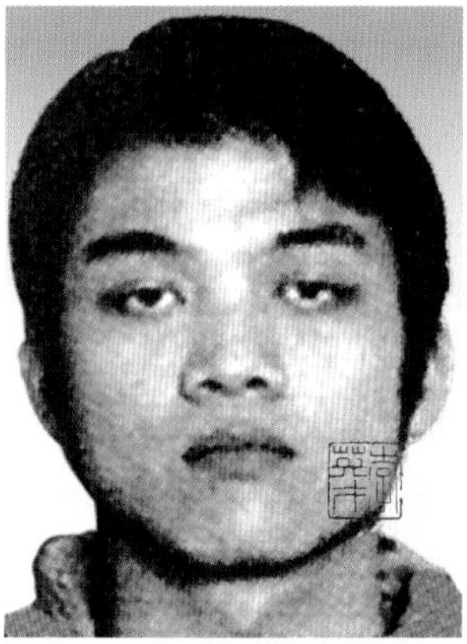

圖76 髮際不齊，勞心挫折

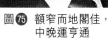

（相不獨論）

圖77 髮際旋毛，父母緣薄

（相不獨論）

圖79 五官差

圖78 五官正

圖78、圖79 髮際有美人尖者，積極好勝，脾氣執着，離鄉別井

(26) 髮際有旋毛（圖77），主個性倔強、刑剋父母。左旋毛主剋父，右旋毛主剋母，中央旋毛主父母雙剋。

(27) 額頭髮際中央有美人尖（圖78、圖79），主為人積極，好勝心強，個性好奇，但脾氣執着，命中無祖蔭，更無祖業可承，容易遠離出生地發展；健康方面，不論男女，皆易有頭痛問題，且美人啄愈尖頭痛愈厲害。具美人尖而印堂、山根相理佳（圖78）者，或有祖蔭，但也不大。

(28) 額頭和眉毛之間，以三個指頭寬度為標準。不足三個手指頭寬度為太低，額頭太低（圖80）者，主智力差，笨得固執；額頭左右兩邊太窄（圖81），也主智力低，固執又懶惰。女性額頭太低者，易為妾命，感情、婚姻多波折。

(29) 男女額頭偏斜（圖82），皆主好色貪淫，會破壞婚姻的幸福美滿。女性易為妾命，男則三妻四妾，皆不能從一而終。

(30) 額、左右顴骨和下巴四個部位皆見骨隆起，唯鼻子塌陷（圖83）者，名曰「四嶽無主」，主一生多災多難，勞碌刑剋，多敗少成。

（相不獨論）

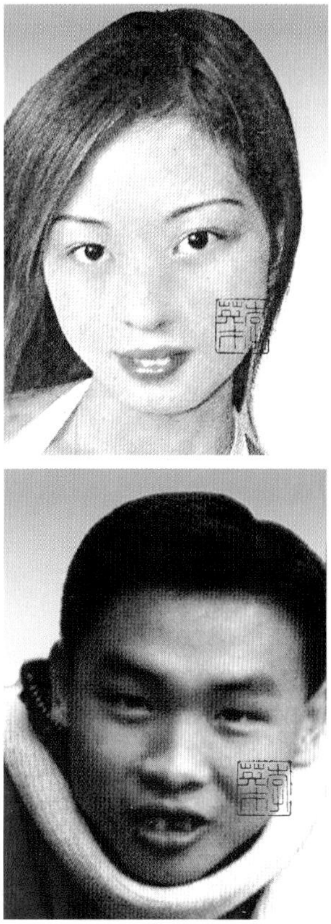

圖82 男女額頭偏斜，皆主好色貪淫

（相不獨論）

圖80 額頭太低，性情固執

（相不獨論）

圖81 額頭太窄，固執不勤

（相不獨論）

圖83 四嶽起，中嶽陷，一生多災，勞碌刑剋

(31) 額頭有日月角，又有輔角相配者，顯貴終生，兼見後腦枕骨強起（圖84）者，乃大貴大富之人。

(32) 男性日月角骨起而無輔角骨（圖85），主貴顯，但事業多起伏，不易掌實權。女性日月角骨高低不均（圖86），主婚前與父母關係不好，婚後與丈夫關係不好。

(33) 男性日月角骨起，名「日月崢嶸」，若兼耳高、眉揚眼秀（圖87）者，智力好、反應快，主早年得志、名利雙收，最易成為知名度高的人物。

(34) 男性天倉骨、輔角、日月角隆起，以及髮際高而整齊（圖88）者，皆主聰明靈敏，少年得志，事業官途得意，而其貴顯之高低，以角骨之大小和多少定論。

（相不獨論）

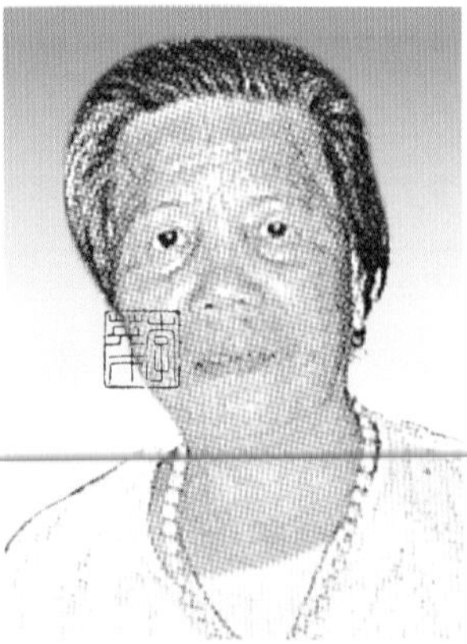

圖86 女性日月角高低，父母緣薄，夫妻情疏

圖87 日月崢嶸，眉揚眼秀，早年得志

（相不獨論）

圖84 額見日月，輔骨相配後枕骨起，大富大貴

（相不獨論）

圖85 男見日月角而無輔骨，難掌實權，事業反覆

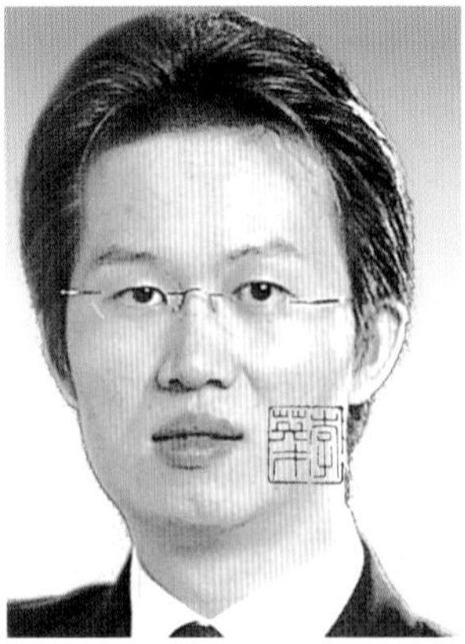

圖88 天倉骨高，日月角隆，輔骨插天，少年得志

(35) 額頭天中、上墓、驛馬位豐隆明潤（圖89），主祖先地理風水極佳，福蔭子女；反之，若見凹陷（圖90）、疤痕、惡痣、歪斜、髮際不齊，皆主祖先墓地風水欠佳也。

(36) 額相佳，且天中豐隆（圖91），主其人重孝道、崇敬祖先，且事業運通達有成。額相不佳又天中紋破（圖92），主其人不重孝道，不敬祖先，並主事業運不順，剋父或是離鄉別井發展。

(37) 遷移宮相理佳（圖93）者，最宜變動性大之行業，也宜出國旅遊或求財，皆主吉；反之，遷移宮相理不佳（圖94）者，只宜穩定性高之行業，不宜出國旅遊或求財，多主不吉，唯氣色好時則無妨。

（相不獨論）

圖89 天中、上墓、驛馬豐隆明潤，福蔭子女

（相不獨論）

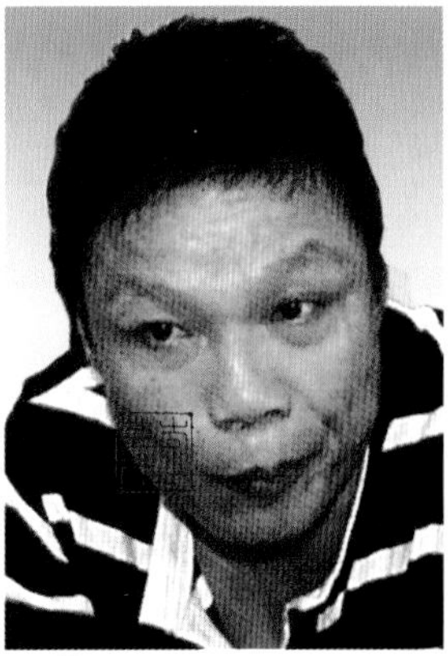

圖92 額相差，天中紋破，疏孝運滯，殊非善相

圖90 天中、上墓、驛馬凹陷，祖墓風水欠佳

圖93 遷移宮相理佳，宜遠方求財

圖91 額相佳，天中豐隆，重孝之人

圖94 遷移宮相理差，宜靜不宜遠

(38) 額頭大方而無奇骨相輔者，名「額如岩石」，若眉眼又帶煞（圖95）者，最易遭凶。

(39) 額頭相理欠佳（圖96）者，髮型宜開揚不遮缺陷，即束髮或梳髻，不留髮蔭，可改變不好的惡運，趨吉避凶。若額頭有汗毛或美人尖者，髮型開揚方吉。

(40) 額相佳者，也宜顯露出來（圖97），最是吉利，佳相被遮則減福。額中印堂至中正、天庭部位為當陽之氣，乃陽氣最強旺的地方，男性屬陽，最宜顯露出來，不宜被遮。

(41) 額相佳但髮際不整、雜亂者，主一事無成。男性二十歲以前禿頭或鬼剃頭（從髮中央向外禿頭），主一生運蹇，事業難成。女性三十歲以前浮腫，主妨夫。男性禿頭從前面往後禿（圖98）者，為商業型禿頭。男性禿頭往兩旁驛馬位禿（圖99）者，為學者型禿頭。

（相不獨論）

圖97 額相飽滿宜開揚

圖98 髮向後禿，欲富從商

圖99 驛馬見禿，學富五車

（相不獨論）

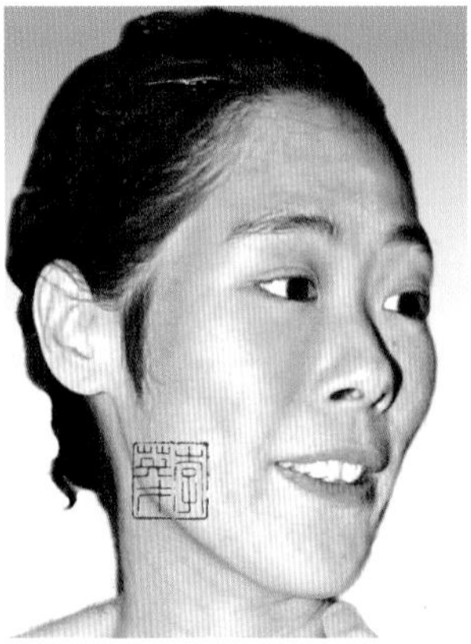

圖96 額相欠佳，宜束髮

（相不獨論）

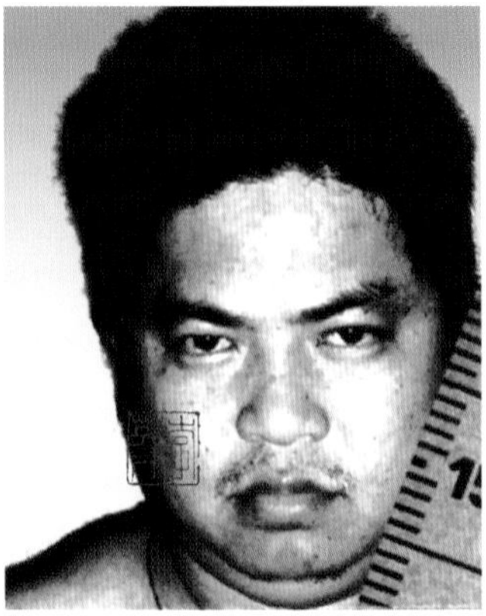

圖95 額方無輔骨，眉眼帶煞，凶相也

(42) 髮尖沖印堂（髮尖沖到額的三分之一或以上）（圖100），主不得祖業，少年多災。髮際不整齊或呈雁行狀，主妨剋父母，個性倔強。額頭有旋毛或亂紋（圖101）者，亦主妨剋父母，個性倔強。

(43) 髮額下方長有五顆（圖102）或七顆黑亮之痣（圖103），名「五星拱照」或「七星拱照」，主貴顯，如其他部位相理亦佳者，乃大貴之相；唯痣呈灰白、褐色，主不顯貴。

(44) 印堂、中正、天庭部位為當陽之氣，若有痣侵破，主不吉利。天庭、中正有骨太凸或現青筋（筋屬陰，宜藏於皮內，不宜顯現於外）（圖104），主本身性情暴躁，刑剋父母，幼時父母緣薄，自己健康較差（陰氣外泄者，一般身體狀況都較差）。

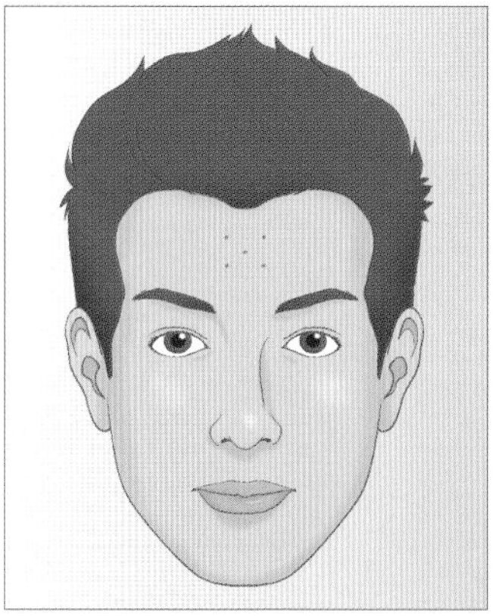
圖102 五星拱照

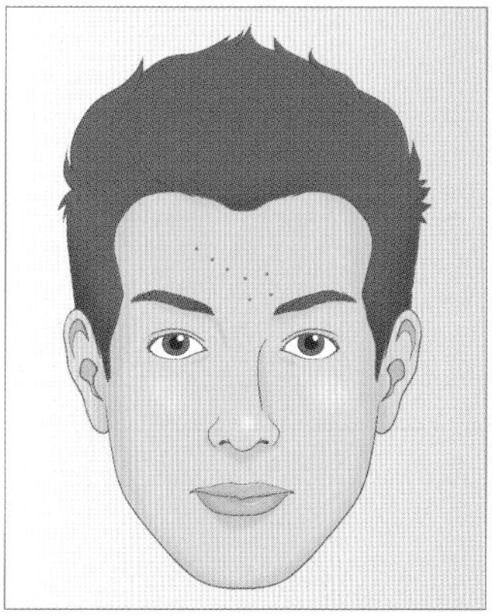
圖103 七星拱照

（相不獨論）

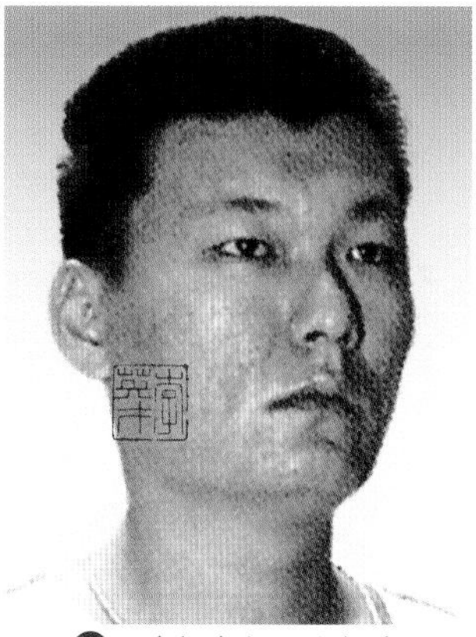
圖100 髮尖沖印，少年多災

（相不獨論）

圖101 額見亂紋，性格倔強

（相不獨論）

圖104 額見青筋，性急帶躁

(45) 印堂有痣，名「觀音痣」，主有宗教信仰傾向，但個性不服輸。天庭、中正有痣（圖105），主易犯上、反叛心強，不服輸。女性有此相，主與公婆不睦，對自己父母也不太孝順。

(46) 遷移宮有惡痣、疤痕，主客死異鄉，不宜從事貿易行業賺遠方之財，也不宜任職變動性之行業，如旅遊業，否則糾紛不斷，工作不順利。

(47) 福堂有痣，主晚婚，早婚不美。天倉有痣，主無法承繼祖業。福堂或中正、司空生青春痘者，願望難成，易有小損失或不順之事臨門。

(48) 天倉和福堂皆有惡痣，主難承父業，一生勞碌少成。女性具此相，主晚婚，早年財富不旺。女性額相不美，印堂長相又不佳者，婚姻大都不美，若夫妻宮相理又差，更驗。

(49) 男性在四十歲以後見額紋（圖106）方為吉，代表用腦、用心思，是工作努力的象徵，唯在四十二歲以後仍沒有額紋（圖107）的話，須防事業破敗。

(50) 三十歲以前見額紋，主勞碌。福堂有疤痕者，

（相不獨論）

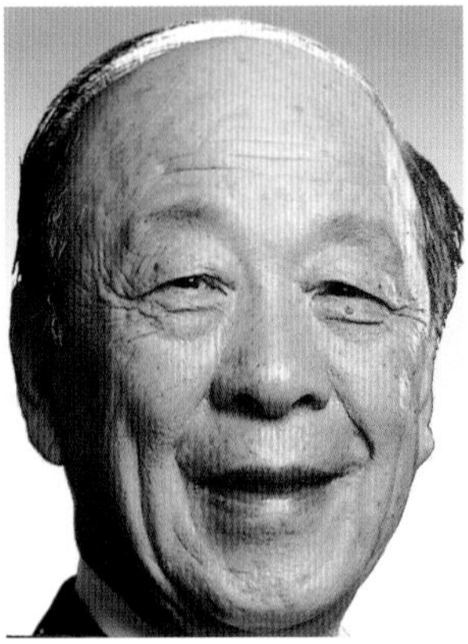

圖106 四十歲後始見額紋，早年費心思考

（相不獨論）

圖105 天庭有痣，反叛心強，早婚不利

圖107 中年後額如平鏡，防事業破財

易有不幸之事發生，又主身心不寧、勞碌，易有神經質傾向。

(51) 額呈暗灰色，主有難以復元之大破敗。如病人額色如朦塵，則有死亡之憂。額頭現黑氣，加上眉頭亦有赤斑點者，恐有官非臨門。

(52) 天中、天庭、中正、印堂為官祿宮，若呈黃紅紫明潤氣色，主官運亨通，事業運佳，若逢官訟則主勝訴；呈青色，主憂疑，若遇官訟必敗訴；呈黑色，主失官、退職、敗業，若有官訟必敗訴；呈赤色，主官訟、牢獄之災；現赤色及有青春痘，易為長輩煩憂，事業亦多不順意。

(53) 女性以額為父母、鼻為夫星、眼為夫緣、眉為夫運，嘴巴、淚堂、人中為子女宮位，凡旺夫之相必五官相理俱佳，眉清眼秀而有神（圖108）。女性五官欠佳，雙眼昏濁，必是貧寒勞碌、刑夫剋子。

（相不獨論）

圖108 以上四位女性眉清目秀，五官俱美，皆是旺夫興業之相

(54)

女性頭圓、額圓，為女相九善之首，主嫁貴夫、生貴子。論女性九善：

一・頭圓額圓為一善。（圖109、圖110）

二・骨細肉滑為二善。（圖110）

三・唇紅齒白為三善。（圖109）

四・眼長眉秀為四善。（圖109、圖110）

五・指尖掌厚、掌紋細秀為五善。

六・聲音清柔如水為六善。

七・笑不露齒為七善。（圖110）

八・行步徐緩、坐臥端正為八善。

九・神清氣和、膚色潤澤為九善。

(55)

女性以額圓、飽滿而不高（圖111）為吉，是為幫夫相。

鼻子相理又佳者，屬貴夫人之格。女性額太高又方（圖112）者，辦事能力強、事業心重，屬女強人型，但婚姻較不美滿。

女人額頭汗毛太多，則主刑剋父母。

（相不獨論）

圖111 額圓不高，幫夫之相

（相不獨論）

圖109 頭圓額圓，唇紅齒白，眼長眉秀

（相不獨論）

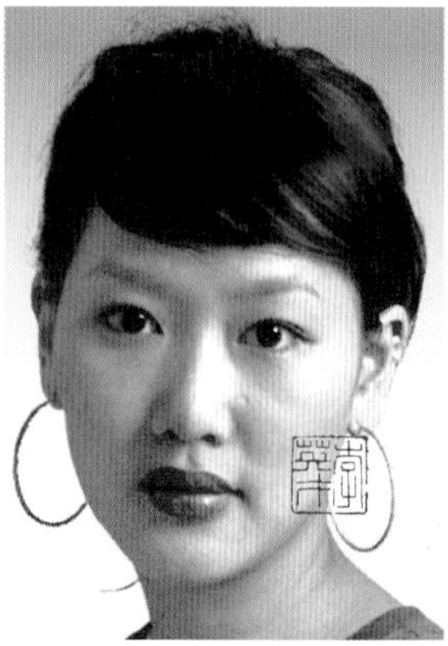

圖110 頭圓額圓，骨細肉滑，眼長眉秀，笑不露齒

圖112 額高且方，事業心重，不利婚姻

(56)
女性額高、聲如男性，主刑剋丈夫、勞碌之命。若女性額太高、聲音粗大、耳廓外翻、顴骨高而無肉或橫張（圖113），皆主剋離再嫁。

(57)
女性額頭太高、太方、太亮（圖114、圖115、圖116），名「照夫鏡」，為女中丈夫，工作和事業重於家庭生活，野心大，不甘安於現狀，而且辦事能力高，甚至比丈夫更能幹，容易把丈夫比下去，或因工作而關係冷落丈夫和子女；此相的另一重意義是，

（相不獨論）

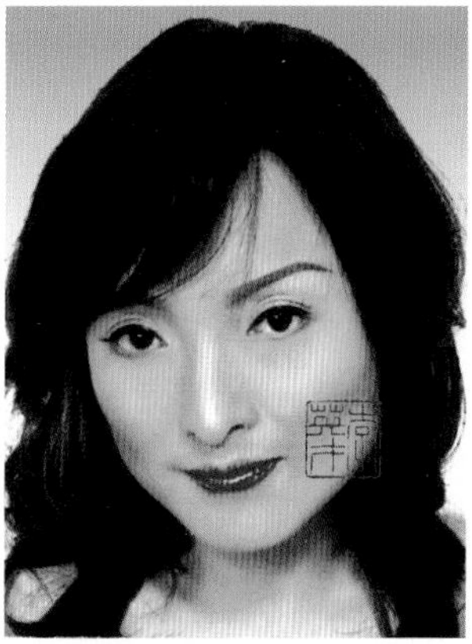

（相不獨論）

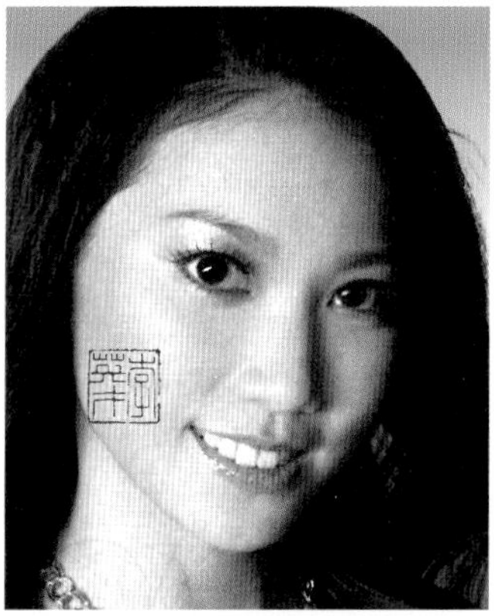

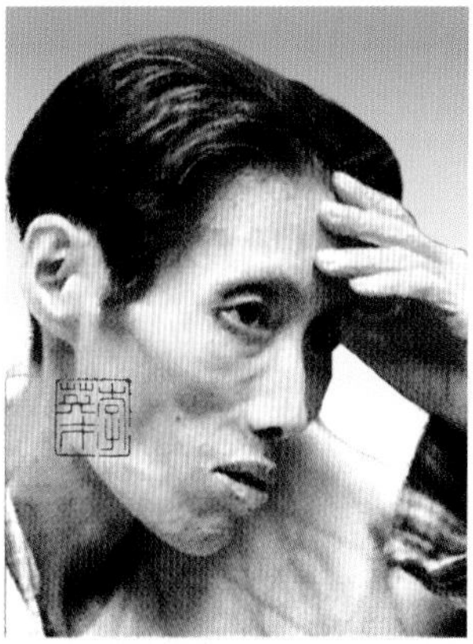

圖113 額高耳反，顴橫骨露，婚姻不美

圖114 女性額太高、太方、太亮，皆主官運佳，夫運弱

（相不獨論）

圖115 女性額高而方，女中丈夫，事業心重

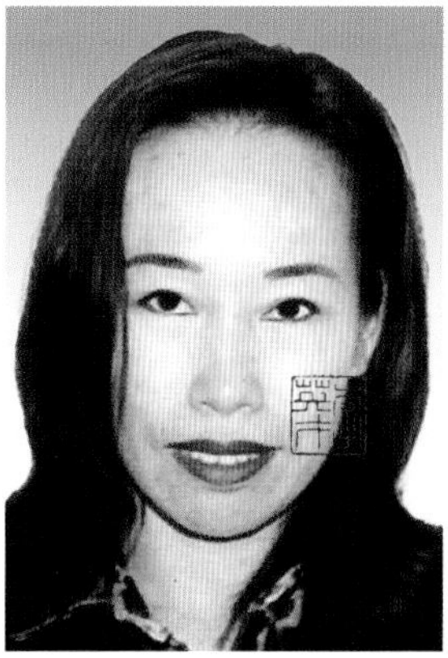

圖116 額高而亮，事業有成，婚姻有阻

事業運順遂，但輕視丈夫才能，導致夫妻關係不和諧，所以婚姻大都不美滿。

(58) 女性額大呈方，主性格如男性般爽朗、不拘小節。唯女性額太高、太寬、太方、太亮（圖117），皆主婚姻不美，一般婦女有五成機會離婚，但從事演藝事業的女性則有八成以上機會離婚，因兩者對婚姻態度不同之故也。

(59) 女性額高，主早婚。若在三十歲前開始發胖的話，更易拖累丈夫；若配雙眼帶煞（圖118），易剋死丈夫。

(60) 女性額高配桃花眼（圖119），主有婚外情，一生桃花不斷，且婚姻不美或難成。額高而眼有艷光者，同

（相不獨論）

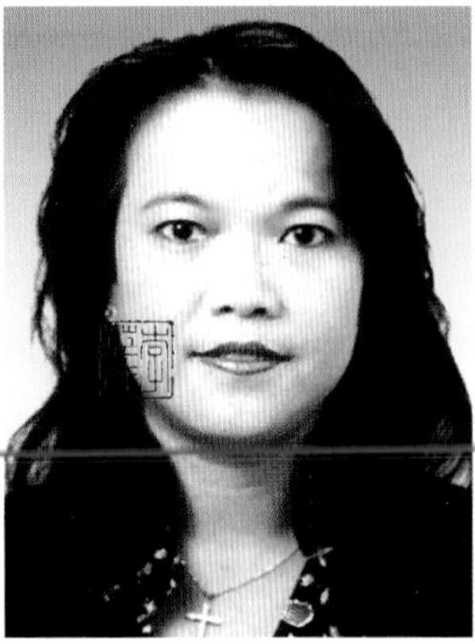

圖118 女性額高，忌雙眼帶煞，婚姻有阻、剋夫

（相不獨論）

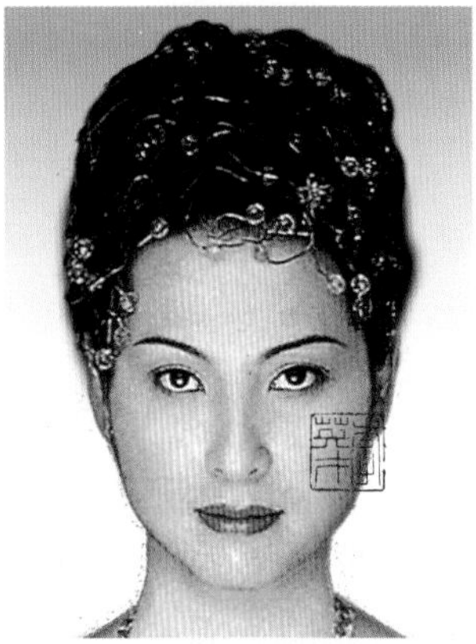

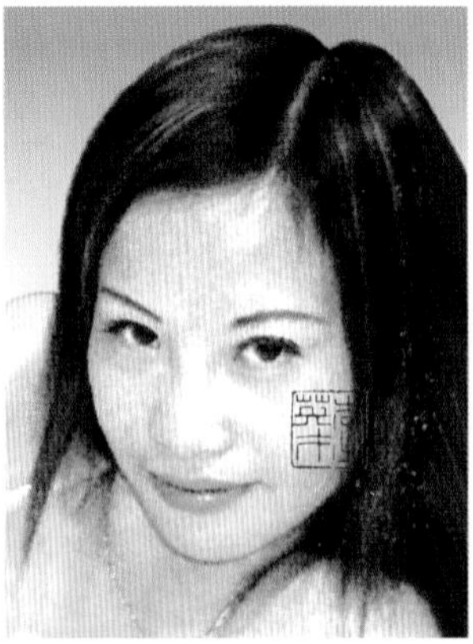

圖119 額高桃花眼，婚姻不美

（相不獨論）

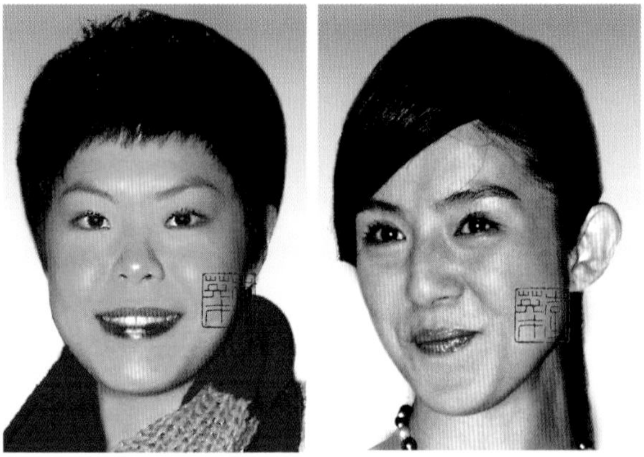

圖117 女性額太高、太寬、太方、太亮，感情反覆，婚姻多阻

論。

桃花眼特徵如下：

一・眼睛水汪汪（圖120）

二・眼有艷光（圖121）

三・淚堂呈波浪狀（圖122）

四・眼神飄浮不定（圖123）

五・男生女眼（圖124），

亦屬桃花眼相，主桃花運多，異性緣厚。

(61) 女性額紋多而雜亂，主婚姻不順，剋離再嫁。女性日月角高低者，出嫁前妨父，出嫁後妨夫。

(62) 女性額尖、鼻尖、口尖、下巴尖（圖125），主個性急躁，勞碌奔波，易為妾命，難育子息。

（相不獨論）

圖120 眼睛水汪汪

（相不獨論）

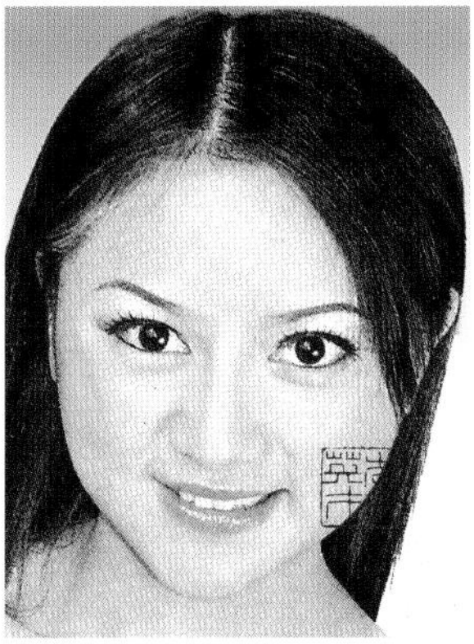

圖122 淚堂呈波浪狀

（相不獨論）

圖124 男生女眼

（相不獨論）

圖121 眼有艷光

（相不獨論）

圖123 眼神飄浮不定

（相不獨論）

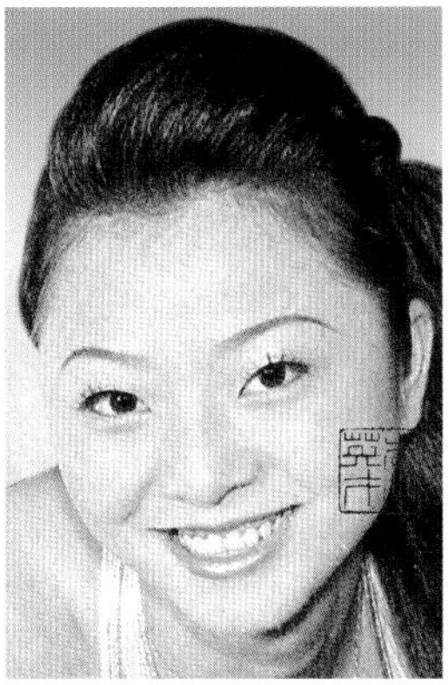

圖125 女性額、鼻、口、下巴皆尖，易為妾命

(63) 小孩額相不佳（圖126），主童運反覆，以及刑剋父母、父母緣薄，或當前父母婚姻不好，或當前父親事業運差；若小孩額飽滿（圖127），則旺家矣。

(64) 額相「九執流年法」所代表的歲數為：六歲、十五歲、二十四歲、三十三歲、四十二歲、五十一歲、六十歲、六十九歲。若額頭相理欠佳，主二十四歲時感情不順利、多波折，易失戀或被拋棄。

(65) 論斷祖墓風水吉凶之額相：

一・山林赤青，防祖墓或祖業火災。

二・山林枯黃或青筋浮露，主祖墳破損。

三・山林色滯形削，主祖墓風水欠佳。

四・山林、丘陵、塚墓色滯形削，主祖墳風水不佳。

五・塚墓赤色，主祖墳風水欠佳，有塌陷之慮。

六・上墓（見本書第二五〇頁「十三部位總要圖」）黑朦，主祖墳墓地潮濕。

七・頭皮厚潤（圖128），主祖墳風水極佳。

八・山林、丘陵、塚墓、上墓氣色黃明（圖129），主祖墳風水佳。

（相不獨論）

圖⑫⑧ 頭皮厚潤，祖墳風水極佳

（相不獨論）

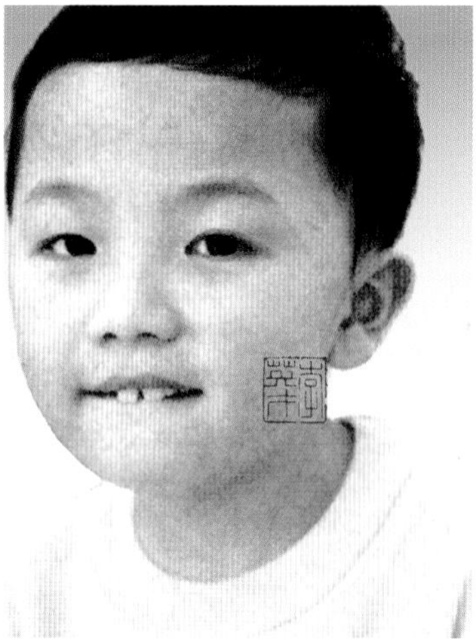

圖⑫⑦ 額闊飽滿，旺宅興家

（相不獨論）

圖⑫⑨ 山林、丘陵、塚墓、上墓
氣色黃明，祖墳風水佳

（相不獨論）

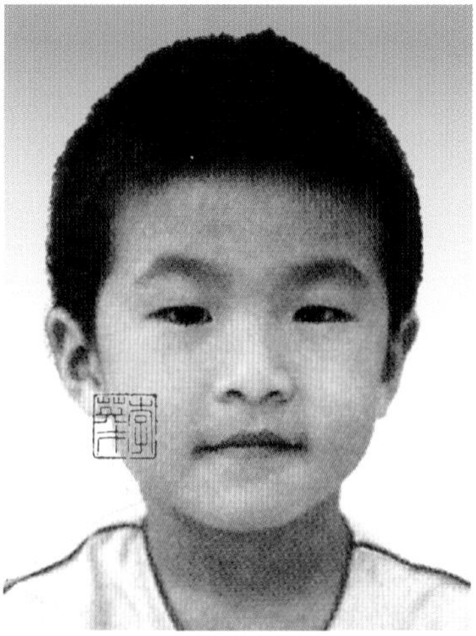

圖⑫⑥ 額窄低陷，童運反覆

# 額相口訣

額尖耳反，雖三嫁而未休。

**注：**額尖削耳反輪，不利骨肉、剋夫，正謂此也。

顴露聲雄，縱七夫之未了。

**注：**古云：「剋婿兩顴露，刑夫額不平；要知三度嫁，女作丈夫聲」，正謂此也。

額偏不正，內淫而外貌若無。

**注：**頭額為諸陽之首，若偏而不正，舉止輕浮而不穩重者，多主淫蕩。

步走不平，外好而中心最惡。

**注：**走路不平正，如風擺柳，乃蛇行雀躍，主心險惡。

髮際低而皮膚粗，終見愚頑。

**注：**髮際若陷而低，皮膚燥枯而粗者，畢竟是愚頑之徒。

指節細而腳背肥，須知俊雅。

**注：**指節細膩如春蔥，腳背豐肥而有肉者，必俊秀閑雅之人也。

額方而闊，初主榮華。骨有削偏，早年偃蹇。

**注：**額為火星，乃官祿、父母之宮，在限為初，若方正寬闊，必主初年華。若然骨尖、削、偏、陷，須見早年不利。

詩曰：

「額如立壁，聲名赫奕。額如覆肝，定掌威權。
巨鰲入腦，榮華到老。額圓如豹，不受風濤。
頭尖額窄，貧賤愚劣。腦削額塌，窮困飄泊。
額小如卵，刑剋孤獨。兔頭狐額，受人驅策。」

「火星宮中闊方平，潤澤無紋氣色新。
骨聳三條川字樣，少年及第作公卿。
火星尖窄似常流，紋亂縱橫主配囚。
赤脈兩條侵日月，刀兵赴法死他州。」

「婦額要圓秀，夫婿福且壽。
削夾多貧苦，額凹年休囚。
額骨若不起，早運緣不美。
偏削皆卑賤，死別與生離。」

# 第四章

# 耳相簡介

# 耳蘊玄機通心靈

人類的耳朵分外耳、中耳、內耳三部分。

外耳由耳部、外耳道組成，整體看來像一支喇叭，主要功能是收集外界的聲波。外耳道的管壁會分泌黃色耳垢（俗稱耳屎）的腺體，有防禦小蟲侵入的作用。

中耳和內耳位於顱底顳骨內。中耳又稱鼓室，為外耳和內耳之間的腔隙，外側壁是一層薄膜，又稱鼓膜，如竹笛吹孔下的一層竹膜，可以顫動，可以辨別聲音的強弱、遠近；前壁有一個小管，為咽鼓管，與咽喉相通。鼓室內還有三塊小骨，即錘骨、砧骨和鐙骨，彼此以關節相連，能將由聲波引起的鼓膜振動傳至內耳。

內耳又分內耳道和內耳迷路兩部分。迷路是聽覺和位覺感受器，當它接受到聲波，立刻傳遞給大腦的聽覺神經。

所謂位覺，是人體平衡的感覺。試想想，假如人缺少了一隻耳朵，感覺會如何？會否有頭部傾側的感覺？

## 耳是人體縮影

耳部是人體經絡的匯聚之處。《黃帝內經．靈樞．口問》記載：「耳者宗脈之所聚也」。《衛生寶鑒．耳中諸病方》云：「五臟六腑，十二經脈有絡於耳者。」

人的外部肢體和內臟都與耳部有密切關係。人患病時，多會在耳殼上相應的部位反映出來，如人體電阻變低，出現紅疹，甚至是婦產、小兒的多種疾病，都可透過耳部進行治療，當中以鎮痛效果最好。

耳朵是一個以耳垂為頭面，相對耳輪為腿足的倒立人體縮影。醫師為病人進行針灸時，施針於耳朵上縮影人體的內臟所處的穴位，能治療人體相應器官的疾病。

事實上，我們的臉部也有一個人體縮影。前額天閣、天中、天庭穴，是縮影人體的頭臉、咽喉；雙眉間的印堂穴，縮影人體的肺部；雙眼間的位置是山根，縮

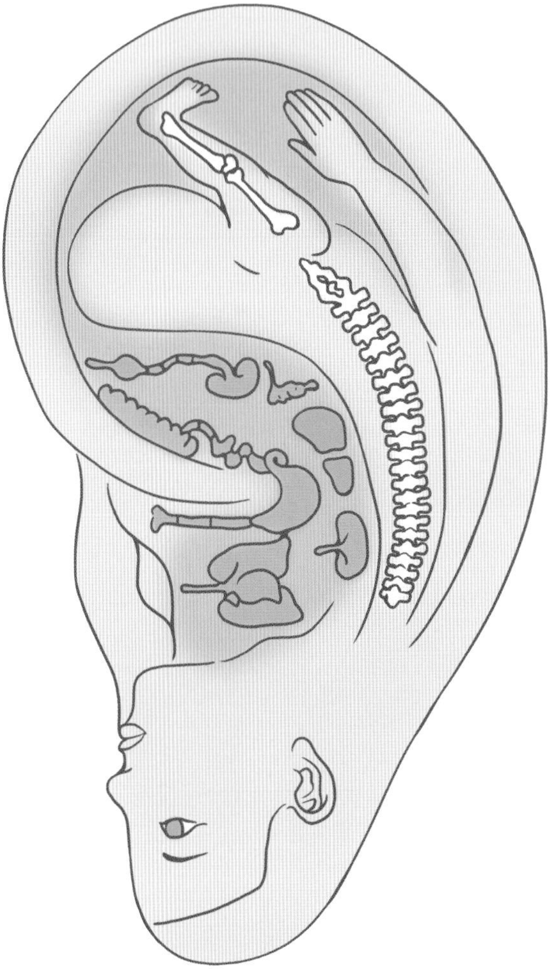

耳廓正面人體投影示意圖

影人體的心臟；山根向下一點縮影人體的肝臟；鼻是縮影人體的脾胃。

從天閣向下至鼻準，是相面時最為重要的一組穴位，它們也是整個人體縮影中最重要的器官所在，這並非只是巧合。

## 耳藏五十二穴位

人體各部位的經絡都集中在耳朵，共有五十二個穴位點，就像一個使館區、商貿碼頭，匯集了許多單位的辦事機構。

人體內儲藏着聲、光、電、磁、熱、氣等能源，還有金、銅、鐵、鋅、鈷、碘、鈣等礦物元素，這是經由科學家驗證的事實，說明人的原始狀態是物質，和宇宙一樣是以物質形態存在。只是，人

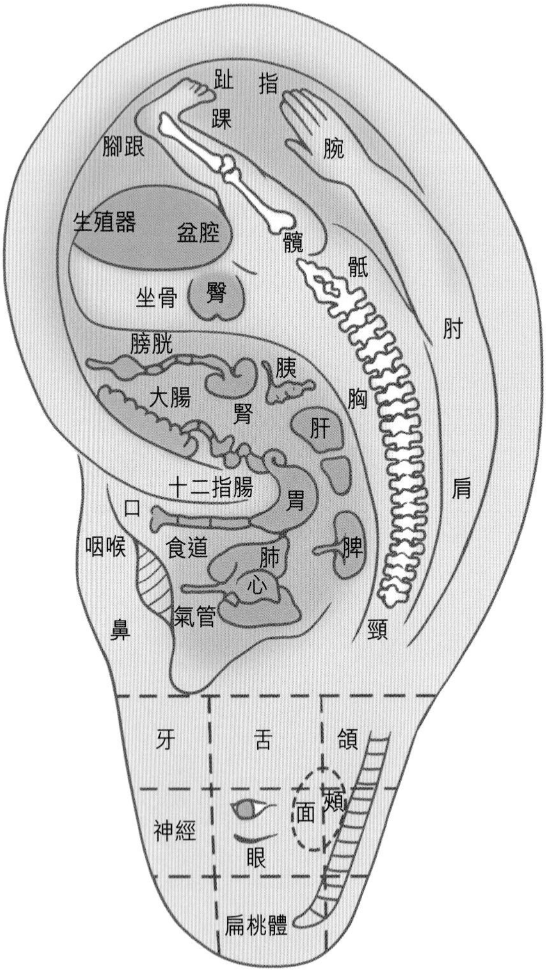


耳廓正面耳穴分佈示意圖

| | | | | | | |
|---|---|---|---|---|---|---|
| 1. 指 | 2. 腕 | 3. 肘 | 4. 肩 | 5. 鎖骨 | 6. 趾 | 7. 腳跟 |
| 8. 踝 | 9. 膝 | 10. 髖 | 11. 腰椎 | 12. 胸椎 | 13. 頸椎 | 14. 坐骨神經 |
| 15. 臀 | 16. 腹 | 17. 胸 | 18. 頸 | 19. 內生殖器 | | 20. 神門 |
| 21. 盆腔 | 22. 膀胱 | 23. 腎 | 24. 胰膽 | 25. 肝 | 26. 脾 | 27. 大腸 |
| 28. 小腸 | 29. 十二指腸 | | 30. 胃 | 31. 賁門 | 32. 食管 | 33. 口 |
| 34. 氣管 | 35. 心 | 36. 肺 | 37. 三焦 | 38. 內分泌 | 39. 額 | 40. 頸 |
| 41. 枕 | 42. 牙 | 43. 舌 | 44. 頜 | 45. 眼 | 46. 面頰 | 47. 扁桃體 |
| 48. 心 | 49. 肝 | 50. 脾 | 51. 肺 | 52. 腎 | | |

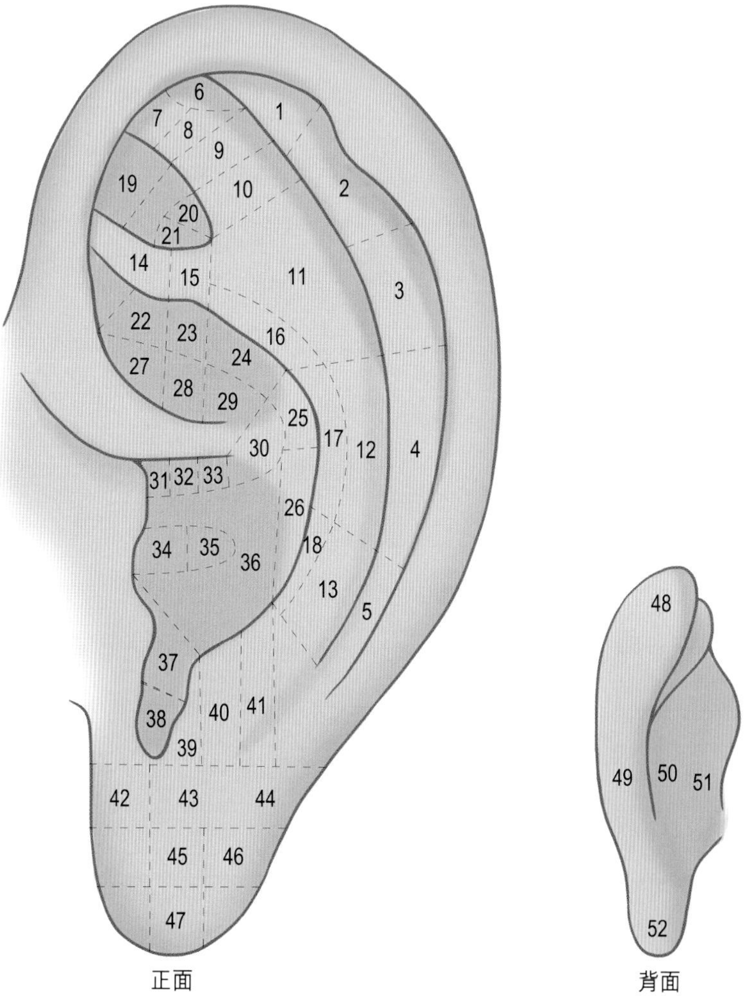


耳穴示意圖

又同時存在一種精神，這和宇宙又不一樣。當然，在宇宙中像長江的砂子那麼多的星球中，或許也會存在着其他高等生物，只是以現代的科學技術水平還不能和他們互通訊息吧！

人的耳、眼、鼻和口，共有七個孔洞，稱「七竅」。這七竅是相通的，這從那些被外力擠壓而死的人可以看到，常常是七竅同時流血。

在中國的古代戰爭中，戰敗的俘虜會被割取一隻左耳，證明俘獲的人數。「取」的本意就是割下耳朵。《周禮．夏官．大司馬》：「獲者取左耳」。《左傳，莊公十一年》：「覆而敗之，日取某師。」

# 耳官職司

## 耳為五官司聽覺

耳朵為五官之一，主司聽覺，所以又稱為「採聽官」。外界的聲音由耳朵傳入，由腦神經接收加以分析、判斷，然後指揮其他器官去作出適當的反應，或儲藏在記憶的腦庫裏，這樣不斷的吸收、不斷的增長，知識和見聞也就慢慢地充實起來。

耳朵的形狀美好，就會喜歡美好的韻律，也喜歡聽正面的、美好的消息；耳朵形狀惡劣，則喜歡聽負面的、醜惡的新聞。當然，前者的情況會產生良性的循環，後者的情況自然產生惡性的循環了。不同的個性導致不同的命運也是理所當然的事。

古相書有云：「耳為腎竅，腎衰弱則耳不聰，腎敗則耳輪枯焦」，意義是說，耳朵是腎臟的竅門，腎臟衰弱會降低我們的聽覺靈敏度，也會導致耳鳴現象；若腎臟再差，甚而損壞，耳輪上更會呈現枯乾和焦黑。

由此可知，古人已洞悉耳朵蘊藏之玄機。現代科學昌明，科技發達，蒐集資訊既方便又快捷，更可佐證耳和人體結構有非常密切的關係。

其實，中國的相法最重視平衡與相稱，左右兩隻耳朵當然也要平衡相稱。如果左耳和右耳的位置高低不一或形狀大小不同，其命運就會波折起伏不定；而左右耳肉的厚、薄、軟、硬亦要相同。

大致來說：耳肉堅硬的人體力強、朝氣足，工作積極；耳肉軟薄的人體力衰弱，性格消極低沉，缺乏勇氣去承擔工作和責任；耳孔廣闊的人精神相當充沛，除見多識廣外，智慧亦是高人一等；相反，耳孔狹小的人，不但心胸狹窄，而且見識也是淺薄。

《神異賦》有云：「額尖耳反，雖三嫁而未休」，「女人耳反，亦主剋夫」，這是指女性而言，既是剋夫，所以雖多嫁亦難以休止。

「明珠出海，太公八十遇文王」。明珠指耳垂，海為口，明珠出海與垂珠朝海的意義相同；太公八十遇文王，是《封神榜》裏姜子牙的故事。

「耳有毫毛，定是長生之客」，「耳白過面，朝野聞名」，「耳白過面，善世之封」，「耳根高骨，名曰壽堂」。以上的意思是，耳有毫毛生長出來，一定是長壽的人；耳朵白皙通透，肯定是聲名顯赫朝野的人；耳根為耳後，這裏有骨高隆，是長壽之徵，又主壽而勞心。

「耳根黑子，倒死路旁」，即耳後有黑痣者，雖聰明但多病；雖有特殊之技能，可享豐厚的盛名，但恐有驚險而不適宜游泳；至於倒死路旁之說，就要視乎實際環境和情況判斷應驗機率的大小了，比如說，體弱多病的人經常攀山越嶺，或又時時海浴暢泳，那倒死路旁的機會自然會增加。

《神異賦》云：「兩耳反薄，剋子終無成日」；《金鎖賦》云：「耳偏目側末年破」；《銀匙賦》亦云：「試看人生無歸著，耳大無輪口無角」，都是經典古籍之中，以耳形推斷禍、福、吉、凶的相訣。

## 耳為五官管初運

左右耳主宰我們一歲至十四歲的運。男先左，女先右，各行七年。

左耳為金，右耳為木，有輪有廓，而層次分明者，是上佳之相。耳為豐神精采，可助一面威儀。耳本來是祿星，也是金馬玉堂之位。

論耳金木二星，宜明宜白，故曰金清木秀，方言及第登科，金暗木枯，豈得終身福祿？又云，對面不見耳，問是誰家子。

所以左右兩耳清秀，則官運亨通，無往而不利；相反，兩耳暗枯，不單無福無祿，甚至會晚景潦倒。如果女性左耳豐厚，則先得兒子；右耳豐厚，就先生女兒。

耳貫腦而通心，為心之司、腎之候也。如果腎氣旺盛，耳朵亦會清聰而顯明；若腎氣虛弱，耳朵看起來便昏濁而呈灰暗。善相之人，一定先相人的耳朵所呈現之色彩、光澤及形態，然後再觀察其他部位。

陳希夷先生曾說：「耳為君，眉為臣，所以耳要過於眉目之上，貴人有貴眼，無貴耳，賤人或有貴耳，而無貴眼。」

訣曰：「高主貴，厚而貼肉主富，堅硬有骨主壽，不可薄，薄則貧，不可尖，尖則凶，不可缺，缺則刑，無輪則孤，開花則窮，長則壽，長而厚則富，元珠有痣，主子孝義，命門有痣，長壽多智，耳內生毫者壽，耳勢朝口，為金木水三星朝拱，主晚景榮華也。」

以上訣文的意思是：

耳高主貴顯，厚而貼肉卻主富足，堅硬有骨則主長壽。耳切不可薄削，薄削則表示貧窮；不可呈尖銳之狀，因為呈尖銳之狀，表示有凶兆；也不可有缺陷，有缺陷則易干犯法紀。耳朵無輪是孤單之兆，耳朵開花則是窮極之相。耳長則長壽，耳長而豐厚則大富。元珠有痣，表示兒女孝義。命門有痣，長壽而多謀智。耳內見有長毫毛者，表示那人壽元甚高。耳勢朝口而去，活像金、木、水三星朝拱一樣，那麼該人的晚景，一定榮華而富貴也。

# 耳相基本結構

## 一．耳輪

耳朵外緣的名稱，主福祿的厚薄。如果耳輪肉厚肥大，其人聰敏靈慧，有天賦藝術才能或特別技能，一生金錢收入和生活質素都不錯。

如外輪薄而尖得來並不明顯，表示會遠離鄉井，往外地發展。

兩耳耳輪尖薄而有紋沖破，或疤痕破相，主智慧發展進步略遲，為人虛浮不實在，容易有不良偏好，幼小時候多病，或有燙傷，或有跌傷，與兄弟姊妹不合。

如有凹凸疤痕，表示與兄弟姊妹不合；太薄，主童年不快樂。

兩耳耳輪闊長垂珠，貼生而不分開，外形長相似乎不佳，其實聰明而收入多，擁有記性過人之長處。

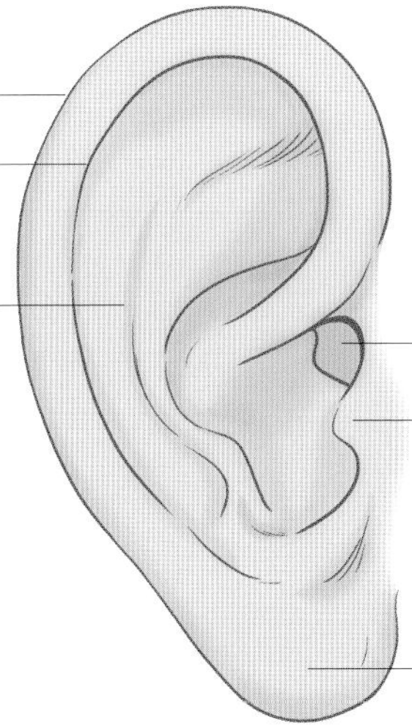

## 二．耳廓

耳朵內側骨肉的圓弦位置，稱為耳廓，主脾氣的大小。如果這部位疲弱，志向和胸襟都較小，不能包容異見；如果位置過低或形狀不整齊、內廓凸出，代表小時候得不到父母的愛護，健康也有問題。

兩耳耳廓堅實硬豎，其人志向遠大，勤勞不倦，剛毅果決，量大容忍，能繼承父母福蔭並加以發揚，唯主個性硬直、不協調、不退讓，故宜男不宜女。

耳廓也以廣寬明顯色潤為吉，如內廓模糊，個性就內向，突出輪外的，稱輪飛廓反。

## 三．命門

耳朵前貼近面頰的部位，高凸如門，如先天的命根，內通腎絡。如果命門部位凹陷，中年必有問題；命門的氣色青慘，際遇也有問題，青暗色恐被親人所累，所以命門一定要豐滿高厚，那才表示先天的元氣充足，可享健康長壽，而且中年運有扭轉乾坤之氣勢。

## 四．耳漏

在命門之上，耳廓的側邊，如有漏點，主有同父異母或同母異父的兄弟姊妹，父親是大人物，事業相當成功。

從前的傳說：夏代的大禹，耳朵有三漏，是極少見的耳相特徵，故是為奇相，主其人特別聰明，作事任勞任怨而有恆，而有恆正是成功之本。

## 五．耳形

兩耳長大，有二寸餘，及三寸餘，不但長壽，而且收入豐厚，事業有成，晚年平安福澤多，惠及子孫賢良，且可旺及父母之運氣，福澤全家。

兩耳短而小，其人誠懇老實，但反應比較遲鈍，志氣小，眼光短淺，器量略窄，且一生工作勞碌飄搖，駁雜不純，幾經挫敗，積蓄不多，健康亦容易有問題，晚年比較寂寞。

## 六．耳肉

兩耳的肉敦厚而均勻豐滿者，為人聰明和平，誠厚守禮，待人有信，作為有恆，主生活舒適清閑，工作待遇好、收入多，且多能夠繼承祖業，其次可白手創業。

兩耳薄弱，上下相反，主幼小時多病多災，十四歲後雖能漸趨平安，唯青少年時的運勢仍不算很順遂，所賺的錢多耗散而難留儲，必須加倍努力，須知人生如逆水行舟，不進則退。

## 七．耳垂

兩耳輪圓如珠，所以稱耳垂，亦稱垂珠。耳有垂珠者，足智多謀，反應迅速，好奇心重，作事有計劃和有恆心，具卓越藝術天分如繪畫、演藝、音樂。垂珠有痣的人，一生重孝守道，甚重情義。

垂珠以圓大而厚、肉軟色潤為好，主長壽而能享福；短小者為人非常小器，物質欲望淡薄，缺乏安全感，並不屬於好的耳相。

垂珠紅潤，小時候已經聰慧穎悟過人，少年得志開運早，或遺傳良好，獲餘蔭庇佑，繼承祖業而發揚光大，很多演藝童星皆有此相格。

垂珠潤白，初運亨通，聰明伶俐，有大志，青少年時已經得人賞識，有享受優厚待遇的工作運氣，晚年更能享受盛名。

# 簡易相耳法

耳朵主宰出生至十四歲時的運氣，男先左、女先右；但須謹記，面相位置流年學，除代表運氣，也包含終身的特性。若只注重流年觀測，那就層次太低了。

古相書云：「耳須色鮮，高聳高於眉，輪廓完成，貼肉敦厚，命門寬大者，為之採聽官成。」

耳朵相法可分：高低、厚薄、大小、長短、軟硬、貼面、兜風、氣色等。

· 耳單薄者福薄，腎臟也較脆弱。
· 耳的質地和長相，反映先天與後天的體質與病況。
· 耳弧的缺陷與身體循環及新陳代謝功能相關。
· 耳藏有煽情的玄機。

人有社會地位、家庭地位，耳亦有它在人體及臉上的地位；兩者的不同之處在於，人的地位主動而多變。有與生俱來的，如貴在帝王家，自有富和貴；有因後天勤奮，累積材識和智慧換取而來的。

可是，耳朵的地位，天生既定難以改變，每個人的耳朵都是用來聽取外界的聲音，分別只在於長相和上下左右的位置罷了。

# 耳高耳低相法

面相上有五星法之說：左耳為金星，右耳為木星，前額為火星，嘴巴為水星，鼻則為土星。

相學上要求兩耳高低一致，標準高度齊眉或略低少許，都叫做正常。若兩耳見高低、大小，則以右耳高於左耳、右耳大於左耳的相理較佳；相反，左耳高於右耳，左耳大於右耳，是為金剋木，主少年時必見大危險、大災難。

耳朵取高不取低，高低以齊眉為標準。耳朵高即心志高尚，不會同流合污，而且處事帶幾分傲氣，野心大，亦有很頑強之鬥志，就算生活上遇到重大困難，都很容易去克服，而且很吃得苦。

耳高的人，可以肯定的說是：思想清潔，腦袋裏極少裝載淫邪之事物。

耳朵位置比標準低少許，仍可以接受。但耳朵生得太低者，思想很是猥瑣，所說的說話並非人人可以接受，而且會犯眾憎，本身鬥志也很薄弱，做事急功近利。

（相不獨論）

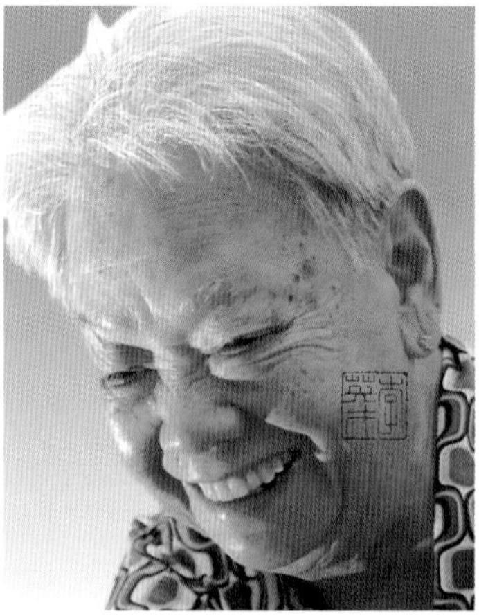

耳高

（相不獨論）

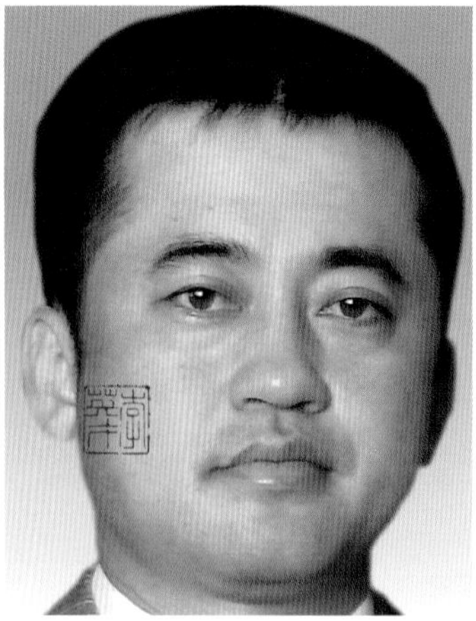

耳低而後

## 耳厚耳薄相法

耳相基本上要求厚，如果雙耳太薄，不是出身環境不佳，便是多病多痛，長期受病痛的煎熬。

古語有云：「薄如紙極，苦女剋夫；薄又向前，敗家奔馳」。古代相法，耳薄總是貧賤之相，又或是短壽之相。

如果耳朵厚重，健康較佳，而受父母的恩惠也較多，在童年時代的衣、食、住、行等，均較同時代、同年齡之小孩為好。

（相不獨論）

耳薄

（相不獨論）

耳大而薄

（相不獨論）

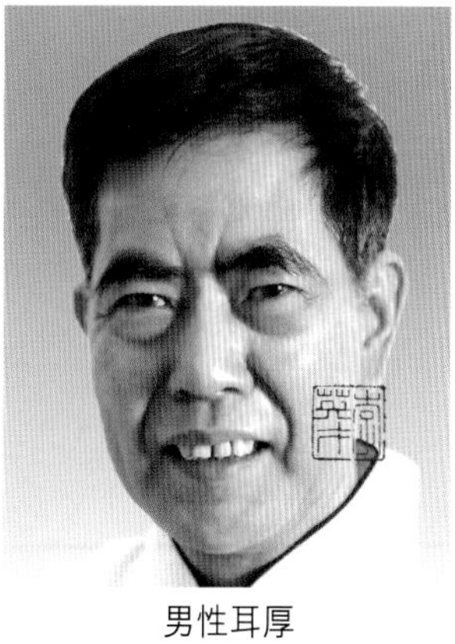

男性耳厚

（相不獨論）

女性耳厚

## 耳大耳小相法

面相學基本要求，面大就要耳大，面小則耳一樣要小，才算均衡洽當。如面大耳小，有以下的代表意義：

(1) 六親無力，一定要白手興家。

(2) 很容易在思想過程上，中途打結，突然變得不知所措；假如常遇這情況，最好在作事前多花些時間好好計劃，便可以免卻很多麻煩。

(3) 習慣直線思維，一生只宜從事機動性、規律性，技術性的工作，原因就是本身欠缺急才，不善隨機應變，若從事創作性的工作或事業恐難勝任，但對於規律性的工作則會做得較好，而且也會很專心。

(4) 如非父母運氣不佳，捱得很辛苦，便是父母不和。

其實，耳小並不一定代表運程差，只要能配合面小，兩者比例平均，問題便不大。

耳大之人心地好，出身也好，為人樂觀、量大，容易與別人相處，能為別人設想，不喜歡令別人有所損失或吃虧。

不過，耳大的人較難有

（相不獨論）

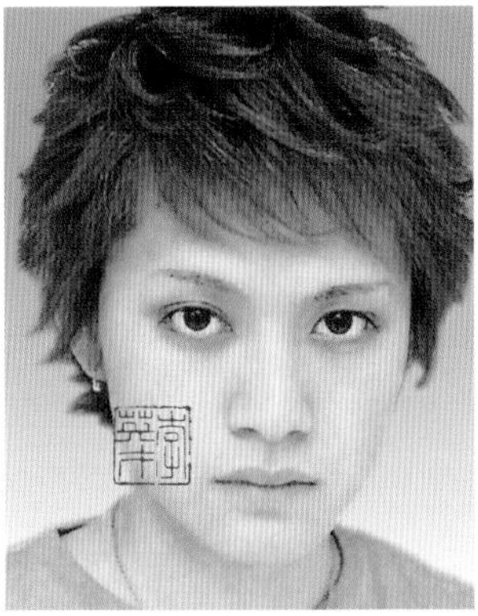

耳細眉幼

（相不獨論）

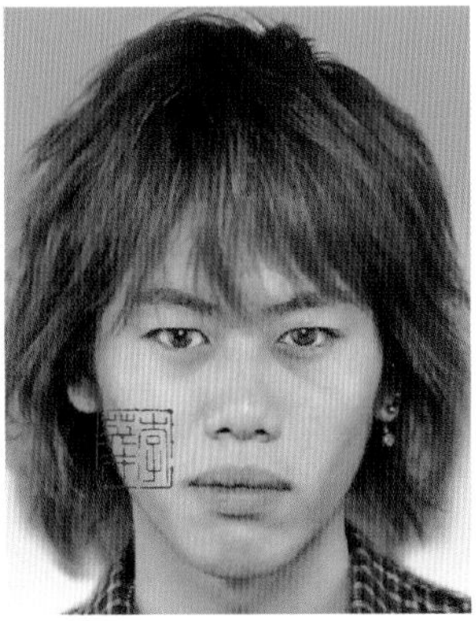

耳細連眉

（相不獨論）

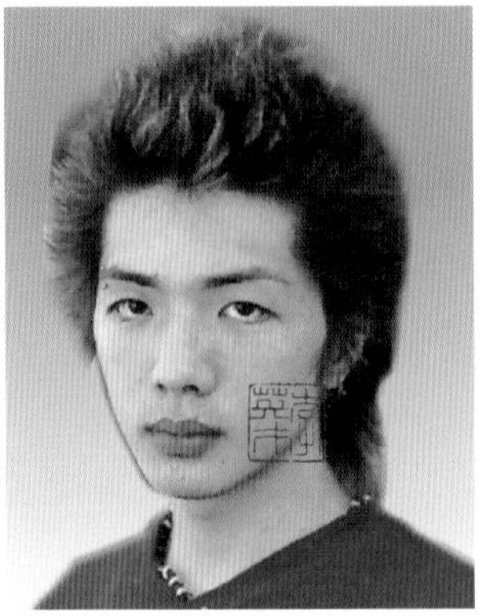

耳細而低

（相不獨論）

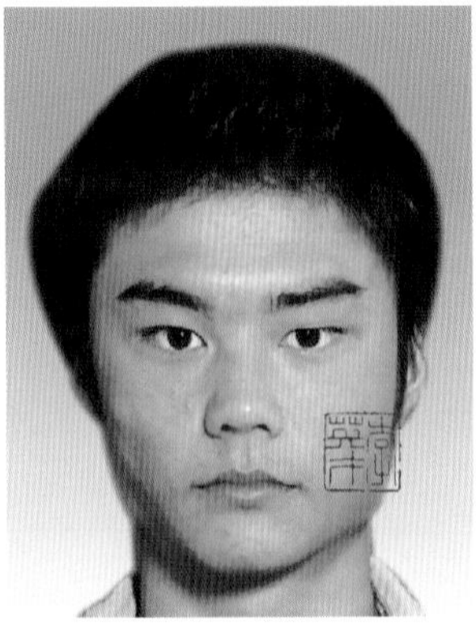

耳細三白眼

深交的朋友。謹記，耳大一定要厚，耳大而薄的話，便是金玉其外，敗絮其中，外強中乾了。

## 耳長耳短相法

耳短和耳小的情況差不多。耳朵太短，在男女相都視為不理想，大多數難以有子女，即使有，子女也會病痛多，健康不佳。

女性耳朵太短小，月事容易不正常，亦多有白帶、黃帶之問題，甚至受孕也較困難。

男性耳朵太短小，腎臟較弱，會有尿頻之煩惱，整天要上洗手間。

耳長者大多也是耳大，優點很多，家人對他的照顧也多。

（相不獨論）

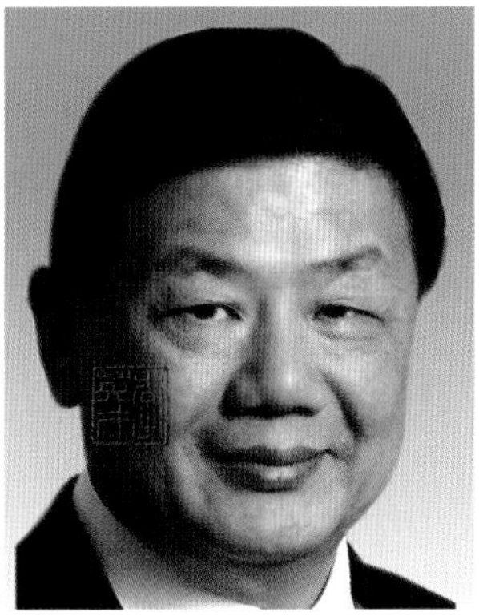

耳長富相

（相不獨論）

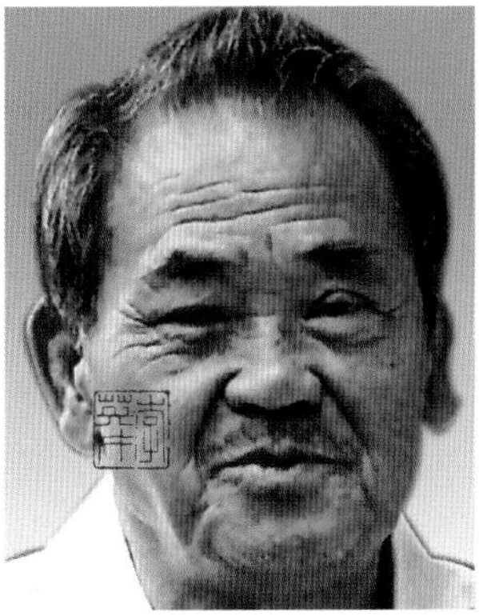

耳長

（相不獨論）

耳長孤貧

（相不獨論）

耳極長

（相不獨論）

耳大

## 耳硬耳軟相法

耳朵太硬者有以下特性：

(1) 主觀強。

(2) 不容易受誘惑。

(3) 你答應了他的事，如果沒有兌現，他便不會再信任你，不單不會與你有第二次交易，並且會抨擊和批判你。縱使你是他的家人，但你若不守承諾，他仍然會批評你，就算他不作聲，心裏都會對你不滿。

(4) 與耳硬的人合作做事，一定要事前講清楚，事後也要交代明白，才會合作愉快，否則會有有理說不清的麻煩。

至於耳軟的人，則容易受人左右、欺騙，以致常常吃虧，但他們心腸很軟，很快就會原諒對方的不是。

男性的耳朵要硬，女性的耳朵最好就軟一點，男性耳朵太軟的話，容易婦人之仁，應賞不賞，應罰不罰，應前不前，應退不退。

## 耳貼耳兜相法

耳朵貼面為少有之相，相書有云：「對面不見耳，問是誰家子？」

耳朵貼面之人十分聰明，思想很是周全，而且很有遠見。

如果兩耳向外翻，名為兩耳兜風，主敗家敗祖，但也不可以一概而論，因為家中既無錢財，也無祖業者，便沒有敗家不敗家之說了。

不過，擁有兜風耳的人確是主觀較強，不容易信服於他人，所以常常有包拗頸之情形發生；當他們不喜歡時，隨時會作出反叛；另一方面，他們又會喜歡聆聽別人的是非長短，他的雙耳就好像接受訊號的雷達一樣，是這方面的最佳聽眾！

兜風耳的男性，最適宜配年紀比自己較長的妻子；女性則宜選年紀比自己大五年或以上的丈夫。

（相不獨論）

女相耳貼

（相不獨論）

男相耳貼

（相不獨論）

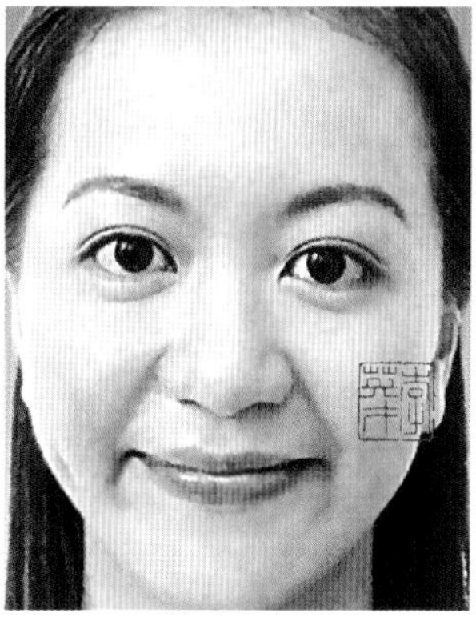

耳貼神閃

（相不獨論）

兜耳神強

（相不獨論）

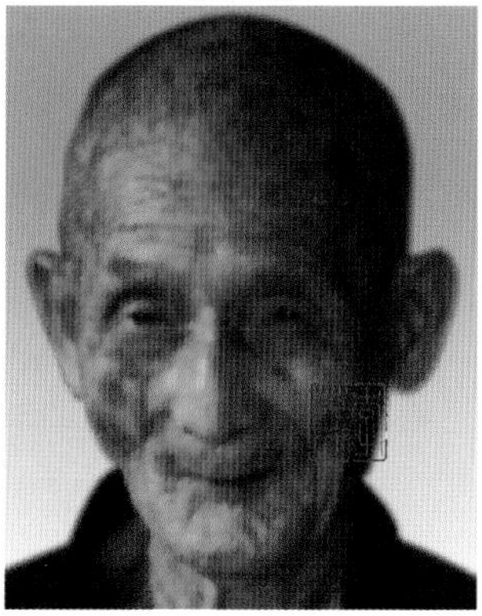

兜耳神弱

（相不獨論）

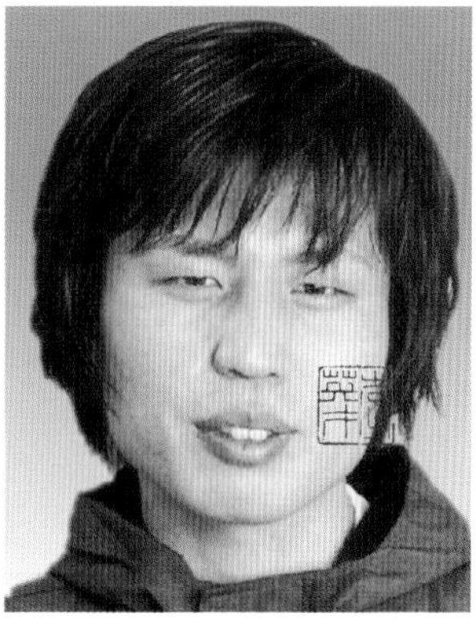

兜耳眼細

## 上中下耳相法

耳朵上、中、下看賺錢本能。耳頂為天輪，天輪發達，即是天輪很厚肉，代表其人：

(1) 創造力豐富。

(2) 懂得把握賺錢機會。

耳垂發達的人：

(1) 有耐心，能夠冷靜分析和思考賺錢的方法。

(2) 儲蓄能力很強。

耳薄，中段很發達：

(1) 性格活潑好動，善於交際。

(2) 對錢財全無預算，浪費也多，不計後果。

(3) 容易為自己帶來不必要的損失。

如果兩耳很平衡：

(1) 很容易積聚錢財，屬於踏實派。

(2) 三十歲後財運順暢很多。

# 耳相四十八項

達摩觀相云：面相十分，眼佔其五，額鼻顴頦（下巴）各佔其一，眉、耳、口、齒合佔一分（即各佔四分之一分）。此說認為，耳相相理劣佳，對一生的富貴貧窮影響不大。雖則如此，但求福在耳，耳朵相理佳者，生活總較其他人安逸，而心境也比較快樂，這是金錢買不到的。

論耳吉相：輪廓分明、肉堅厚、形長、貼腦、耳高形美、耳門寬大、耳內黑痣、耳輪黑痣、毫毛、耳白珠紅、垂珠朝口黑痣。

論耳凶相：耳小、孔小、耳缺、形劣、形短、肉薄、輪反廓露、色枯、無垂珠、耳低、耳軟。

唯相不獨論，以下所論耳朵相格，並非代表一個人之妻財子祿的全部，習相者切不可以一美而言善，憑一惡而言凶，這實不為相之大義，因面相須講求整體完整配合之變化也。

## 耳朵基本相理

(1) 耳朵看十四歲以前的幼運，主要看幼時的健康、壽元、智力、福祿、婚姻、性格和名氣。男性左耳主一至七歲，右耳主八歲至十四歲；女性則相反。

(2) 耳開竅於腎，若耳朵相理有缺陷者，主腎功能欠佳；腎看男女之發育，男孩以外腎長毛，女孩以月經來潮時，為發育完成之象徵。男女發育完成後，除骨骼、面形、耳朵外形不易改變外，其餘各部位會隨着時間和心態的轉變而改變形狀。

(3) 面相五官中，除了耳朵在一生當中較不易改變形相外，其他部位都會隨着年齡增長和心態的轉化而改變形相。心善者，相理會逐漸變佳；心惡者，其相理亦會隨心念之歪斜而慢慢轉於惡劣。所謂百善奉行，諸惡莫作，因果定然有報，若未見報，那只是時辰未到而已，非無天理也。

(4) 小孩出生時，若耳朵相理佳者，會為父母親帶來財富，且父母親之運程也會逐漸順暢；反之，若小孩出生時，耳朵相理欠佳，則主父母運程不暢，敗財破業（切記：小孩耳朵相理不佳，是父母帶給他們的，所以這是父母的責任，不可責怪小孩，否則不單小孩一生蒙受陰影，也可能為家庭帶來更多和更大的禍害）。

(5) 左耳相理佳者，主其人受胎時、父親品德優良、身心健康；右耳相理佳者，主其人受胎時、母親品德優良、身心健康。反之，若耳朵相理不佳，主雙親品德不佳、身心不寧所致也。

(6) 左耳缺損或形狀差，主父親先亡；右耳缺損或形狀差，主母親先亡。

(7) 耳朵分為上停、中停、下停。上停代表思想、父母和長輩關係、幼運好壞；中停代表人事現象、努力程度和自己的性格、品德；下停代表部屬好壞、財庫地閣、福分厚薄（有垂珠朝口者較有財氣和福分）。

(8) 左耳比右耳相理佳，主同性緣分較佳；右耳相理比左耳佳，主異性緣分較佳。

(9) 耳朵相理佳者，較有福氣，生活較安逸，賺錢較不辛苦，且一生凶險事較少，縱有凶險，也大都能逢凶化吉。雖然耳佳有福，但不一定能顯貴，要與其他部位相理互配合才可。若耳朵相理欠佳，但其他部位相理均佳者，也能顯富貴，但過程必然較為艱辛。

(10) 耳為採聽官，耳朵相理佳者，為人忠信，易接受正理和有意義的說話。若耳朵相理不佳者，主為人叛逆，易被壞話所迷惑，忠言逆耳；若再配上眼尾、眉尾下垂，而顴骨又低陷者，更容易吃虧上當。

## 耳形大小厚薄

(11) 耳朵左右一高一低，或一大一小者，主開運較遲，不能早發顯達，且易有兩個母親，或會有乾媽。手掌紋路有雙地紋（輔助生命線）者，也主有雙母。

(12) 耳高腎高，耳低腎低；耳大腎大，耳小腎小；耳堅腎堅，耳軟腎弱；耳厚腎壯，耳薄腎虛。耳低者易有坐骨神經之病；耳薄軟者，主排尿功能不佳；耳大而薄者，主易有腰痠背痛之疾；耳朵端厚形正者，主腎功能佳。順帶一提，地閣飽滿者，也主腎氣足，身體健康。

(13) 耳朵最好上下有朝、長寬厚薄一致，最為吉利。耳朵上半部代表一個人的思想，下半部代表一個人的行動。若耳朵上半部寬厚、下半部窄薄，主思想周詳，但行動力不足；反之，若耳朵上半部窄薄而下半部寬厚，主思想欠周密，但行動積極，個性也容易衝動。

(14) 耳朵貼腦者，思考周詳，聚財（木火型人可以不貼腦）。耳內有黑痣或有毛，主長壽、生貴子。一般而言，長壽的象徵有四：（一）耳內有毫毛；（二）眉尾有壽毛；（三）有項條橫紋；（四）耳長而垂珠厚。論長壽，耳毫不如壽眉，壽眉不如項條，項條不如耳長。

(15) 耳朵貼腦、耳垂厚大朝口、眉清秀、目有神，鼻顴相配者，主早年得志，四十歲前即大發財富、貴顯。

(16) 耳上圓形者，為人圓滑，善交際、聰明；耳上方形者，個性固執、實事求是、講原則、不重情分；耳上尖形者，反叛心強、性急躁、易不滿現實，但有改革和創造的雄心壯志。

(17) 耳朵堅厚，主腎臟健強，精氣十足。耳提高長於眉，主思想高雅、智力高超，中少年運佳。耳高但形狀不美者，易恃才而傲物，容易得罪他人。

(18) 耳厚的人有實力、財利。耳薄的人較無實力、無財利。耳朵相理佳又厚者，主名利雙收。耳朵相理佳但薄者，主名多利少。

(19) 耳朵肉薄，主實力少，腎氣不足，身體健康較差。耳太低主智力也低。

(20) 耳小、眼過大，主一生難聚財；但耳小而眼、鼻、口、頭也都小，是為五小格，反是吉相。

(21) 面小耳大者，易剛愎自用、恃才傲物、固執、自負。耳短而大但口細小者，易中年夭亡，主活不過四十九歲。

(22) 耳朵短小，主壽元短、人緣差、膽子小、度量小、逆叛心強，賺錢辛苦，勞碌福少。耳朵太小太薄者，幼年不好帶，易尿床。

(23) 耳後見腮橫張或鼻樑骨橫張，又耳輪高聳者，主狠毒凶惡、不仁不義，易恩將仇報。若眉眼又帶煞者，主兇暴，不善終。

(24) 耳前後生有青筋者，易遭凶。耳朵或命門枯暗，主時運不佳，易破敗。命門有痣，主火厄，做事有始無終。

## 耳輪廓

(25) 耳朵形美、輪廓分明者，主運程佳。耳高有提（即耳朵高過眉毛也）、耳門寬大、耳輪黑痣者，主智慧高；耳低於眼睛，主中年破敗；耳太高者，雖則聰明、但過於傲才、為人也不圓滑、領尊統禦較差。臉圓、耳圓低者，處世圓滑、善於管理，適合談判，也是領導人材。

(26) 男人耳朵有提而揚者，較易揚名，並主聰明，才智較佳。

(27) 耳輪上有黑亮之痣，主聰明、孝順，重感情，守信用，黑色斑點者減半論。耳輪上有痣斑者，是幼年患過重病之表徵。

(28) 耳無輪廓者，女性主婚姻不美，男性則終身運氣差，事業難成。

(29) 耳朵有天輪而無地輪；或有地輪而無天輪，主一生事業起伏很大，多成多敗，反覆無常。

(30) 輪反（往後翻）廓露，主自立、外向、精明幹練，缺點是虛榮心強、倔強、不易接受別人意見。耳朵露廓，亦主幼年運差，幼年時不得父母照顧，男性踏入中年時，事業容易破敗；女性易被男人甜言蜜語所騙，踏入中年時婚姻容易出現問題，但須兼看其他部位方能作準。

(31) 年輪尖小、形劣者，主性情怪異、殘忍、婚姻不美。耳形怪異者，不可結交為朋友，若又有三白眼、四白眼者，主心性狠毒，要防他九分才是，以免惹禍上身。

(32) 耳輪和耳廓之間的溝槽，名為「親溝」。溝槽愈深者，幼年所享受的親情愈濃厚深長；反之，親溝太淺或不明顯，主幼年時期所享受到的親情不足。

## 耳色

(33) 耳色宜比臉色白潤，主聲名遠播、信用好、功名顯達。耳朵白潤、輪廓分明，早年主讀書成績優異，中年則主運程佳美，而晚年就主子女賢達和顯貴。

(34) 耳白珠紅者，時運必佳，書云：「耳朵色桃紅，個性必玲瓏」（耳朵色以白潤為最吉，桃紅色次之），主機智、靈巧。桃紅色非赤色也，勿搞錯。

(35) 耳色枯暗，主腎氣枯絕，長期運滯。若耳朵整體枯暗（先從耳廓開始發黑，至年輪、耳珠，最後連命門也發黑），主離死期不遠，千萬小心。

(36) 耳色枯白、黑暗、青色，主腎臟有問題，另有重聽、耳鳴現象，且筋骨不壯，易感痠痛（腎和耳通，故又主筋骨方面問題）。

## 耳垂珠

(37) 耳朵垂珠代表智慧、運程、福份，有垂珠的人比較有福氣，比較憨直，沒有垂珠的人比較機智靈巧，但老天爺大都比較照顧憨厚的人。

(38) 耳朵相理好，主婚姻和諧。無耳珠者，主人緣較差，婚姻也較差（須配合其他部位論斷才算準確）。招風耳者，主散財。

(39) 耳垂厚大又朝口，主個性好動、爽朗外向，為有福分之人。耳垂薄小又朝後，主個性被動、冷漠內向，較勞碌少福。

(40) 耳珠垂肩朝口，主個性爽朗、好動、寬厚，為有福祿、生活安逸之人。

(41) 垂珠有黑痣，主有財，但易有水厄或燙傷之禍，有皺紋同論；耳垂有痣，亦主孝順、聰明。

(42) 耳無垂珠，主六親緣薄、人緣差、主短壽、福薄，女主妾命（其他部位欠佳才論）。耳無垂珠的人，戴耳環也不可以改運，只能從其他部位補救。

(43) 女性無耳珠或耳珠太細薄，其他部位相理亦不佳者，人緣差，在古代來說為妾命，主婚姻不大美滿。

(44) 耳珠後有凹陷或耳背有痣或青筋，主易遭凶，客死異鄉。命門有青筋者，也主客死異鄉，若配上眉毛又帶殺和眼露凶光更驗。移居外國而在異鄉終老，也作客死異鄉論。

(45) 常常按摩耳朵垂珠，可刺激本身大腦神經，使頭腦變聰明，身體更健康。

## 耳孔

(46) 耳孔穴寬的小孩較頑皮搗蛋，耳孔穴較窄的小孩較聽話而安靜。

(47) 耳朵相理佳、孔大、垂珠厚而朝口者，十五歲前即可發運，最宜從事公關事業，主名利雙收。

(48) 耳孔小主器量小、見識狹窄。

# 第五章

# 耳相詳解

# 相耳觀人

如果耳朵方正，額與頷形成橢圓形者，交際手腕十分圓滑，但別以為此人好商量，他自有堅持固守的原則，對人讓步有限。自以為老謀深算的人，以為可佔他便宜，最後吃虧的可是自己！

所以，不論找合夥人、伴侶或朋友，應先估量自己的分量和條件，所謂知己知彼，百戰百勝，先從耳相找出自己個性的屬類和特質，再分析對方的為人，才有機會立於不敗之地。以交女朋友來說，若女方的耳弧和頷弧圓滑，耳垂緊連而直接與頰頷部順服而下者，如果男方的耳弧、頷弧不夠理想，這樣的交往，勢必是女的處於主導地位，男的只能唯唯諾諾，而女權則持續高漲，除非男方對這種相處方法甘之如飴，否則很難忍受那種頤指氣使，呼來喚去。

與人談生意，亦宜先看清對方的長相：耳朵和頷骨的弧度呈拋物線形者，其經營態度進取而主動，有靈活的管理概念和企劃方案；如果拋物線出現兩度以上者，其人更是精明刁滑，不僅做事有一套獨到方法，生活更有一套理念，實非簡單人物，更非等閑之輩。然而，人非完美無缺，在可通融的限度內，大可不必斤斤計較，錙銖必爭，否則難免顧此失彼、因小失大。

耳朵與下頷呈三段式，分段連線者，其個性模棱兩可，時親時離，生活模式和情緒活動也是一成不變，與人相處的方式則是親疏有別，但這並非視對象而定，而是視乎個人的喜惡而定；因此，說其寡情並不盡然，說其擇善固執卻又有點頑固不通，或者連他本人都無法真正清楚自己的個性吧！

如果大家能善用此書，認識自己和別人的長處和弱點、性格喜好和思想模式，加以輔導自己、親人和朋友，便可打破宿命，改變命運了。

## 耳相四大部分

學面相，一定要非常留心注意觀察五官在面上的配置。相學要求整體五官在面上都要平衡、對稱，以耳朵為例，若面和耳不匹配，例如面大耳小，主父母運氣欠佳，生活艱難辛苦，或是父母不和；即使耳形良好、氣色明潤，亦同論。

中國人喜歡用耳朵談論人的運程和福壽，以及人與人之間或兩性之間的交往與倫常的因緣，這是由於觀耳的弧度、外輪、內廓、風擋、耳垂等部位的相理特徵，可看出一個人的性情和喜好傾向。

耳朵亦可看財運。以鼻子為存錢的保險櫃或銀行的資金庫；嘴唇如錢袋；人中便是聯繫保險櫃和錢袋之間的管道。眉上的福德宮看金錢的流通，而且是有關大筆錢財的出入。綜上所述，耳朵是為金庫，表示晚年的財運。

以下將耳朵分為四大部分：（一）外輪、內廓；（二）風擋、痣瘂；（三）風孔、耳穴；（四）耳垂、垂珠，並逐一作詳細分析。

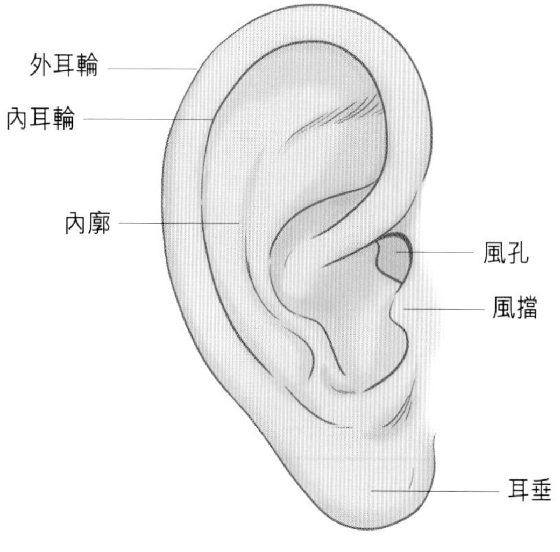

# 外輪、內廓

耳輪長相順逆，反映了一個人的個性。

耳朵輪飛廓反，亦稱為反輪，主好勝，童年和父母的關係不好，故此受父母的恩惠也少。書云：

「金木開花一世貧，輪飛廓反有辛勤，於中若有為官者，總是區區不出塵。」

輪飛廓反加上耳相單薄，正所謂：兩耳如紙，貧窮無倚；耳反偏側，居無定室。

天輪忌尖，尖則性格剛烈，反叛性強，思想污穢。

至於耳朵有輪無廓，則有以下三重意義：

(1) 童年生活環境不好，或者父母關係很差。

(2) 容易有兄弟姊妹早死。

(3) 拍拖或戀愛容易無疾而終。

## 輪廓看心性

內廓表現的是個人心性。一個人如果太過跋扈或尖銳，與人相處時，時常在勢態上欲置對方於死地，必影響雙方和諧。

女性的內廓較外耳乏力而不圓滑者，缺乏獨立精神，年少時對父母、兄姐、朋友的依賴心理很重，長大後則會長期依賴男人，缺乏自信的表現更加明顯。這類嚴重不能自主的女性，常常成為男人的感情包袱，尤其在現代社會中，女性地位和工作能力已被肯定，男性追求的是心態健康、自主能力良好，又不爭強跋扈的時代女性。如果女性仍愚昧地活在一切以男性為尊的過氣思想中，不單未能博得男性好感，反而會被視為累贅。

耳朵面積較大的男性，都是醒目之人，有較強烈的表現欲望，可惜卻不夠細心，常令女伴覺得他不夠體貼，只覺得他是自己顧自己的人，忽略了對太太或女朋友的照顧。同樣地，耳朵大的女性，也是粗枝大葉類型，不能勝任細緻的工作。

不過，最糟糕的是，不論男女，耳大者都覺得感情是理所當然的事，在這種自以為是的偏差思想之中，往往忘記了學習如何去愛，以致在戀愛和婚姻關係中造成缺陷。

## 輪廓看男女及夫妻關係

耳朵最外緣線稱為外耳輪，緊鄰着外耳輪的部位是內廓，而外耳輪和內廓的契合程度反映了夫妻兩人的性格傾向、兩性之間及家庭的關係。

外耳輪是觀察伴侶的個性和生命力；內廓則反映自己的性格和生命力。

外耳輪代表愛侶，內廓則代表自己，兩者的輪廓的契合程度可反映自己與伴侶的性愛和諧度和結合力。

若夫妻雙方的內廓和外耳輪都長得服貼圓順，沒有明顯的棱角或缺陷，表示雙方的個性柔中帶剛，剛中又有迴轉的餘地，這樣的婚姻生活是美滿而相敬如賓的。如果兩者除了耳弧好，耳質也同樣堅實、色澤也佳，更反映夫妻二人的情性和諧，生命力旺盛，家庭氣氛融洽，一定是幸福夫妻。

男性的內廓較外輪凸出（圖❶、圖❷），個性自我而自負，無論在男女交往或婚姻關係中，都會突顯大男人主義。倘若其妻子的內廓柔順（圖❸），或不超越外耳輪，代表會以夫為貴，尊重丈夫的意見，則二人尚可稱是良配；相反，妻子的內廓較耳輪凸出的話，兩人都欲爭強，必多見齟齬，時與家庭風波。

如果男性的內廓相當柔順，他便是一位彬彬有禮、尊重女性的好好先生；然而，若是耳質太過鬆軟或乾枯，縱使耳形再完美，也無法有效發揮，因為其意志多懦弱，個性畏縮，缺乏男子氣概，且令人覺得軟弱而無安全感。

內廓乏力的男性，多半會犧牲自我去照顧女伴，但這當然要適可而止，否則會令對方產生錯誤的想法，你的溫情可能會

（相不獨論）

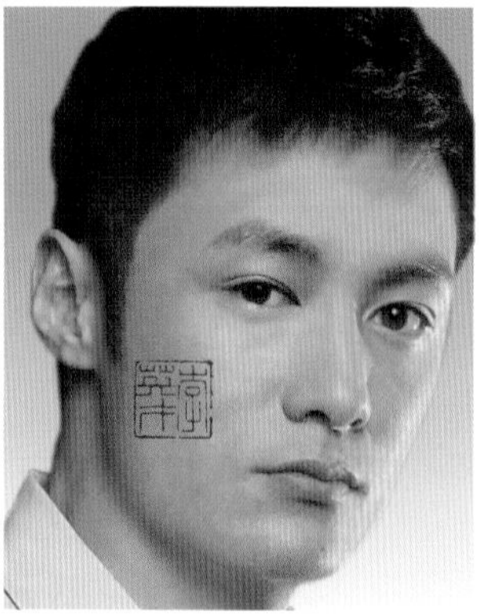

圖❶ 反廓

（相不獨論）

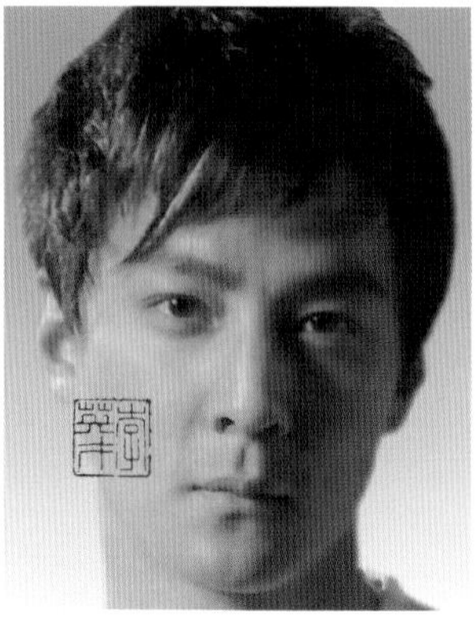

圖❷ 反廓

（相不獨論）

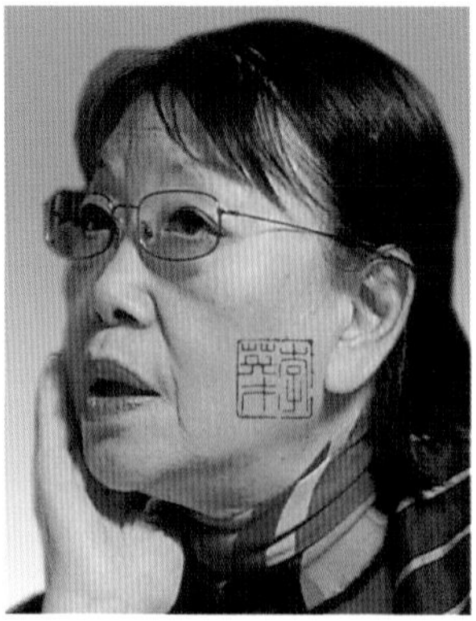

圖❸ 輪廓分明

被解讀為缺乏魄力、缺乏氣概。畢竟，男性過分的體貼，會讓女人產生一種黏着而不磊落的感覺。

女性的內廓明顯較外耳輪堅強（圖❹）者，在男女感情上，常不自覺發揮強烈的母愛，除非男方是戀母情結的嚮往者，否則沒有多少男子漢甘受這種有如母雞呵護小雞的照顧。除了表現強烈的母愛，這類女性亦會有嚴重佔有欲，有些男性縱使甘受照顧，但也不見得肯受操控，所以，這種愛的方式，常令男人覺得難以消受。

至於耳輪的天生差異，顯示了男女雙方的契合與融和程度，理想的標準仍不離一貫的要求：以尖圓適中、大小合宜、堅緊有度、軟硬恰當的幾個條件作評估，但這也並非絕對而肯定的。

若丈夫的外耳輪強悍而個性十足，太太的外耳輪削薄或是內廓凸出超過外耳輪，顯示兩人都十分自我，個性各走極端或心性狡猾多計，很難以真誠互相對待，在婚姻生活中，無法長久和平共處，除非彼此都長於忍耐，或者能夠互不干涉，則尚且可以維繫長久婚姻，但這種同床異夢的關係，總會隱伏着家庭的危機。

若妻子的外耳輪較丈夫的外耳輪優美，代表太太的個性較丈夫強硬，顯示其意識和智慧在夫妻關係中，一向佔盡優勢，縱使丈夫未必完全聽命於太太，但太太必是一家之主，主管家務事宜，這是不容置疑的。（圖❺）

（相不獨論）

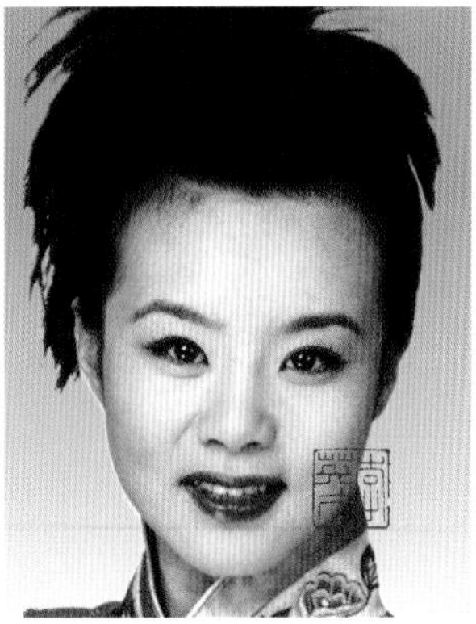

圖❹ 反廓

（相不獨論）

圖❺ 外耳輪優美

外耳輪和內廓延展到耳垂部位，幾乎是接近在一起時，加上耳壁又相當單薄的人，心性多是急躁，常常顯得心神不定，另一方面也表示佔有欲較強，野心也大。如果男性有此耳形，其太太必不是賢妻良母，常會慫恿他從事不正當的勾當，或是時常嘮叨他工作能力低、賺錢少，很可能會逼得他鋌而走險，走上作奸犯科的路途，當然受害的將是整個家庭。

耳輪的和諧度，不僅表現太太與丈夫間的個性差異，它還傳達了一項性信息——從雙方的耳輪契合程度，可以看出夫妻性愛關係的結合力與融和度，這當然和耳輪反映個性的論點是一致的，兩人意志上的結合，昇華到肉體的交合，相輔相成轉化出新生、鼓舞和創作的力量，彼此更熱誠地看待對方和接受人性，這層意義，勝過耳輪上天生長相所劃定的界律。

不過，天生耳形所反映的個性，只是大前提的測定，至於夫妻結合的最大學問是，針對彼此身心、品性與信任程度的匹配來論定，這相等水平的要求，隨着雙方對事物的共同認知、接受、學習，彼此作正面的成長。耳輪的先天限制，可由後天的生活品質及彼此尊重而突破；若夫妻兩人能同心携手，朝理想的前途邁進，則耳輪所表徵的個性差異，對婚姻關係便不足為害。

## 耳輪看孩子天性

耳輪弧度既可反映夫妻間精神與肉體的結合程度，也能顯示兒童成長過程中的心理反應，幫助父母瞭解兒女的性向和人格的發展，從而擬訂一套適合兒童心性傾向的教育。

從耳輪可窺探小孩性格的傾向，幫助教育發揚或改造心性，這是絕對不移的事實。若父母無法掌握兒童的本質，給予適切誘導式和啟發式的教育，便會造成孩子小時了了、大未能佳的情況，白白糟蹋了天生優良資質；或者未能有效利用人的可塑性，把孩子導向最佳的發展方向。這都要看父母親是否懂得以理智的愛來教育下一代了。

耳大圓滑的小孩，多善於察顏觀色，他們的心性純樸未受環境污染，而這種心態乃出自非利害衝突的本能反射。對於這類孩子，我們要鼓勵多於批評，着重強化他們的榮譽感和羞恥心，教導他們要有勇於認錯的誠實勇氣，發揮其敏銳的本性，但更重要的是，要盡力轉移他投機取巧的可發性。

耳輪天生不明顯，且耳緣單薄如紙，予人冷冷硬硬的感覺，表示小孩的腰腎功能未臻成熟，容易有頻尿、閉尿或疝氣問題，個性較為急躁，缺乏耐性。幼兒時期有這些情況，尚無大礙，只要加強體質訓練，平衡飲食習慣和質素，便多能有所改善。不過，當孩子成長至相當年齡，其耳朵仍顯得單薄而色不美者，那就表示其腎功能發育不良了。這類孩子個性偏於優柔而軟弱，耐性不足，精神無法集中。若父母只一味責備孩子功課不佳、學習精神不好，反而會增加孩子的挫敗感，令其喪失學習的興趣。所以，我們應多觀察孩子的生活習慣，留意他是否半夜常尿床或頻尿，無法參與劇烈活動，並常嚷着腰疼、膝蓋疼，或有常常跌倒的情況。這些生活小節都會幫助父母加深瞭解子女的健康，從而設法改善兒女的體質。為人父母者，不可不留意。

先天腰腎較弱的小孩，必須注意飲食健康、食品的種類，重視營養的均衡，也要少吃含鹽量高的東西，並適當進行體能操練，從基本生活習慣慢慢着手改善。通常小孩的病徵並不太明顯，因他們尚在發育與成長當中，但若不及早發覺去改善，成年後，相關徵狀將會陸續出現。

外耳輪呈一直線的小朋友，較不易合群。若是女孩子，行為舉止會偏向男性化，個性亦較強悍，活像女暴君，教養起來也比耳輪順的小朋友吃力得多；然而，這類女孩的行為也相對俐落，若瞭解她的性情，就知道這類孩子絕少會無理取鬧或哭個不停。

外耳輪美好的小女生，依賴性較重，好撒嬌，善於利用各種方法，或是哭，或是笑，以吸引父母或兄姊的注意力。這類女孩本性多善良，只是偶爾表現得纏人和不乾脆罷了，也就是說，她們可愛時會令人疼入心底；可惡時，恨不得賞她兩記耳光。

外耳輪較內耳輪圓潤的小男生，多能成為一位小領袖，統合力不會太弱。在孩子群中，能有效表現其外圓內方的交際手腕。

相反，內耳輪比外耳輪圓順的小孩，不容易成為領導人物，在玩伴中常扮演跟屁蟲的角色，少有創見性的舉止行為，但父母毋須為他過度擔憂，只要多激勵他積極做事，主動幫助別人，那便可以慢慢地把問題改善過來，如果能充分利用這類小孩的優點，他的表現並不會比心性靈敏但卻懶散的小朋友差。

耳弧柔順但肉薄，就有福淺的意味。外耳緣比較薄的孩子，思想易走極端，生性敏感。別看小孩一副天真爛漫的模樣，他們的自尊心可不容被傷害，這類小孩很介意大人在眾人面前批評他，他們好強的個性，也很容易做出傷害自己的行為。

若小孩的耳廓與內耳輪的外形長得像一把鐮刀，他們自小就會表現出不在乎小事的天性，膽子大，動作俐落，點子甚多，這類孩子常會令父母哭笑不得，父母需要花很大的耐性和愛心加以輔導，否則他們的發展會是很極端的，要不很好，否則很壞，不是聰明絕頂就是作惡多端。

耳廓與內耳輪像兩條平行線並行的話，如果其上緣出現明顯的缺角，這小孩的個性便有點彆扭，內心與外在的表現並不一致；當他固執起來時，也着實令大人頭疼不已。父母和長輩宜以鼓舞和獎勵的方式來予以教導，讓他在有成就感的喜悅中，漸漸去改善其頑固的天性。

內廓弧度圓滑的小孩，行為彆扭，但不表示其心態與外表一致，他有時候會胡鬧得不可理喻，但他卻不容打罵，否則只會刺激其牛脾氣發作，愈發難以收拾。較有效的方法是：施以小善，例如：多讚美幾句，讓他感覺到被寵愛的喜悅，自然便使不起性子來。

## 輪廓看行動力

由於外耳的弧度與其他感官如眼睛、嘴巴脫離不了關係，也是影響男女因緣的關鍵，所以，原本幾乎沒有機動性活動的耳廓，也被人類遐想的意象裝飾得生動有致，彷彿每分每寸都無言地在傳遞人心深處的感覺韻律一樣，它的演出正是如假包換的「內心戲」。

外耳輪輪緣狀似流水，凹凸有致，令人產生一種流動的感覺。若外耳輪與臉形勻稱，表示其行為俐落而有魄力，自信十足且意志堅決，好運臨門，事事稱心，至老年的時候，多能享受年輕時苦心投資的成果。

外耳輪如流水狀，波紋有韻，耳尖部位堅緊但不凌厲，耳垂明顯而不尖削，顯示其為人毫不軟弱，行為果斷，智慧通達，是智慧型的人，常以智取勝，令對手輸得心服、口服，但這類人切忌得意忘形。

女性擁有流水耳，為女中豪傑，不讓鬚眉，為典型的女強人，其一生所遇的挫折，大多是個性和能力太強所引致，需注意收斂鋒芒，在幹練的工作能力下，別忘了自己是女兒身的事實，隨時提醒自己：多溫柔、多體貼。

男性長有流水耳，而且下頷骨堅實有力者，行事穩重踏實，在團隊工作中，很有親和力和領導才能，也有穩定軍心的能耐，亦能消化從多方接收的意見，在兼容納諫的胸襟下，是一股比一般人旺盛的生命力。

耳弧忠實地報導一個人內心的品質和智慧，也反映了本性與行為的取向。耳弧順逆，正好反映其人的個性溫順或叛逆；耳弧有稜、有角，其人也豁達不起來；耳弧順美的人，性格隨和，要他多事挑剔，反而令他感到壓力。

內外耳輪的弧度一樣，而內耳輪中段外凸越過外耳輪者，屬於想像型而非行動型，其思想常天馬行空，多不切實際，而且把事態想像的趨近完美。在想與做之間，不懂量力而為，不是淪於作夢、好高騖遠，就是把理想定得過高，一旦能力不及，便會產生挫折感。

耳輪中段凹了進去，有流水耳緣之形，但卻不似流水耳緣般自然流暢。耳中段有缺陷，其人細膩敏感、重感情，也會易因小事而傷感、傷神。若是男性則偏重溫情，放不下感情的包袱；如果是女性，她的一生都會是愛情第一，戀愛至上。

如果整個內廓絕大部分外翻，性格便會趨向不安分，也顯示其人不愛受拘束，討厭一成不變的呆板生活；他的行動積極而變化多，但容易衝動，甚至失去理智。若深入瞭解其個性，不難發現其人雖急躁，但卻無機心，不記仇，也不記恨，還頗講義氣的。

內外耳輪的弧度不一致，而且內廓強而凸出者，其個性會像其耳緣一般有棱有角，好勝而嘴硬，明明心裏軟弱無比，但絕少在眾人面前落淚或提出異議；由於自卑、過分自尊作祟，他不容易交得真心朋友，多數時間會孤單地在人生的道路上探索，所以會走得比別人辛苦許多。

外耳輪欠弧度，仿如刀削直下般呈一直線；內廓外翻，也是棱角鮮明；假若連下頷骨也呈直角，則此人個性也是堅強特立，不輕言放棄，具孤傲的骨氣，有時會近乎不通人情。

外耳輪與內廓平行展開，在靠近上緣與中段交接處出現一凹陷角的人，意志不夠堅強，對內心的感情無法表達得淋漓盡致，容易予人虛假做作、不務實際的感覺。雖然內心未必如此不踏實，但卻因行為表達的缺失，而令自己吃了極大的虧；他一定要多提醒自己：誠懇、落實，必能改進虛偽的態度與談吐的藝術。

內廓與外耳輪的面積均大過耳垂，此人一定心細有餘、心寬不足，有細膩縝密的心思，卻易鑽牛角尖，也好猜疑，顯得心胸不夠豪爽磊落，一旦遇上與自身利益相衝突的事時，其自我防衛的心性便會表露無遺，美其名是自我保護，其實是自私。如果其內外耳輪弧度柔順的話，其自私心態對他人的傷害性不大，在保護自己的同時頗有分寸，不至於侵犯他人利益。可是，耳弧畸零不整的人，卻具鷹鷲的掠取性，可以不擇手段地達到保護自己的目的，甚至傷害親朋好友，也在所不惜。

內廓的上緣幾乎隱沒在外耳廓下（圖❻）、外耳廓上緣較厚垂且弧度變化大者，其人相當執着，很在乎隱私權，人前只說三分話，給人深沉多謀的感覺，但絕不是好大喜功型。

如果外耳緣上端厚垂但鬆塌欲斷，其下腹組織多不健康，易有腹盆腔方面的疾患。

耳緣凸立如峻嶺，令人望而生畏，形貌不討好者，特別是上耳部顯得如峭壁般冷峻，其個性多具爆破性，行動果斷，反應靈敏，然其性格複雜多變，反覆無常，冷熱變化極大，令人無所適從。

（相不獨論）

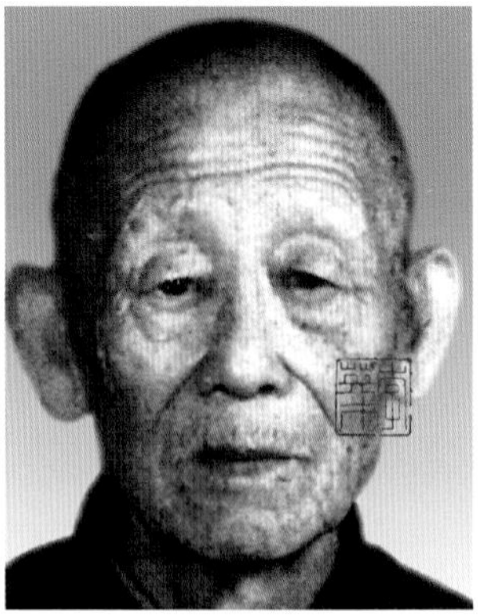

圖❻ 有輪無廓

下耳緣比上耳緣醒目的人，則是智慧有餘、勇氣不足，行動力緩慢，智慧和行動無法密切配合，以致在斟酌猶豫間，失掉先機，雖然孔子認為：「再思可矣」，但太多慮的話，不單發揮不了智能，反成礙手礙腳的羈絆。

上耳緣堅緊如蝌蚪般有勁，下耳垂結實收斂，整隻耳朵形如倒掛的瓠瓜者，是行動派的信徒，先行而後言，但信用極好，絕不信口開立空頭支票，一旦答應了的事必會兌現。

耳弧不僅表徵着個性和抱負，也象徵着兩代之間的關係：上耳緣反映與上代的承續關係，下耳緣反映與下代的傳承問題。上耳緣圓飽和順者，與上一代緣分較深，得父母的福蔭較多；上耳緣出現斷續感，與上一代的情分疏離，或是父母早逝，或是自己早年離家自立，得自長輩的親情和物質供給極為匱乏。

上下耳弧都圓順，整個外耳緣線滑順無阻，則其家庭氣氛一定和諧，與上代和下代之間，都保持着親切的歸屬感和統合力。

下耳緣滑順者，與子女關係良好，子女為人主動而積極，為父母者無需花太多心思管教；下耳緣崎嶇凹凸者，其子女多令父母傷透腦筋，兩代溝通不了，明顯的代溝橫亙在親子之間。下一代叛逆性強，對家庭的歸屬感自然就淡薄起來。

相同的耳朵構造，在不同人的面上，可以呈現完全不同的形態，這種情形並不足為怪，這就像沒有兩個人的手紋是絕對相同一樣。我們的耳朵也可以申請專利，雖然它不能像手紋作為罪犯鑑定的根據，但其獨特外形足以用作評估人類行為的異同。

# 風擋、痣瘻

## 風擋

風擋亦稱命門，風擋的大小（圖❼、圖❽），主其人命硬命順。風擋硬者不易養；風擋愈大愈易養，愈小愈難養。

## 痣瘻

臉上各部位都可能長有黑痣，耳朵也不例外。耳朵上長痣，以耳垂部分最為常見；耳垂有色黑而凝聚的痣，多是孝順和有愛心的人，很有家庭觀念，對長輩很敬重。

耳垂又稱耳珠，黑痣長在耳珠的人，不僅有孝心，若黑痣愈接近珠緣的人，財運愈好，縱非大富豪之命，一輩子也不愁穿吃。

痣長在內耳輪與外耳輪之間的耳舟上，其人多有聰明才智；痣長於耳輪下方的人，性情更靈巧，智慧更凝鍊。痣以顏色墨黑、形狀聚合的屬上乘，若是一般所說的「蒼蠅屎痣」，

（相不獨論）

圖❼ 風擋大

（相不獨論）

圖❽ 風擋小

就略遜一疇。

耳朵外側稱為耳輪，代表社會。耳輪上有色佳的美痣，或隱在耳輪內側不易看見的墨痣，如果不是茶色，主其人有一鳴驚人的構思，不論從事何種職業，才華遲早會被發掘而大放異彩，這是善痣助其力的結果。（圖❾、圖❿、圖⓫）

除此以外，耳輪上有墨痣的人長袖善舞，善於交際，工作上表現極佳，不單智慧高，悟性也強，尤其是看來較黑的痣，更是體力強、做事充滿幹勁的象徵。不過，縱有強健體魄，亦須先求內涵增強，方可論及成就。

耳朵內側的軟骨稱為耳廓，代表自己。若耳廓上有色澤不美的痣，反映其人年輕時的身體很是孱弱；相反，若屬善痣，則可能因過分活潑而受傷。耳廓向外翻飛的人，活潑的個性更是表露無遺。

耳廓的痣，表示自我中心強，也可看成任性的記號，不注重社會觀念，完全憑個人心意行事；如是惡痣，更是我行我素之人。由此可知，這類人必因自私自利而自食其果。

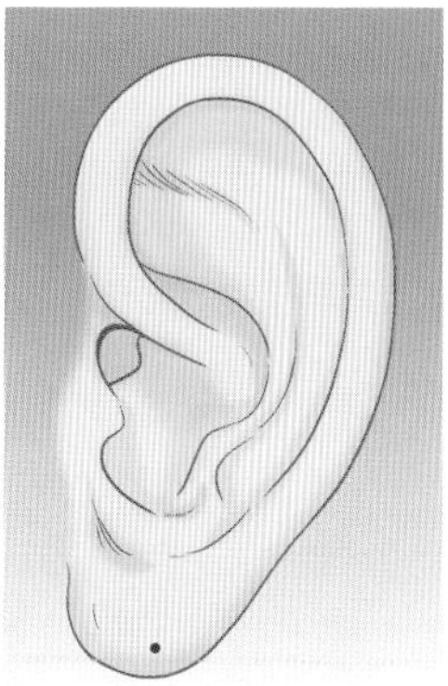

圖⓫ 地輪痣

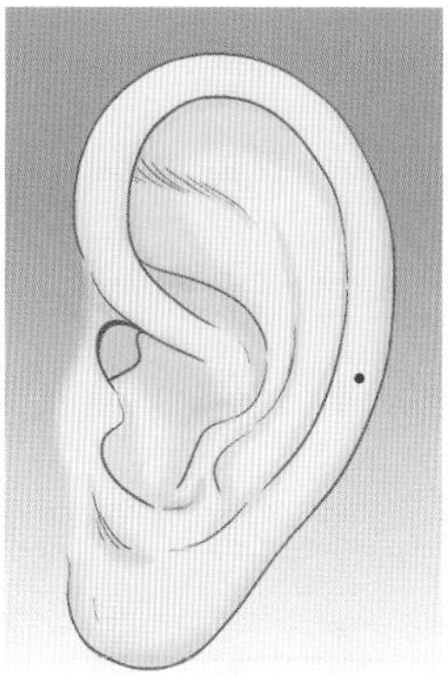

圖❿ 人輪痣

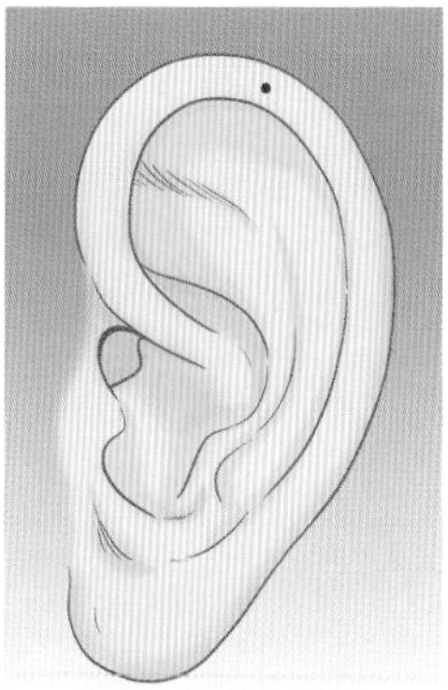

圖❾ 天輪痣

# 風孔、耳穴

## 風孔

風孔即耳孔，孔大則量大，孔小則量小。男宜大，女宜小。耳孔大的女性，有男子氣概；耳孔小的男性很女性化，很多做作，器量也很小。

## 耳的穴區

耳有三個穴區：耳門穴、聽宮穴、聽會穴。

耳門穴猶如聽力的門戶，專司「要不要聽」的動態意念，反映接受意見的能力。

聽宮穴恰如聽力的屋宇，專司聽能力的靜態蓄積。

聽會穴關係的就是「聽到心裏去了嗎」？它貫穿動態意念與靜態蓄積兩者之間，以心智和思想把動靜態融合成有意識的接受與決斷，同時也築起心靈和生理各自以及互相平衡的橋樑。

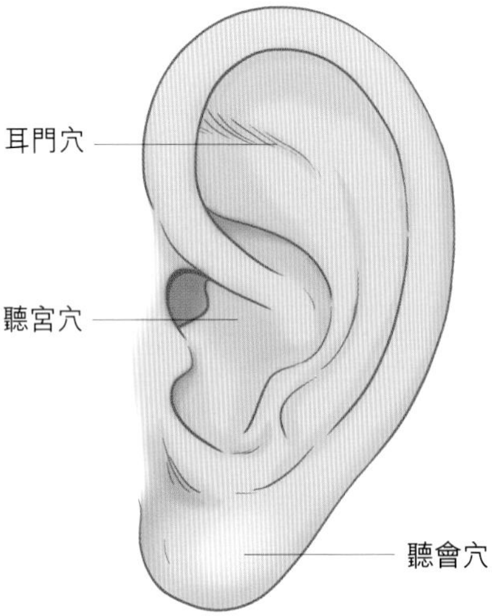

這三個穴區的表現，與意識活動及生理功能互為關聯，反映個人的身體循環和情志傾向。

耳門穴區的凸陷和皮表，反映一個人包容建議的量度大小。這個聽覺之門隨心理活動而開合，充耳不聞或用心傾聽是類似的動作，而兩者最大的差異是，充耳不聞者眉眼鬆弛，眼神飄忽不定；用心傾聽者則聚精會神。

我們用耳朵聆聽和攫取說話者的內容要點，並以眼睛捕捉他的神情，自然能將對方的一切烙進腦海。這兩個截然不同的感官活動，就要端視眉尾上的絲竹空穴，是飛揚，抑是下墜了。

眉尾的表情，可以觀測一個人對「聽話」是否用心，以及他的耳門是否開啟着。眉尾上揚代表用心傾聽，眉尾下墜代表充耳不聞。

因此，做老闆的若能深明此道，一定會請到一批好員工，協助你發展業務；相反，若員工不用心聆聽，工作效率必是事倍功半而已。

耳門穴凸鼓無皺紋的人，樂於接受忠告，不固執己見，不一意孤行；相反，耳門穴下陷者，接受建議的器量有限，但忠言總是逆耳的，我們宜謹記孔夫子曾訓喻我們：「忠告而善道之，不可則止，毋自辱焉」。

無論如何，耳門穴凹陷的人佔了大多數，而善取建議者則是寥寥少數，所以，當我們進諫言時，要察顏觀色、聽辨口氣，一旦對方開始表現不耐煩，甚至惱羞成怒，就要適可而止，以免自取其辱。

同樣地，身為下屬者也要瞭解上司的品性，如果能熟讀此書，並加以融會貫通，則不單可以升職加薪，甚至自己的工作也容易被肯定，成功感和滿足感也會因此而得以提升。否則，縱有豪情壯志或橫溢才華，也可能因性格梗直，或未有認真瞭解上司要求而令努力付諸流水。

## 從耳穴細察聽力與生命力

耳朵是動物的聽覺器官，聽力跟其他感覺器官能力一樣，如視力、嗅覺、味覺等，是與生俱來的本能，而耳前三個穴區則各有其職司：

- 耳門穴專司：要不要聽。
- 聽宮穴專司聽能力的靜態蓄積。
- 聽會穴專司：聽到心裏去了嗎？
- 三穴皆陷的人，聽覺相當遲鈍。

可是，自呱呱落地開始，我們一直沒有着意保護聽覺，對聽力抱持放任的態度，但當有朝一日，當我們發覺聽能力變差時，我們才覺醒到，原來「聽」和「說」或「讀」同樣需要技巧；或當聽力驟然減弱時，我們才驚覺自己一直未妥善照顧這個門戶永遠大開的小管道！

我們應該要好好利用我們的耳朵。我們常以「老大徒傷悲」勸勉年青的一輩讀書，但其實對於耳朵以至其他很多事物，我們又何嘗不應該以相同態度待之？我們應趁着我們還聽得清楚時去培養聽的技巧、聽的藝術，從而用心傾聽。

## 用心傾聽

當我們年輕時，都有聽的天賦——認真的聽。然而，年紀稍長後，很多人對聆聽開始感到倦怠，不再用心去聽，只有少數人仍繼續維持原有的用心。到了老年，年邁長者想傾聽都已無能為力了！

事實上，很多時候，我們都會是到了想聽而聽不清時，才會體會到小耳扇的關鍵用處，可惜這時只是徒生難過罷了！

「聽」不止是耳朵的感官運動，也是一種心智活動，如果在過程中沒有心智的參與，那只能稱為「充耳不聞」，或只當作「耳邊風」，而非全心全意地用心傾聽。

一般人最常犯的錯誤是，將聆聽視為被動的接受，而非主動的參與，很多人並不以為「聽」也需要付出精神和注意力；他們認為，只要說話的聲音傳入耳內，自然就能接收到音波的訊息，聽到了對方的話語，認為「聽」就是要保持沉默去聽取，所需要的只是合宜的態度而非技巧。然而，這都不足以說明「聽」的能力在人類互相溝通中所扮演的角色。

相信很多人都有此感覺和經驗：聽比說困難！因為聽不受時空限制，不像視覺般有較大的回溯機會，例如閱讀和書寫，可一再重複；而聆聽卻必須瞬間掌握着說話的內容和重點，所以條件就是必須要十分專注。可幸的是，現在有錄音機替我們分擔了許多聽力有所不逮或不及的工作，但徵結還是在乎你「會不會去聽？」「聽不聽得懂？」

但這仍不能證明「用心聽」的效果有多大，更重要的是客觀的心理因素；換句話說，我們要接受的「聽」，不僅是隨意聽聽而已，還要用心去掌握你所聽到的要點和重心，以及如何以公正、不受情緒影響地去接受你聽到的說話的背後真意，這才是真正的聽的活動。

因此，有效果的聽，並不是想像概念中被動的接受，而是關係我們心智的活動和思想的整頓。當然，錄音機可以幫助我們保住原音，然而，技巧地記錄和提綱挈領地分析、思考，才能幫助我們增進聽的能力，這樣才能對我們有所幫助。

聽的技巧，這門未被列入教學的課程，卻是最難教導和善用；在人際的溝通中，聽的受益非淺，只有它和說並駕齊驅，受到同等重視時，始能達致成功的雙向溝通和交流。

在這雙向流通的過程中，耳朵負起舉足輕重的職責。耳朵跟眼睛完全不同，不隨意組織的耳廓永遠無法任意啟合，但有時耳朵卻能像眼睛「關閉」起來。當耳閉眼開或眼閉耳開，甚至二者都閉上時，注意力通常都會移轉，使聽的效果大減。

耳朵如何關閉？就是聽時掉以輕心，潛意識裏將別人的說話排拒，不將說話聽進心裏；所以，心思是否存在，的確成了耳朵的掌門人！

有一家保險公司曾以「用心聆聽」作廣告宣傳，英才細心回味，實屬真言，難怪他們做得如此成功！

## 耳穴與聽言納諫

「要不要聽」，在某些時候會很受情緒影響，尤其在夫妻或男女朋友吵架時，女方一旦要起性子來，多半會掩住耳朵，大聲疾呼：「我不要聽！我不要聽！」這是主觀而強烈地抗拒任何聲音進入耳朵。其實在這種情況下，理智已被情緒蒙蔽了，縱使不喊出口，也不掩耳，她已聽不進任何說話。男士亦然，在極度興奮和怒氣沖天時，聽力將完全失真。

一般來說，招風耳的耳朵較尖，主聽力敏銳，善於鑽研各方消息，所以也聽得多。耳緣如覆蓋狀者，對所接受的訊息，能納入深處，再三咀嚼，是會把話聽進心裏的人。

耳門穴凹陷的人，並不會必然拒絕別人的善意，須配合其他表徵來分析，才能作出判決。

耳門穴凹陷，而下頷骨圓滑，幾乎呈拋物線者，雖然不樂意接受建議，但不失圓滑手腕，當場不會極力排斥異見，甚至會私底下酌情接受，只是基於個性倔傲，不輕易在眾人面前低頭而已。

耳門穴凹陷，而內耳輪又特別凸出者，個性倔傲不服輸，主觀意識強烈，常以自我為本位，而不輕易接受人言，同時也常常忽略別人的存在，在群體中，人緣不太好。

所謂「知己知彼，百戰百勝」，如果知道自己屬於這一類型，便可以用理智、學養和毅力克服弱點。

古時「周處除三害」的故事，頑劣和暴戾的周處尚能上山除虎、下海斬蛟，甚至能徹底自我省悟，改掉惡性；對於身為現代人的我們，又有何困難？

耳門穴區的鼓凸或凹陷，反映個人納諫的程度；若這部位有錯綜的皺紋，或時常出現疹痘、脫屑、腫痛等現象，反映身體內分泌和淋巴系統的循環較為脆弱，會出現聽力減退、偶發性耳鳴和頭暈、睡眠不穩、眼周痠痛、抵抗力弱……等現象，這時候便應要延醫診治了。

其實，耳前三個穴，固然各有主掌，唯三者之間有着錯綜複雜的牽連性。若兩個或三個穴區同時出現不良的表徵，此時反映的當然也是不同的生理狀況及情性傾向。

耳門穴司聽力的開放度，聽會穴司聽的理解力，兩穴皆陷的人，對別人的勸導視為耳邊風，不屑於聽取，個性比較孤立叛逆，不甘於平凡的穩定式生活，當然他也會因此而常吃苦頭。

耳門、聽宮、聽會三穴皆陷的人，不論聽的能力和接受的程度及領悟的能力都受到限制，所以聽覺會相當遲鈍，聽起來也相當吃力；若這三穴都飽滿者，對周圍的消息相當敏感，且能兼收並蓄，除懂得靈活運用外，點子也多，在社交方面也非等閑之輩，這與消息來源廣泛有絕大的關係。

聽宮、聽會飽滿，往下的大迎穴（下頷角上）也有力不鬆墜者，其聽解能力高人一等；但如耳門穴凹陷，則對於各方建議不懂善用；如果嘴角邊的地倉穴鬆弛，固然顯示他的聽解能力強，可惜其表達能力較差，會有辭不達意的情況。

如果聽宮、聽會、耳門、大迎、地倉都飽滿者，主聽與說的能力都很好，但仍需兼察其外耳輪的形態。倘外耳輪圓順，其為人處世八面玲瓏，絕少因聽錯話、講錯話而出紕漏。若外耳輪崎嶇不順者，可能會因口不擇言或手腕不圓滑而得罪他人，亦主其內心常有自我掙扎和矛盾的困擾。

## 歷史的明鑑

歷史上，真正能寬容納諫的皇帝當首推唐太宗，他既能納歷史之諫，也能納臣民之諫。我們常批評一個人「耳根子軟」，並非純然是指對方好聽讒言或沒有主見，其正面的立意其實是謙虛和雅量。

他常召集文武百官討論歷史興亡之理，以改善統治國家、澤蔭萬民之術；他廣納臣民之諫，力求民間隱情，以解是非曲直，以督促吏治之昇平；他積極聽取批評，以集思廣益。

唐太宗最為後世稱頌的功績之一，是他誠心誠意接受曾是異黨政敵魏徵的批評，魏徵先後進諫了二百多次，他都冷靜分析，勇於接受，這對他創建貞觀盛世有直接影響。

唐太宗曾說：「我有三面鏡子：以銅為鏡，可以整冠理服；以歷史為鏡，可以知盛衰；以人為鏡，可以明白得失。」

唐太宗對魏徵敬畏有加，有一次，魏徵的批評惹怒了太宗，太宗惡言道：「總有一天，我非殺了你這個老傢伙不可！」後來，他火氣消了，依然很敬重魏徵。

魏徵死後，太宗大為惋惜：「魏徵一死，今後我便少了一面明鏡。」由此可知，他對這位既令他頭大煩厭，又令他衷心尊敬的老臣的懷念和尊崇了。

這個歷史片段對我們的警示是，不僅要虛心謙誠地聽取別人善意的批評，甚至對於那些令自己反感的諫言，也要深刻自我反省，客觀寬大地去吸取和分析，所以，耳根子軟並非絕對的壞事。不過，如果耳根子軟的人聽信讒言，或一些只是取悅於自己的說話，那就會適得其反了。

雖說說易行難，但讀者若能虛心引以為戒，自然而然便會得到一批協助你成功的好朋友、好助手！

當年美國林肯在競選總統期間，接受了一位陌生小女孩的建議蓄留鬍子，這不但掩飾了他瘦削骨凸的面頰和下巴，而且他那撮鬍鬚還為他塑造了一個威嚴的形象，後來更成為他與眾不同的個人標誌。

## 耳門運動

抓耳門是一項操作簡單但效果良好的耳部運動，不單可促進耳部穴道及周圍氣血的循環，並可促進聽力，加強內分泌和淋巴系統的功能。

操作方法：用拇指指腹貼在耳廓後，食指伸直與外耳輪相鄰但不接觸耳朵，中指、無名指、尾指彎曲，以中指第二節的指背，由耳下往耳上推，直到中指第二指節超過耳朵上緣為止；同時，手臂不要貼身，保持上身挺直；手往上推時吸氣，拉下時吐氣，吸吐之節奏力求自然溫和；在按摩耳門時，可塗技少許滋潤乳霜，減少皮膚摩時產生的疼痛。

由於耳的穴道反射了全身之穴道，故耳部運動亦即全身運動，方法輕而易舉，大家不妨試試。

# 耳垂、垂珠

垂珠在面相學上代表富貴和福氣，垂珠大而有肉（圖⑫、圖⑬），主富貴雙全；相反，垂珠薄弱（圖⑮、圖⑯）者，難得富貴。

如果垂珠闊大呈正方形，稱之為方字耳，顯示其人童年所讀之學校多數有宗教背景，本身善於捕捉他人心理，心地也很善良；事實上，很多宗教家或教育家都擁有方形耳相。

相傳劉備兩耳垂肩，宋太祖口方耳大，這大概是誇張說法。

耳垂直落之相，稱為佛耳，主心地好，人緣好，而

（相不獨論）

圖⑫ 垂珠厚

（相不獨論）

圖⑭ 垂珠薄

（相不獨論）

圖⑬ 耳細珠厚

（相不獨論）

圖⑮ 垂珠薄

且與佛有緣，這就是為什麼很多時相士能一眼就看出問事者的家裏有沒有安奉神位。擁有佛耳的人也很長壽。

有一種耳相叫做明珠入海，如果有明珠入海局，代表其人很喜歡在家裏弄這弄那，並因此而感到很開心滿足。明珠入海局的人對異性特別體貼，亦有異性的緣分和異性的助力。

此外，明珠入海局的人年過三十歲後，便每十年行一個大運，而且更會一個比一個大，只要他不躲懶，事業必有非凡成就，所以晚運必佳，但最重要留心四十一歲至四十三歲的流年，這三年是劫運，如果這三年能控制得宜，損失不大，則以後也不用煩惱了。

另有一種叫雞嘴耳（圖⑯、圖⑰、圖⑱），有這種耳相的人都很吃得苦，但卻主觀強、包拗頸。女孩子如果有雞嘴耳，要小心口舌，因為她的辭鋒很尖銳，不但說話令人難受，甚至會出口傷人，俗語稱這類人做鐵嘴雞。擁有雞嘴耳的人忌戴耳環。

（相不獨論）

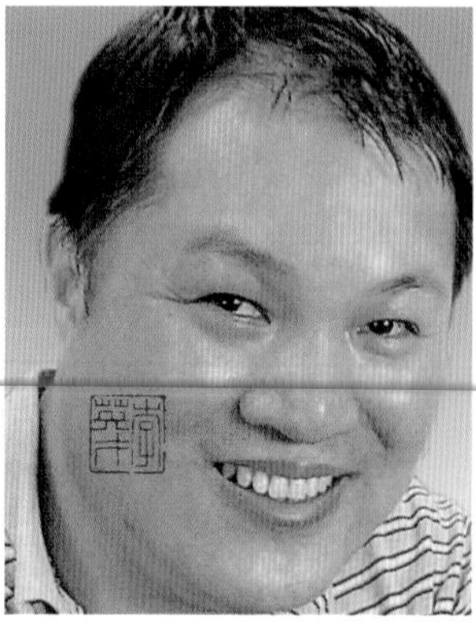

圖⑯ 雞嘴耳

（相不獨論）

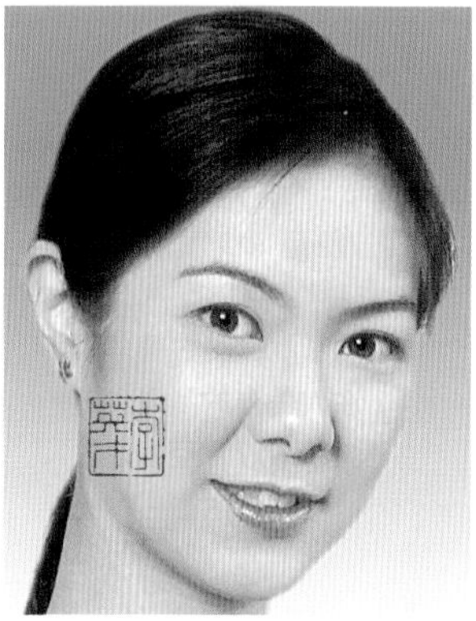

圖⑰ 雞嘴耳

（相不獨論）

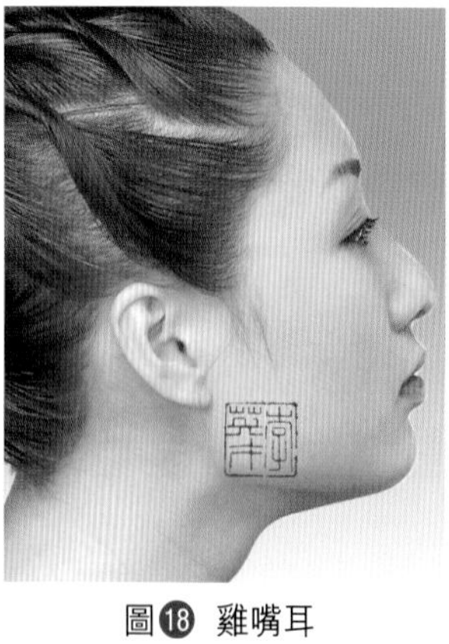

圖⑱ 雞嘴耳

又有一種沒有耳垂（圖⑲）但又不是雞嘴耳的耳相。沒有耳垂的人有以下兩個特點：

(1) 一方面很性急，另一方面卻慢吞吞，做事時急時慢，沒有規律和準則，甚至連他自己也不知何時會急，何時會慢。

(2) 很愛面子，當眾交代工作給他，他會為了爭面子而拼死完成。此外，耳無垂珠的人，難有積蓄。

（相不獨論）

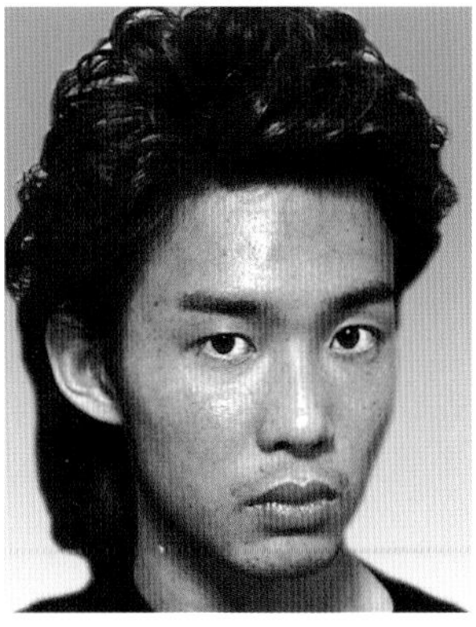

圖⑲ 耳無垂珠

## 耳垂與性情

沒有明顯耳垂，耳朵下緣直削而貼臉者，個性含蓄而保守，內向而拘謹，喜歡過自己崇尚的生活方式，帶有點隱密性，反應機警，雖內向拘束，但偶爾也會表現輕微的侵略性。

耳緣沒有圓順而下，且在近耳垂部位出現了一個凹角，襯托得耳緣中段更凸出，主其人較感性，常有滿懷心事的感觸，一旦遇到能溝通相談者，恨不得盡吐心中話；如果氣氛許可，更會有肝腸欲斷的表現，因此而造成身邊親友的心理負擔。

如果耳垂正中部位凹陷，其肝臟經脈的循環較弱，容易動怒，不善於控制自己的脾氣，行動急躁但無壞機心，卻因此而被群眾疏離。

耳垂獨立，但耳輪不夠圓順，中段出現明顯凹陷者，潛意識裏很沒安全感，依賴性頗強，對環境充滿緊張和疑惑，敏感而情緒化，應對也顯得呆板不靈活，但卻是一重感情、講義氣的人。

耳垂獨立，然與內耳輪很相近者，個性積極而進取，但精神緊張，終生勞碌，縱使在玩樂中也無法完全放鬆心情盡情享受，責任感重，而且要求完美的心意很是懇切。

耳朵位置長得較高，耳垂離額頭的距離不大者，個性上較為自我，主觀而獨到，果斷而俐落，有乾脆勇敢的形象，但也有絕情的一面，對愛提得起放得下，待人處世也是如此。

## 耳垂懸福祿

耳垂的長相，不單說明了一個人的個性特徵，也反映了其運程的福禍。

耳垂如珠，圓而厚大，軟而不失彈性者，溫文爾雅，心地善良，才智卓越；如彌勒佛的大耳垂，象徵着普渡眾生、廣結善緣的佛心。

耳垂厚而向前翹，個性外向好動，多有統禦的才能，在群體中，自然被公推為代表，然在其樂天隨和的個性背後，對人和事的要求都很高，更會要求自己如苦行僧般修煉，與他一起工作的夥伴，必須隨時緊跟腳步，否則必遭淘汰。

耳垂前翹但肉不豐厚者，個性強硬且吹毛求疵，對人對事都要挑剔一下，可說是聰明有餘，但包容不足，其福分也不似垂厚前翹者來得深廣，主要原因在於兩者對自我要求的差異。

耳垂厚而後翹者，內向而被動，對周圍的人和事熱心不移，但疑心病重，易鑽牛角尖，不懂善用天賦的聰穎，着實可惜。

耳垂薄而後翹者，好嫉妒而陰沉，予人陰陽怪氣的印象，有話不直說，好拐彎抹角，這都是由於心性的閉塞與不爽朗所造成。

耳垂後翹的人，運程較崎嶇，幸不至於有何大災難，多能逢凶化吉；若希望人生更上一層樓，必須靠自我修煉、自我檢討改善，方始成功。

繁連型（耳垂成褶）的耳垂，多有小聰明，處事較機智，予人精明能幹的感覺，距離事實不遠。沒耳垂的人是不輕易吃虧的。

大耳垂不僅象徵着多福、多壽，再配上豐碩的額頭，此人多是有智慧之士，但若見額紋多，將是勞累多於福氣，厚實的耳垂固然能納福，但天生勞碌命，也無清心享福。

中國人相信，有耳垂的人，比沒有耳垂的人有福氣；另外，因為有耳垂的耳形，顯得厚實多肉，自然教人聯想到憨直、厚道，上天特別眷顧憨厚的人，這是再自然不過了！

## 耳垂與行動力

耳緣線自耳尖（耳上部）開始而止於耳垂（耳下部），耳尖和耳垂這兩部位的形態，跟一個人的行動舉止有着微妙的關係。

耳上部和耳下部的大小差不多，搭配勻和，不形成強烈對比的人，言行一致，依常規行動，思想和行動相輔相成，着重實際效果。

耳之上下大小相當，耳緣厚實圓順者，踏實而磊落，不畏困難，多能出人頭地，十九世紀美國聾啞作家海倫凱勒便是著名例子，她雖然有聽、盲、啞三重殘障，卻並沒有因此而氣餒，反而以驚人毅力和勇氣去戰勝了自己的心盲，也克服了耳聾與口啞，在暗無天日的日子中，過着最充實的人生；她的耳朵配上寬闊堅實的顴頰，為她寫出圓滿的生命理念，令其生命的火花燦然灼烈。

耳上下部勻稱、耳廓有飛揚之勢者，名為「招風耳」。招風耳能廣納消息，靈通而敏銳，但擁有這類耳相的大多是能者多勞。美國汽車大王亨利福特有對招風耳，狀似雷達，隨時鵠候訊息傳入。招風耳的個性靈敏度高，但缺點是好吹毛求疵，疑心病重；由於接收的太多，容易對他人都存疑，對別人的工作能力不信任，因而事事躬親插手，弄得自己心力交瘁才肯罷手。

夫妻二人的耳相都是耳尖部較大，然上下比例平均，但丈夫的耳弧較妻子圓順而厚實，代表他能擔當起一家之主的權責，多半妻以夫為貴，是典型的男尊女順的夫妻楷模，互敬互諒。

耳尖比耳垂大的人，屬行動派，說了就做；上耳部凸出，比耳垂部大得多的人，行動比思想快，甚至快到尚未考慮周全，即急躁地付諸行動，結果當然是事倍功半，欲速不達。這類人若能改善急躁的個性，凡事三思而行，則以其機動的行動力，必能達成圓滿效果。

上耳部大的人，還有一個特點：跑得快！他的下肢靈活矯捷，腳力持久而快速，但也有個最大缺點：下肢發達，頭腦簡單！他徒有聰明，卻思想單純，懶於思考複雜的問題，頭腦的反應不如下肢靈活巧妙。

耳垂部比耳尖部大的人，如果垂珠緊緻有力、軟硬適中，屬智慧型，聰明精幹，學問出眾，且富貴可期，倘能潔身自愛，不怠忽懈惰，則事業與職位自有亨通之時。

耳墜堅實形美，耳甲長有毫毛，而耳垂長過鼻準線以下者，稱為「垂肩耳」，主大富大貴，若非帝王之相，便是普渡眾生的佛相。此耳非平常人能有，擁有垂肩耳的不是國君就是相國，相傳劉備耳垂及肩，臂長過膝，故能以布衣為卿相；傳說中的菩薩、彌勒佛都有垂肩耳，反映祂們關垂人間眾生的疾苦。

耳垂大而堅緻，耳中段貼後腦，下頷有力不鬆弛，顯示此人很有點子；倘若其額頭又見光滑寬廣，額角揚升，眼神靈活有采，不難成為城中首富。

耳垂雖大，但大而無當，垂軟無力者，非但不是富貴、聰慧之相，其思想、行動是浮誇不實、自吹自擂、好高騖遠、不切實際，可惜只說不做，自然得不到他人的信任，原因是，誇張無實力的幌子，冒充得了一時，得逞不了一世，只有擁有真才實學的人，才能夠在競爭激烈的文明社會中立足。

耳垂與下頷骨部出現角度（圖⑳），其個性也是有棱有角，不易被撫順，個人成見較深，常固執己見，不輕易妥協；適度為有原則，過度則是頑冥不通。

下頷骨角出現近乎直角的角度，配上圓滑的耳垂，主其人雖圓滑，但未至於老謀深算的境界，交際手腕未臻靈巧，隨機應變的機智和經驗仍感不足，會因一時意氣而壞了大局，終歸一句：修養未達圓滿！

耳朵接近下頷骨，耳垂緊約有力者，心肺功能健康，識體達禮，隨和樂觀，心裏不擺放芝麻小事，少記隔日之仇；相

（相不獨論）

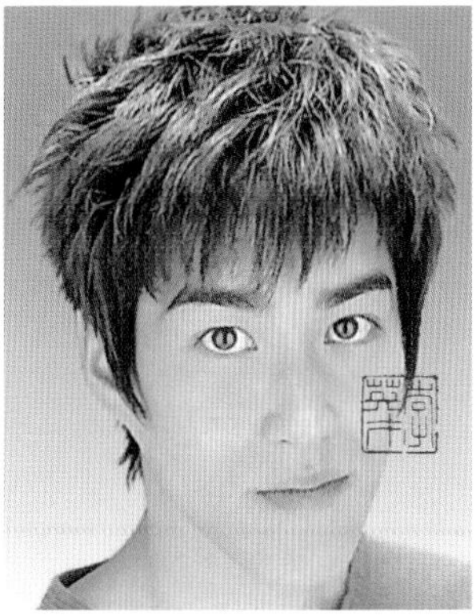

圖⑳ 耳垂與下頷骨呈角度

反，若耳近下頷，但耳垂鬆垮欲斷者，心肺不暢，閉塞而善憂，時見愁眉苦臉、哀聲嘆氣，生活陰晦無起伏，宜培養多元化的心智活動，妥善安排時間，自能克服胡思亂想的毛病。

耳垂弧度畸型的人，反應遲鈍，處世不夠練達，若非得助於他人，必多瑕疵。此外，耳垂不圓滑的人，心軟、敏感、好勝，甚至有點神經質，但感情脆弱，特別是男性，縱使是身材魁梧，但若耳垂缺角，天生注定要比別人擔更多的心，傷更多的神。

相反，耳垂圓滑，但上耳出現棱角，同樣多操心，其心思固然細密，但行動卻過分激進，以致許多事未能合乎理想，挫折感頓生，害怕做得不好，擔憂失敗，弄得自己心力交瘁。其實，無論做任何事都要量力而為，超高的理想容易殺人志氣，何不降低標準？認清自己的能力，在可行的限度內，盡力發揮潛能，這比訂高標準而老是一無所成更具有實質意義。

上耳緣尖銳，下耳垂又不呈圓弧者，主行動敏捷，活力十足，但思慮不成熟，靜下來時，便會變得遲笨呆板。動靜之間不協調，反映在為人處世上，亦出現同樣缺陷，進退有失分寸，無法得心應手，最主要是心思不夠，慌心分神，不懂得善用聰明，或誤用聰明反被聰明誤。

綜合言之，上耳部反映行動力，下耳部反映思考力，上下均勻者，中庸有度；上耳大過下耳，動手勝於動口；下耳大過上耳，動口不動手。讀者不妨評估自己和周圍的人，都是什麼樣的人，如果你周圍盡是動口不動手的人，要小心提防成事不足，敗事有餘，但更要自我反省，何以周遭都是這類型的人物？原因何在？相反，若你的親友以動手不動口的人較多，固然行事效率高，然也得防範作事流於偏激。

在一個團體內，最佳的組合是四分之一的人動口，四分之三的人動手，並隨人數增多而降低動口人數的比率，否則人多口雜，以致意見雖多但無實際效益。

## 耳飾的心性反映

古時社會認為，穿耳洞可以驅邪，免遭天忌，也可以避邪、納福。但不說不知，原來耳飾的形狀、大小、耳環圓度，也可以顯示一個人心性開放的程度。

### 穿耳洞、配耳飾的意義

耳朵在五官中比較不為人注意，它不像眼睛和嘴巴那麼靈活和生動，也沒有鼻子般醒目的位置，更不似面部有千變萬化的表情；耳朵始終如一，屈居頭顱兩側以靜制動的位置。然而，自從人類對這小小兩片肉璧產生興趣後，它們再難逃被「改造」的命運。

宿命論興起，耳朵的外形、質地和命運、休咎有了微妙的結合。人類對美的追求日趨明朗後，特別是女人，上天給她一張臉，她有本事再變出另一張臉來，而耳朵的裝飾，更成了妝扮的重點之一，以滿足女性追求美麗的欲望。

談到耳飾，先聯想到耳洞，顧名思義，耳洞就是在耳上穿洞，主要是在耳垂部位。

穿耳洞的習慣始於何時，確實年代已不可考，據出土古文物顯示，似可遠溯到青銅器時代，約有四千多年的歷史，可見穿耳洞、戴耳飾並非新興的潮流玩意。

不過，不同國家民族、不同時代的人，穿耳洞、配耳飾的動機也不盡相同。以中國來說，在父系社會裏，女性必須穿耳洞、配耳飾，那是為了強調附屬地位的註冊商標。

在封建時代，有以穿耳洞與否來區分貴族和平民，貴夫人、千金小姐們，耳花、耳墜琳瑯滿目，但並沒穿耳洞；而丫環、侍女們的耳飾只是簡單的一環圈或一珠粒，甚至是一桿茶葉梗子，而她們的耳垂都穿了洞。

在中國傳統社會，男人穿耳洞是不可思議的事，然而，當我們深入瞭解其來龍去脈時，便不禁為中國純樸的民風莞爾一笑。

從前農業社會，若有小男孩體弱多病，不好養育，命相之士多會建議父母挑個黃道吉日，為他穿耳洞驅邪，一旦有了缺陷不完美，必能安存於人間，而少遭天忌，那病痛自然減少，便容易撫養帶大。或者，初出生的男孩被批為命硬，有刑剋親人之虞；或是男孩遇上流年不利，易遭橫禍，也有父母為孩子穿耳洞以避劫之事。

以上幾乎是中國古代男子穿耳洞的主要原因和意義，與現代追求流行與新潮而穿耳洞，實在大異其趣。

上古時代的人配戴耳飾，祈福的目的勝過裝飾。在洪荒時代和神權時代，人心未完全開化時，老祖宗們都認為耳飾是幸運的象徵，可以納福和避邪；及至人權時代，耳飾漸漸發展成為社會地位和財富的象徵了，其質料也由就地取材的鐵、銅、石、木等簡單物料，演進到可以炫耀財富和提高身份地位的金銀、玉石、珠寶，以至價值連城的鑽石！

近年更風行在耳廓上穿一串洞，懸掛着奇形古怪的耳飾，象徵着年輕和叛逆，而且耳飾也不再是女性的專利了。雖然自古以來，一直都有男人穿耳洞和戴耳環的事實，但從來沒有像二十一世紀的今天如此開放和流行，使耳環的文化興起一股激烈的盪漾。

至於外國人穿耳洞的由來，也是有幾分由迷信到相信的心理意識。吉卜賽人骨子裏流淌的是自由奔放的血液，在他們的流浪生涯中，比其他定居民族有更強悍旺盛的生命力；吉卜賽人戴耳環，幾乎和他們善於卜筮、賣藪、補鍋的傳統行業一樣有特色，同樣具有悲愴而神秘的味道。

莎士比亞的耳環又作何解釋？英國人對莎士比亞十分推崇，他們說，英國可以沒有印度屬地，但不能沒有莎士比亞；英國文化因莎翁的灌溉而成為綠洲，如果說莎士比亞的面相陳列方程是：睿智＋風采＋細膩，則他的耳環便可以被譽為解開這方程的智慧鑰匙了。

女性以耳環為妝飾，以求強化美感以修飾其醜陋之處，試想像一下，在髮梢微露的耳瓣上裝飾着各式各樣的耳環、耳墜，哪有不增添嫵媚，不倍覺風情萬種的道理？

男人戴耳環更耐人尋味了，在古時具有強化生命力、增添智慧的意義，至二十一世紀的今天，更有把它作為男性同性戀的標誌之一。

以上種種都顯示耳飾隨着社會而變遷，其文化活動也漸趨多元化，人們的思想變得複雜，這在耳上也可見一斑，小者以耳環平衡內心意識的激盪，大者在劇場用以強化戲劇效果，隨着所扮演的角色，耳環也在傳遞着不同的訊息。

## 耳飾款式反映心性

人的自戀情懷，隱約存在於每個角落，微細至耳朵上亦不例外。從服裝、飾物、髮型、色彩等都可以看出個人心性，耳飾當然也不例外，它所蘊含的意義着實不少。雖非百分之百精確，但足已是有效的憑藉。

不同款式的耳環有美化或強調特點的功用，搭襯合宜，則相得益彰；若不合適，便猶如穿錯衣服，會令人看了彆扭萬分。

為了配合服飾和場合而刻意設計搭配的耳環，缺少了傳真的信息，不容易中肯而客觀的據此來剖析個人的心性，只能以款式、形狀的比例來作表面分析：

**喜歡戴小耳飾如小珠飾的女性：**心思細密，體貼多情，但心眼也較小，易因小事與人爭執，是個足以令男人既愛且恨的可人兒，如果男性懂得撫順其嬌嗔的逆毛，多能獲得芳心的傾許。

**喜戴花瓣形耳環的女性：**是貼心和善解人意的好伴侶，但也別忽略了她的活潑本性，若懂得給予適度的空間和自由，彼此相處更融洽。

**喜歡牌型或大而不鏤空的耳環的女性：**牌型耳環有點盾甲的味道。喜戴這類耳環的女性，有兩種類型：一是較無安全感，想找尋歸附的心理頗強烈；另一種是滿懷愛心，而且偏向陰柔的感性與性感，讓你不能一眼看透其內心，然慢慢相處下，便能品味出其內在的韻味。

**喜歡配戴貼耳式耳環的女性：**主觀意見強，自我意識濃厚，不輕易受人慫恿，也不是三言兩語便能牽着她的鼻子走。

**喜歡大串的鈴噹或花墜的女性：**只有感性與性感兼備的火爆女性，才好此物，在大串花飾的搖晃中所反映的，正是其內心激盪的情懷。

**喜歡單一的一顆珠垂耳飾的女性：**顯示其心性單純統一，含蓄而情深，但其爆炸潛力卻十分驚人，以「不鳴則已，一鳴驚人」來形容其個性，最貼切不過了！

**喜歡珠串、珠鏈耳環的女性：**細珠成串者，心細如絲，雖大膽豪放，但深沉難解；斗大的珠子，適合誇張、好動而性感的女性；再者，就是適合尾大不掉，心無城府的傻大姐。

**喜歡大耳飾或髮飾的女性：**懂得移轉對臉部的注意力，且能增添整體的吸引力。聰明的女人，知道如何以另一種美來掩飾臉部的缺點，或是更形強調面部的動感。喜歡戴大耳飾，但式樣簡單的女人，性格大方活潑，心性好動，擁有青春、年輕的心態，這是一般男人沒辦法享受的。

**喜歡配戴圓圈耳環的女性：**反映其豁達和喜好交遊的性格，但若耳環與臉之大小比例太懸殊的話，也說明其用心度不夠，雖有人緣，但人情的分寸拿捏得並不準確，常有失諸交臂的情況，也有被親密友人出賣的可能；如果搭配協調者，可知其深得人心，交際手腕熟稔而好客，取捨間亦進退得宜。

耳環粗細、大小與臉孔的比例不相配，太大者，如前所述，常會心不在焉或表現大而化之；過小者，性格又太倔強，表面上不屑與人打交道，但內心卻很嚮往友情，只因好勝而不願低聲下氣或主動去伸出友誼的手而已。

個性倔強的人，可以耳飾來減弱表情所顯現的驕傲勢態，令人感覺較為親近。例如以圓圈耳環去圈住外放的任性，或者以小耳垂珠綴銜內耳輪凸出所表現的叛逆和不服輸的架勢，或以大花耳飾去增添臉上的喜氣。這都是利用耳環的裝飾去改變臉部觀感與味道的方法。

不過，奉勸男士們，不要被女性的耳環所迷惑而忽略了耳環背後的本來面目。在小耳環的粉飾下，你或許會忽略了她強悍的顴頰、骨立不順的內外耳輪等負面特徵；也別沉迷於美化後的氣氛，而罔顧內裏所蘊藏的精明、俐落、倔強、好勝、能幹，表面看來易哄的女性，常是不容易被慫恿的。

至於思想單純的人，配戴的耳飾大都很簡單明瞭；心性愈畸巧的人，耳飾也愈是五花八門。如果耳飾與項鏈的款式簡單或複雜表現一致者，其思想與行動也趨於一致。若耳飾簡單，項鏈繁複者，則其人思想簡單，行動可不簡單，常會作出令人咋舌的舉止；相反，耳飾複雜而項鏈簡單的人，好思考，可惜多半未必付諸行動；兩者都簡單的人，思想、行動倒也乾脆，直來直往；兩者都複雜的人，較難糾纏，不容易妥協，主見多，予人不可親近的感覺。

再者，珠寶耳環、項鏈與戒指配搭誇張的，只有兩類人：一是珠光寶氣的貴婦，恨不得把財富戴在身上，寫在臉上，以顯示她多人一等的財富；二是俗裏俗氣的女性，她們以為珠寶就是女人的代名詞。

從抓耳垂與耳環的動作，也可看出個人的心性。習慣以拇指與食指撫觸耳垂的人，平實而可親，舉止自然。

習慣以拇指、食指、中指一併觸抓耳垂和耳環的人，較自我而穩當，自信十足而心有分寸，頭腦靈敏但易流於狂妄、自大。

常以五個指頭一把抓住耳垂者，缺乏自信，常顯得手足無措，愈擔心顧此失彼，愈顯出其拙劣、不知變通的性情。

## 耳飾與性能力的微妙關係

耳環的圓度和大小，能顯示個人心性開放的程度及性器的功率，這似乎有點匪疑所思，令人難以置信，但卻又是千真萬確的事實。

原來，喜歡戴圓耳環的人，有兩極端的類型，一種是個性爽朗、大而化之，不論男女，他們都特別喜愛圓圈形耳環，甚至是大圓圈再加上數個小圈圈；另一種是個性鬱悶、憂結，下意識裏渴盼獲得生活圓滿或精神圓滿的人，他們會以圓耳環、圓鏈珠等來補償內心的缺陷。

至於圓耳環如何與性能力扯上關係？這就要配合鼻孔與雙唇來觀察，準確率可高達百分之九十九：雙唇紅潤、微凸而充滿誘惑力，鼻孔圓而有力、大而不鬆，這類人若喜歡配戴圓耳環，反映她／他熱情而飢渴，不僅性能力強，生殖系統也很健康。

喜戴圓耳環，鼻孔大小不一，或大而無當，或小而無約，加上唇色泛白呈青，血色不佳，唇的厚薄也不協調，人中淺而不明者，生殖系統功能並非很好，也無法獲得高度的感應與興奮，這情況下，圓耳環無疑是在訴說着「不能」的悵惘。

# 耳與健康

## 耳的生理狀況

耳朵的形態恰似一個倒臥胚胎，與我們的脊椎倒立對應。脊椎有二十一椎，把耳朵分三等份，下耳部（耳垂區）正好對應一至七椎及相關的臟腑，主要是上焦的心肺系統；中耳部對應至十四椎之間及相關臟腑，以中焦的肝、膽、脾、胃、膈等為主；上耳部（耳尖區）對應十四椎以下至骶骨，主要是下焦的臟腑、器官，包括泌尿系統的腎、膀胱、消化系統的大小腸，以及生殖系統的子宮、卵巢等。

各耳部的質地和長相，都能反映人體先天及後天的體質與遺傳狀況，耳朵的質感愈堅緊，耳色愈佳的人，脊椎也愈硬朗有力。

耳與脊骨及相關臟腑的對應為同側感應。以右耳為例，耳弧順者，先天體質較佳，若耳弧出現畸型棱角者，先天體質較弱；若右耳不佳，反映脊椎右側相關臟腑的功能較弱。

如右耳上部凹陷削直的人，其十四椎以下有向右傾側之虞，因而導致右下腹的循環較不通暢，易發生小腹脹痛，排泄不暢，腹瀉便秘或閉尿頻尿、經帶不順等毛病，日久自然影響至整個下腹區，且由右側腰下部位的反射性腰痠痛，將導致腰部轉側仰俯困難。

凹陷在左耳者，徵狀先出現在左腹腔。

## 按摩紓緩小毛病

以上的問題起因於先天不良及後天失調，倘若自知先天體質不佳者，及早從起居飲食着手改善，勤練養生操、健身操，當可避免各種腹部疾病發生。其實，不論先天體質如何，平日也可自己按摩腹部，促進消化系統循環和新陳代謝，亦可有效改進體質。

肚臍左右旁開二寸的地方各有一個天樞穴，天樞穴關係着副交感神經和升降結腸的功能。按摩之可改善鼻塞、口臭、便秘、泄瀉或食慾不振等毛病。左天樞反映副交感神經和降結腸功能，按摩之可以改善肢體的活動能力，促進排泄和新陳代謝的運作，並可增強體力和抵抗力。

此外，如果見遺精、泄瀉、經帶等問題者，可操作「托外腎」的運動來強化下腹的功能，性能力弱者，持續操作，不到一個月即看到效果。

托外腎的操作方法：男性以一手托陰囊，另一手在肚臍周圍作圓周按摩，同時托陰囊的手也上下按摩。女性則一手撫肚臍按摩，另一手按撫腹股溝區域。操作時力求坐姿端正而放鬆，呼吸調和緩慢。

中耳部凹陷不順的人，中焦多病變，易見消化不良、食積、腸胃不適、體力不支及肝膽功能失調等毛病，亦是反映在同側。中焦是人體水穀之倉廩，是納食製造營養的重要部位，一旦失調，影響身體健康至鉅。若要祛除先天的不足，不外是從起居飲食和運動着手。

中焦脆弱者，易腰背不舉，腰臀如脫節般不連貫，膝腿無力不支，可按摩背俞穴強化腰膝。方法簡單，以雙手撫按腰肢後部，調勻呼吸，用力上下按摩，直到生熱受不了才停止。

有食積在胃腹部的，可操作「積聚」以袪胃腸之脹，方法是，兩手同時以順時鐘方向按摩腹部，自胸口到小腹作直線式上下按摩，以額汗或腹出汗為適度；操作時端坐，呼吸緩和，動作不徐不疾，經過一段時日後，腸胃功能一定有所改善。

## 耳開竅於腎

耳所以能觀人性，只因耳朵是腎臟的反射區所在，腎主掌精神和情志，而且腎心相交相融，內在心思、意識由情志傳導而表現於外，是故耳相與心性自是有着一線的牽連。

耳朵的位置亦能反映腎功能及其所影響的生理狀況，以及可能發生的病症，因為耳朵為腎之官，始自胚胎發育過程中，腎的性質和耳朵的定位，已有微妙的關係存在，及至發育成熟後，腎臟的生理變化和病理傳導，在耳上都有特殊的顯示。

耳朵的紋理幼細且肉質細緻，或者緊緻收斂，仿如待發的弓箭，隱伏着強大的衝勁，其人腎臟也細小；腎小的人，做事寬緊有度，不虛妄胡為，行事按部就班，有條不紊，進退合宜，而且腎功能亦佳，少受邪侵，少患腰瘦背痛之苦。

耳理粗糙、肉質不細，或耳朵過大者，腎也大而無當。腎大，其人也是粗枝大葉，精志難守，常因粗心大意而失荊州，工作熱誠不夠，腦力難以集中，心無城府但也無良策，這類型的人十分被動，需要有積極、幹練的工作夥伴或生活伴侶不時在背後督促，否則便是標準的散仙，做事得過且過。

耳大而又單薄者，行為表現極，不是行為乖張、狂妄自大，就是萎靡不振、心志消沉，同樣是腰腎之力，常腰瘦背痛，坐立難安。

耳大腎大的人，易招惹邪侵，而患腰瘦背痛，一旦患上了，一定痛至坐立不安，整個腰部好像被鎖着一樣，仰俯皆感困難，因此，耳朵特大的人，平日需妥善安排生活起居，節制食與色，才能克服先天不良的體質，至於最徹底的方法，當然是以養生運動來改善體質。

## 耳高腎高

耳朵太高（圖㉑、圖㉒）的人，腎也高。把臉部由額至下巴平均三等份，耳朵的標準位置在中段區域，耳尖與耳垂差不多與上下兩條分界線相抵。

如果耳朵高過上線太多，其腎臟的位置也比正常的解剖位置為高；腎太高的話，會令其上的相關神經系統受壓，造成腰部以上的背脊疼痛，彎腰轉身都感困難。

腎高的人，心性較浮誇不踏實，好自誇自耀，說的比做的多太多，且好大喜功，在團體分工中，意見最多的常是腎高耳高的人，挑剔最多的也是他，但效率最低的亦是他；幸好他們並無絕對的壞品格，眼高手低雖是其缺點，但其本性並不壞，而且他們的耳力普遍不錯，所以像科學怪人之類的假想神探或

（相不獨論）

圖㉑ 耳高二寸

（相不獨論）

圖㉒ 耳高眼差

科學家，多半會被我們套上一副高高的耳朵，以取其耳尖能接收更遠、更多訊息的形象。

## 耳低腎低

耳低（圖㉓、圖㉔）的人，腎也長得較低；耳朵往後陷下，從正面不容易看清，其腎也是低下。

耳低至近下頜骨的人，作事瞻前顧後，美其名是謹慎小心，事實上是擔心犯錯，故行事猶豫不果斷，直至喪失時機才引以為憾，以致多半時間都活在懊惱、後悔、恨不得的情緒糾結中。

腎低下的人，意志不夠堅定，經不起別人三言兩語便會改變心意，容易被人牽着耳朵走，少有自己的主意和見地，所以亦容易吃虧。然而，耳低、腎低的人，大多能固守職位，不敢跨越雷池半步，在沒有創見之餘，尚能守成。

腎低下壓逼腰尻，造成坐骨神經循環不流暢而患腰骶疼痛，容易有腹腔疾病及狐疝等病症。男性到了中年後，常見的攝護腺病群、痔瘡、疝氣等也時有所聞；女性則多有帶下之

（相不獨論）

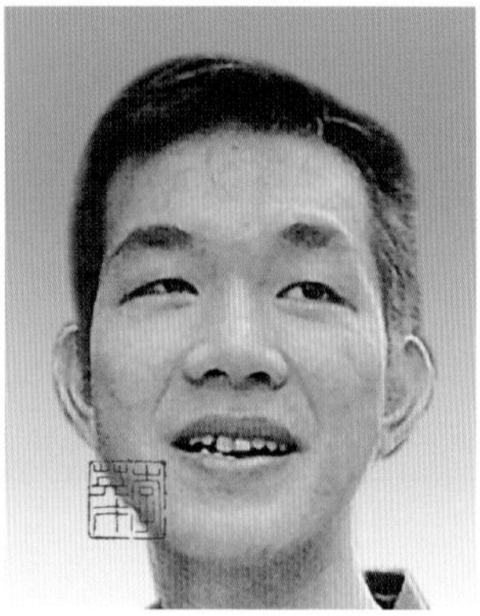

圖㉓ 耳低

（相不獨論）

圖㉔ 耳低

症，懷孕期間，腰尻痠痛劇烈，比一般孕婦為甚。

## 耳薄腎薄

耳薄者福薄，腎臟也較脆弱，排尿功能亦受影響，容易口渴想喝水，但喝水後又不見得解渴，反而造成腎臟排尿的負擔，變得頻尿而量少，即是我們常說的敗腎、敗神、腎虧之類的徵狀，當然也逃不了腰痠背痛的折磨。

腎弱的人精、氣、神不聚，作事大多消沉不積極，虎頭蛇尾，或是心有餘而力不足，顯得精神恍惚、元氣衰弱、神色不安，萎靡不振，心志難能有所建功。

## 耳偏腎偏

兩耳偏傾、上下不一或緊度不同的人，腎的位置也偏斜；個性多稜、多角，機智多端，善於鑽研，但其人頗具神秘感，不容易與人相處，不是隨和人物。腎偏傾的人，影響到腰尻部位的循環，無法久坐，耐力不足，同時也伴有肩背的不暢。

如果右耳高、左耳低，顯示左腰部較右腰部脆弱，連帶左肩背也較為乏力和容易感到痠痛；依此類推，右耳較左耳後傾而低陷的話，右腰部的循環也比左腰部差，問題容易出現在右側。

同理而推，也能測得相同的結果，右臉部、右耳、右嘴側較靈活有力者，右腰部自然比左腰部強健。

### 耳正腎正

耳端正則腎端正，耳堅緊則腎堅緊。兩耳的大小和位置愈對稱勻和，其人意志愈高昂，精力集中，神智清晰，理路不紊，為人亦端正有品。其腰腎功能既佳，患腰痛的機會自然減少。

## 耳看臟腑先天強弱

耳下部凹陷削弱的人，心血管系統和肺部呼吸系統先天比較薄弱，易感染風寒、胸腔病變，多神魂不定，意志不清，心志鬱悶，連帶頸項與肩胛也欠靈活，所以平日可多進行擴胸運動，增進肺的活動能量並舒展胸懷，方法是，兩腿站成一字形，兩手盡力伸抬上揚，把氣吸進小腹；或者兩腿前屈後伸，手往身後拉，以運動胸肌及臂肌等組織，達到舒展胸懷、強化心肺的效果。

耳弧的缺陷與身體循環及新陳代謝功能相關，而耳朵整體與腎功能的反映最為密切；不單弧度重要，觀察角度也不可忽略。

從正面望耳朵，兩耳好像隱藏在腦後，不很明顯，反映天生腰腎的循環系統脆弱，特別在成年後，一旦勞累或操勞過度，很容易引出腰痠背痛，而筋骨痠痛只是一種反射性現象，病源在於腎功能日益衰弱；婦女常見的病症是腰尻尾痠痛、坐立不久、下體分泌物多；男性則較易患敗腎、敗神（敗腎、敗神，即尿頻而量少之症）或腎虧等體虛毛病，徵結在於腎水不調，古人有言，治腎病固腎精，其法在於：節食與色而回！

總括而言，從耳的角度觀察到天生器官、臟腑衰弱的人，要從基本的飲食起居等保健工作做起，以鞏固身體健康。

## 耳赤與發熱

耳朵隱約不現的人，個性較孤僻，不好群體生活，行事多思多慮，優柔寡斷，拖拉好磨，與急性子的人合不來；精志不約，以致懦弱消沉被動，不是積極的生命經營家。耳不見且耳質削弱軟枯的人，行為表現更是溫吞而欠缺生氣。

一耳隱約可見，另一耳不見者，以看不見的耳的同側腰背較不順暢；個性彆扭不乾脆，時而表現積極進取，時而又十分懶散，其精志難以貫徹始終，興之所至，則積極好動，沒興趣時，卻又逃避不願面對，屬雙重個性，旁人不容易瞭解其所思所為。倘若兩耳角度不一，且耳緣棱角畢露的人，須防範其有驚人之舉！

耳朵的弧度、角度、位置關係着先天生理體質，同時反映其人的性情傾向和感性承受。最常見的耳赤現象，更道盡心理和病理的轉變。

某些動物的耳朵有控制體溫的功用，但對人類而言，以耳朵調節體溫的功能並不顯著，反而更常以耳朵表現情緒的轉變。

當我們的情緒受到衝擊，例如感到害羞、生氣、惱怒、興奮、激動時，我們的耳朵亦會隨着情緒的變化而迅速充血漲紅，這項生理亦反映出情慾的狀態，在強烈興奮和緊張狀態下，耳朵會變得紅潤而敏感。從耳紅的發展方向，還可準確看到性需要的程度：耳垂發紅，代表尚處於心理興奮狀態；如果紅暈蔓延到耳尖，則代表身心都已充滿對性的感覺與渴求。

耳紅能反映心理和生理的需要，是一種情緒轉變的反射；一旦情緒回復平靜，耳朵很快就會褪紅，恢復正常色澤，但若非情緒作用而耳紅不褪者，就是病理的反映了。

由身體發熱所造成的耳赤最為普遍，尤其在小孩發育過程中，會經歷多次變蒸，即俗稱的「轉骨發育」，有脫胎換骨的效果，不同小孩的變蒸情況不一，有的類似感冒，有的類似腸胃炎，但相同的特徵就是發熱和耳紅赤；變蒸時出現的病症亦反映了相關器官或功能先天比較脆弱。

耳朵長毫毛亦有不同意義，六十歲後才長出的毫毛，稱為壽毛，不單代表健康好，亦是貴相的象徵。可是，三十出毫四十死，四十出毫五十亡，五十出毫六十完。

## 耳位前後與健康關係

除了上下的位置要求適中之外，耳朵的前後位置同樣能夠反映健康和性格。耳朵前置，靠近額骨，代表其人腦力和智慧一等，高瞻遠矚，據理析事，說到做到，而且做多說少，統合力強，支配他人的欲望大，能勝任領袖之職；若為女性，主手藝巧，擅長女紅和家事，然必須克制頤指氣使的態勢，始能稱得上是賢妻良母。耳朵前置近額，背脊易疲痛，特別是中年之時易受四十肩、五十肩之苦。

耳緣順服，位置在前方很接近牙齒咬合部位，其人生命力旺盛，積極前瞻，果決武斷，但其優點亦是其缺點，在恆心與執着的權衡拉力中，易流於固執、偏激，而不知通融達變。身體上，腰腎功能不錯，只要不過度勞累糟蹋身體，便少出現這方面的毛病。

耳朵貼近後腦，從正面幾乎只看到耳緣，甚至若隱若現，表示其心思縝密，思慮精湛，機謀莫測，不容易與人交心，是很好的企業良材，也是難得的智囊團員，但與其相交時，須提防被出賣！這類人適合單獨作業，自為老板，否則其多疑好奇的心性，不容易被每個人體諒或接受。此外，耳朵愈接近後腦的人，自我色彩愈重，愈善於保護自己，以其心府和智謀，很難是他的對手。倘若耳貼腦後，又下頷骨寬大、飽滿的人，其精神和意志更是卓越超群，好像有用不完的精力和體力，如果在他手下做事，可要有真本事和十足的耐力。

耳與下頷和腎臟表裏呼應，耳的各項表徵，反映一個人的情志和神氣，以及腰腎的健康和疾病。下頷部的骨度和肌質，則為腎功能與其他機能的警報系統，顯示現階段腎臟的健康和精力狀況。相者若能善用「相不獨論、病不獨斷」的原則，對耳朵和頷部能夠參合得當，則對人性和精志的拿捏，更見真章。

耳朵和下頷皆顯得很有力道、緊張而不鬆弛，其人義魄忠魂，堅守信約，在肝膽相照的性情之下，其狠辣勇猛，更是不容輕視的定時炸彈。

具有端正的耳相、圓碩的下頷之人，態度雍容，落落大方，舉止進退自有原則和分寸，頗具領袖風範；其腰腎也是端正健康，不容易受衝擊，背脊挺拔而精氣神佳。

頸頷相鄰，兩者是否連氣有度，這與個人的精神大有關係。若頭傾頸歪，頷陷項斜，一看便知精神不振、精力不足，自然難有好發展可言。頸、頷、耳皆充滿活力者，為人腳踏實地，務實求是，睿智靈巧。男性多細心體貼，女性多貼心善解人意。

若額部、上下頜都與耳朵呈和諧而有力的搭配，主其人意志堅決，抗逆性強，不易向環境妥協，大有拓荒者的神勇和義氣。

耳朵與下頜骨的弧度趨於一致，顯示其人表裏一致；相反，兩者弧度歪斜，必乃口是心非的人，缺乏誠信的德性。然而，耳朵和下頜骨的弧度並不是愈圓順就愈理想，事實上，耳弧與頜弧愈圓者，為人愈欠主見，行事猶如牆頭草，風吹則偃，隨人左右；當然，這也不表示兩者弧度有棱有角就是好的，因為過猶不及也代表主見太深，個性倔強，不納眾議，一意孤行；倘若再加上耳朵薄弱，不過是徒具個性，耍耍性格罷了，當有問題發生時，會有臨陣脫逃之虞。

耳朵與下頜弧度一致，幾乎是同心圓的不同線，其人的個性較簡單，別人容易摸索瞭解，喜怒、善惡幾乎都呈現在眉目之間的表情，大多屬性情中人，不隱瞞內心的感覺；相反，若是耳、頜呈現不同的弧度，又都圓順，其人表面功夫一等一，近似偽善的友好，看似隨和好相處，實際上很難瞭解其心性，不容易摸清其真正的性格。

耳與下頜不一致者，在個性上常有自相衝突的危險性，兩者愈不搭稱，爆發力愈高。耳弧圓潤，而下頜棱角不穩的人，氣度固然非凡，但內心的頑固和不以為然會不時出現在其待人處事的態度上，不同流合污，也不輕易妥協，這獨具一格的個性，到底是好是壞，則見仁見智。這類人宜堅持就事論事的原則，而不是放任情緒，率性而為，若能掌握這大前提，處事自能得心應手。

耳弧和頜弧雖圓，但走勢不夠流暢，其間有阻斷或不平順的感覺；或者兩者雖圓潤，但下巴呈戽斗狀者，表面圓潤可親，但實際上，其內心世界不易被人知曉，旁人接觸到的只能及於表面，是人人稱好的大好人，但千萬別因此而忽略了其頑固、不乾脆的本質，他絕少會發自心底地剖白自己。

耳弧不夠圓滑，卻堅緊有力，而下頷部呈圓椎形者，作事乾脆俐落，直接明瞭，不拖泥帶水，也與這類人共事或談生意，宜直截了當，不適宜拐彎抹角或溫溫吞吞。

# 相耳辨病

根據現代醫學研究所得，認為人的耳朵有如縮小了的人體。因為人的整個耳朵，佈滿了各種微絲血管的神經組織，人體內五臟六腑和各器官組織部位，在耳朵上都有相應的特定位置，亦即中醫所謂的穴位。當身體某部位發生病變時，耳朵上特定的相應位置便會發生變化，我們可以從這些變化中探知病變的部位及病源。

醫學研究得悉，耳朵的外耳輪和耳廓與人的頸項、胸腔、脊髓、腰及四肢等部位相連屬；上耳部位與泌尿系統及生殖系統相連屬；中耳部位與心、肝、膽、肺、脾胃、腎及大小腸等內臟組織相連屬；耳垂部位則與眼睛、內分泌系統、腦組織及神經系統相連屬。

古籍《靈樞．本臟篇》記載了有關耳和臟腑的關聯：「高耳者腎高，耳後陷者腎下，耳堅者腎堅，耳薄不堅者腎脆。」由此可知，耳朵和腎是有着密切的聯繫，此外我們又可以從耳朵的形態、色澤及壓耳穴位痛點等方法來判辨身體的健康狀況。

正常而健康的耳朵，應該是耳輪光滑平整，耳廓內厚而潤澤，且無隆起之物。若耳朵的形態、色澤有以下變化時，顯示體內可能有病變。

## 耳朵之形態變化

(1)耳朵的輪廓部位有結節隆起、點狀凹陷、過分反廓、耳頭低垂、縱橫交錯的線條等形狀，顯示身體容易患上以下疾病：心臟病、肺結核、膽石、肺病及腫瘤等。若耳朵皮膚呈現皺紋及灰色，而邊緣清楚看見的話，可能有肝硬化情況。

(2)耳輪有粗糙不平的凹凸狀結構，慎防有頸椎、腰椎骨質增生等病變。

(3)耳輪有萎縮現象者，須防腎氣不足。

(4)耳朵皮膚表面呈現血管充盈現象，多見於冠心病、心肌梗塞、高血壓及支氣管擴張等血管疾病，需儘快作身體檢查。

(5)耳朵相應部位若有或紅或白，並且隆起於皮膚的點狀，且有水泡樣丘疹時，多見於急性或慢性氣管炎、急性或慢性腸炎、急性或慢性腎炎、急性或慢性蘭尾炎及膀胱炎等疾患。

(6)耳垂呈現棕褐色，可能是腎病或糖尿病的徵兆。

(7)老年人的耳垂出現一條自前上至後下、非常明顯的皺褶斜紋線，有此現象者需慎防患有冠心病。

(8)耳朵部位過低者，小心會有坐骨神經之疾患。

## 耳朵的色澤變化

健康的人，耳朵色澤應該是微黃而紅潤的，當耳朵色澤出現以下變異時，便須特別留意自己的健康狀況了：

(1)耳輪呈黯黑顏色，看來極為乾枯，可能是嚴重腎虧的微兆。

(2)耳背上出現紅色之脈絡，加上耳根有發涼感覺時，慎防是痲疹先兆。

(3)耳朵有紅腫現象，可能是凍瘡、癤腫、中耳炎，也可以是肝膽濕熱火毒上蒸引起。

(4)耳朵經常赤紅，小心有高血壓。

(5)耳朵出現如脫皮時的皮屑，而且不易擦掉者，通常是因皮膚病引起。

(6)腎水枯竭的人，許多時耳朵會呈暗啞之色；若腎水枯竭引致有神經衰弱現象的話，不僅耳朵發黑，且有額色昏暗及面色陰暗無光等徵狀。

(7)耳朵顏色逐漸轉為青黑、淺白、枯乾及焦黑，而聽覺亦出現問題時，慎防有腎臟的疾患。

(8)肺部呼吸系統過於衰弱而造成內出血時，耳朵亦會呈現濛黑色，並伴有臉上皮膚焦燥及額頭烏暗等現象。

(9)耳朵呈現白色，通常是風寒、邪寒所致，亦可以是貧血引起。

(10)耳朵色青且黑，大多是由痛症引起，痛楚消失後便會回復正常色澤；至於耳垂呈現灰色，可能是性事活動過於頻密所致。

(11)耳旁命門有直紋者，顯示心臟機能漸趨衰弱，聽覺亦有障礙。

(12)耳垂呈現紫色或潮紅，主要是受寒引起；若有腫脹，更可能會惡化成潰瘍及生痂皮，這是由於體內糖分過高所致。

(13) 重病的人，若病情有起色，除了眼睛清晰有神外，亦可從耳色得知。病人的耳朵若是紅潤光潔，相信會轉危為安的。

## 從耳朵看夭壽

耳朵是面相中改變最少的五官，它不僅反映一個人出生至少年的運程、個性、健康狀況，更可看出一生吉凶、禍福及夭壽。耳形不合乎標準或變異者，自然會影響年壽和預兆凶險：

(1) 耳厚實而長，多為長壽之相；若加上耳孔有長毫毛長出而精神佳者，更屬高壽之相。
(2) 耳形細小而薄者，主其人意志不堅定，欠自信，容易受人左右，並為短壽之相。
(3) 耳朵過於長大，但口形卻細小者，謂之水剋火，慎防在五十歲前會因疾病或凶險而亡。
(4) 耳朵位置過低並向前傾，耳輪外翻且上尖者，其人德行低劣，且為短壽之相。
(5) 耳朵輪廓不分，有如豬耳者，不僅難得善終，亦主壽促。
(6) 耳朵輪廓分明，天輪無缺不外翻，加上眉毛長出毫毛，人中深長，下巴厚者，必享高壽。
(7) 耳輪上長有斑點、斑痣者，顯示在幼年曾患重病。
(8) 耳輪尖小，耳垂無珠者，個性頑劣，性情殘暴，若配上不佳的五官，多會困墮法網或橫死。
(9) 耳孔過於狹小，不能容納一隻手指，顯示其人小器及智力低，並為短壽之相。
(10) 耳孔內生有漆黑而亮澤之斑痣者，多為長壽之相。
(11) 耳垂有惡痣者，雖然有多方才華，但須防水難；命門有惡痣者，須防有火厄。

(12) 耳背有惡痣者，主觀甚強，並有客死他鄉的可能。

(13) 耳朵後見青筋者，須防有自殺傾向。

(14) 要判別一個人是否大限已到，亦可從雙耳觀察出來。如果雙耳、印堂和命門都呈現黯黑的氣色，則恐怕性命不保矣。

# 面相與健康

根據中西醫學研究所得，除了五官中的耳朵與我們的健康有莫大關係外，面相上的其他五官與我們的五臟六腑也有着非常密切的關連，體內每個器官在臉上都有一個或以上的相應部位，互相連屬，只是一般人沒有留意或不懂觀察，例如耳主腎、眉主心、眼主肝、鼻主肺、口主脾。

面相不僅看出一個人的性格、事業的運程，更能反映我們的健康狀況、吉凶禍福，甚至夭壽等，亦能顯示我們曾經、正在或將會發生的疾病，如能認真觀察，可以幫助我們瞭解自己的身體狀況，提高警覺，及早預防和治療；即使不能完全避免患病，亦可將疾病的嚴重性減至最低的限度或可加以改善。而人之命運亦由三大主因而成：才智、個性、健康，由此可知面相上的健康信息的重要。

一般人成長發育，以幼年及青少年期最為旺盛，至二十五歲時，身體的健康狀況達致高峰，往後便會漸漸下滑，但由於衰退速度非常緩慢，故不易被察覺。至五十歲或以後，衰退速度較為明顯；六七十歲開始，衰退的速度更為顯著，身體抵抗力減弱，因而容易患上各種疾病。如果年紀輕輕便有體力衰退的現象，到中年以後，便容易飽受疾患之苦。俗語說得好：衫爛從小補，病向淺中醫。

事實上，面相學並非是一門只能預知過去未來或迷信之說，而是累積前人的經驗，再綜合了醫學、科學、歷史學、統計學而成的專門學問，非一般先天數的預測，純以有諸內而形諸外之原理判斷，近似中醫的望、聞、切、問的治病概念；在運用上，研究疾病要多注重流年及面色變化。

## 面形與健康的關係

### 倒三角形——心性型

**面相特徵：**上停比中停寬，中停又比下停寬，從耳朵至下巴處瘦削而薄弱；眼睛細長；鼻子寬而不挺，鼻孔不朝天；嘴巴不大，嘴唇不厚，嘴角結實；皮膚細緻；頭髮、眉毛及鬍子均細且柔軟，髮際特高；臉寬廣而蒼白。

**性格特徵：**富於理性，思考縝密，對美術或藝術方面有心得及天分，缺點是過於神經質。

**健康狀況：**雖然身體較少病痛，但由於缺少運動、營養不足和過度用腦，容易出現臉色蒼白、精神衰弱、腰痛、內臟下垂、神經痛、頭痛及失眠等徵狀。

### 方形——筋骨型

**面相特徵：**從正面看去，腮骨稍張，耳朵以下至下巴部分凸出面骨，鼻子高挺，顴骨發達。

**性格特徵：**具不屈不撓的精神，富有正義感，對已決定之事不會中途放棄，凡事都能忍耐，步伐和說話同樣急促。

**健康狀況：**由於胸部寬廣，可承受較大之呼吸器官和心臟負擔，亦因而令這些器官容易出現毛病，因為筋骨型者雖然內臟特別發達，但若面色黃及操勞過度者，較易患上厭食及缺水的毛病。

### 圓形——營養型

**面相特徵：**從耳朵至下巴部位都很豐滿，面形肥胖而給人祥和的感覺。額頭不算寬廣，眉毛濃，鼻子挺直，嘴角及嘴唇肉質較多，牙齒排列齊整，臉頰豐滿，有雙重下巴。

**性格特徵：**營養型的人較重視眼前享樂，食神較旺盛，以公家利益為中心，器量較大，但沒有偉大的理想和哲學觀。

**健康狀況：**由於身體肥胖，容易罹患高或低血壓、糖尿病、腎病及胃病等疾病。雖然不常生病，但一旦發生便很容易惡化。

## 相面辨病

面相可以反映一個人的健康狀況，不同的面相部位顯示不同的臟腑問題。有時某一個部位發生變化，可能顯示有一種或以上的疾患，但有些病症則需要綜合多個面相部位及其變化，才能判斷所患之疾病：

一・**心臟病：**凡有心臟方面疾患的人，通常會有：眼睛紅腫、眼神衰弱、睡覺時眼瞼仍張開、臉部腫脹、耳朵及臉頰發紅、上斜路或樓梯時脈搏跳動加快及有氣喘現象。

二・**肺結核：**鼻子細小而肉質單薄，鼻樑出現許多小斑點，兩頰常有發紅者，慎防患有肺結核病，最好盡速檢查清楚。

三・**腸胃病：**腸胃有毛病者，常會有眼瞼凹陷，臉頰削薄無肉，皮膚失去光澤及常出現青白色，或下巴多見暗瘡等徵象；若唇邊兩側有青氣纏者，更是病發的徵兆。

四．**肝臟病變**：肝臟有問題者，通常有下列徵兆：上唇、左右臉頰及眉毛附近均出現青黑氣色，眼瞼周圍有許多小皺紋，下眼瞼腫大，全身皮膚帶黃，指甲變形，腋窩發臭及陰毛脫落。

五．**胰腎衰退**：胰臟與腎功能衰退時，皮膚會出現化膿之現象，嘴唇之黏膜、性器官及乳頭均有發黑現象；除胰腎有疾外，亦須慎防患上糖尿病。

六．**腎臟病變**：腎臟功能有毛病，導致體內水分無法正常排泄時，常會有皮膚粗糙乾枯、過敏痕癢、臉頰瘦削、下眼瞼發紅、鼻翼特別細小、腰部無力、說話及走路像泄了氣的氣球等現象。

七．**胃酸過多**：臉頰出現斑點狀之濕疹，加上嘴唇有裂開情況者，除了有胃酸過多，亦有可能是腸胃中毒或急性胃腸炎；若唇邊見泡者，更顯示一生中會有一次嚴重之中毒事件。

八．**呼吸系統毛病**：眼睛缺乏神采，鼻子過大或彎曲，山根有多條皺紋，鼻準頭經常發紅不褪者，慎防呼吸器官有毛病或患有氣喘症。

九．**慢性疾病**：鼻子過於細小或彎曲歪斜者，其脊髓也會有相同問題，因而易導致自律神經過敏，容易患上慢性病或神經性疾病。

# 第六章 耳相古訣

# 耳相詩訣

（相不獨論）

金耳

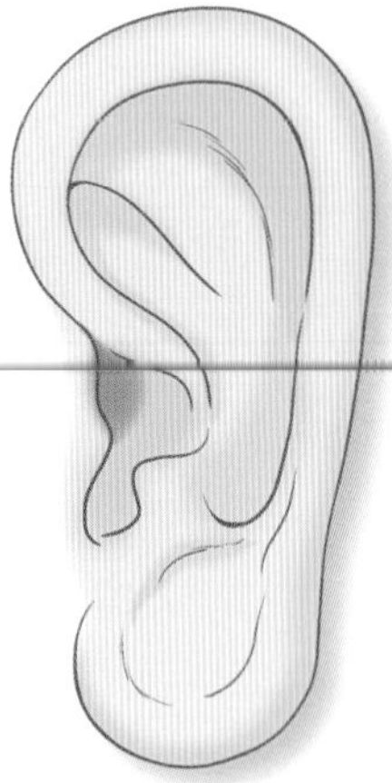

## 金耳

**詩曰：**

金耳高眉福壽昌。偏偏晚景有刑傷。
白過於面多名譽。氣色不宜黑與黃。

**特徵：**

提高過眉，厚而堅實，輪廓分明，色白於面，天輪小而垂珠大。

**吉凶休咎：**

(1) 聰明精幹，才華過人，文武雙全，主富貴榮顯。

(2) 配身材肥大之人，相生主吉。

(3) 配瘦削型人，相剋不吉，主老而孤苦。

(4) 女性金耳者，可助夫創業致富。

（相不獨論）

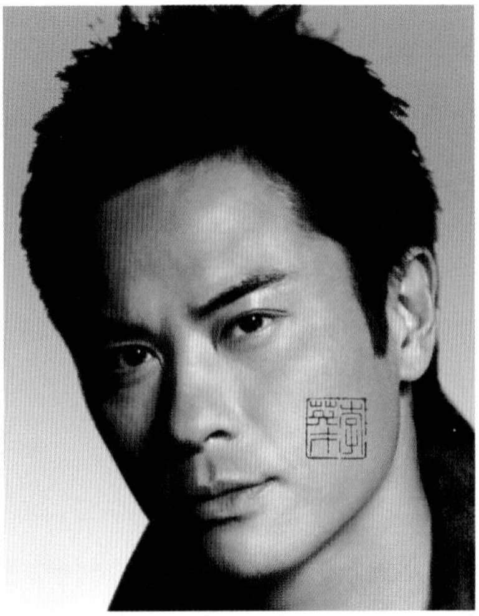

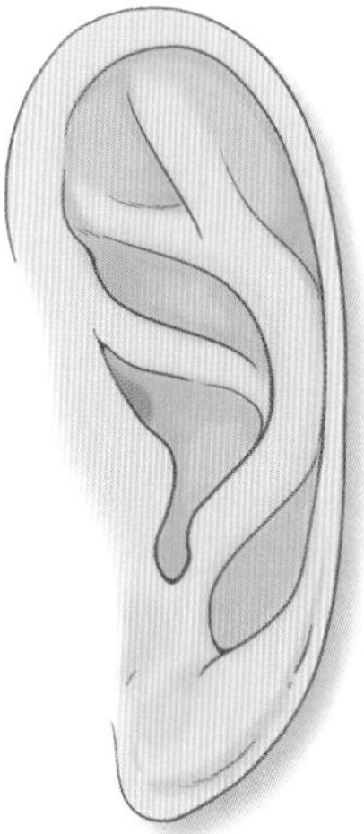

木耳

## 木耳

**詩曰：**

木耳破財事事差。輪翻廓反六親嗟。
奔波市井庸庸過。落魄來時傍世家。

**特徵：**

輪飛廓反，天輪大、地輪小，耳薄無珠，色滯不鮮，孔細骨露，子午不朝。

**吉凶休咎：**

(1) 配瘦削之人，主刑剋減半。
(2) 配肥厚之人，相剋不吉。
(3) 木耳者，大都氣血不旺，個性倔強，女性易有婦女病。

（相不獨論）

木耳

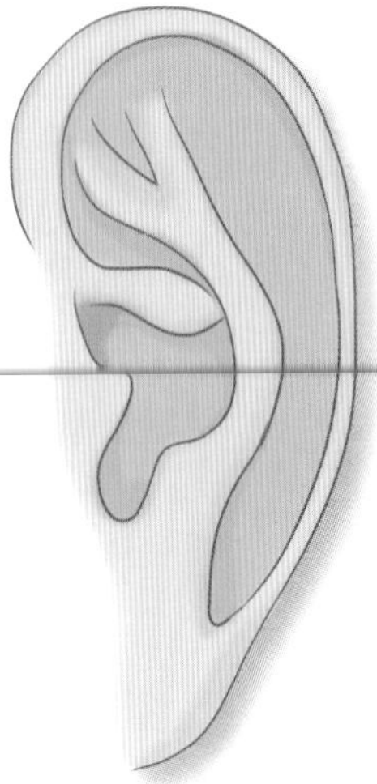

## 木耳

**詩曰：**

上大高眉頗有餘。下如箭羽兩輪虛。
休誇祖業多千頃。快樂消遙沒住居。

**特徵：**

輪薄廓削，孔小色滯，位低於眉，斜小、兼硬，下無垂珠，尖嘴形利帶削。

**吉凶休咎：**

(1) 主幼年多病體弱，刑剋六親，易夭折。
(2) 祖上寒貧，全數破敗，且老運也不暢。
(3) 若其他部位相理佳者，中年運或可轉佳，但亦主婚姻難全，子女緣薄，老運淒涼。

（相不獨論）

水耳

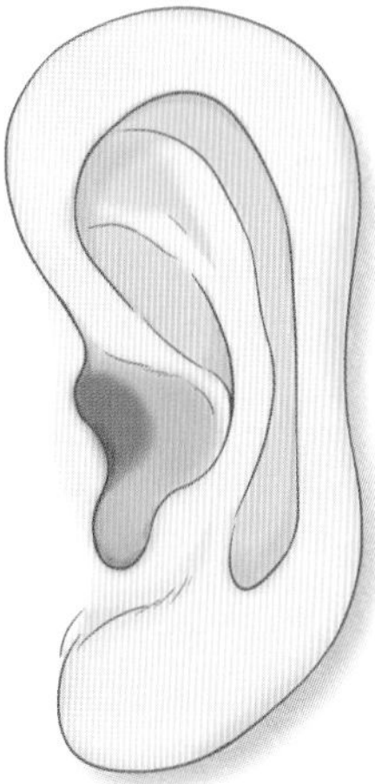

## 水耳

詩曰：

水耳厚圓高過眉。猶歡貼腦有珠垂。
軟長不足虛名者。白潤堅紅富貴基。

特徵：

耳圓堅厚，高居過眉，色白過面，貼腦抱頭，垂珠朝口，內廓微現，耳孔明顯。

吉凶休咎：

(1) 主富貴顯達，聰明多智，能伸能屈，交際手腕靈活。

(2) 配圓肥骨格之人，主富貴雙全。

(3) 配略瘦之人，相剋不吉，富貴不顯。

（相不獨論）

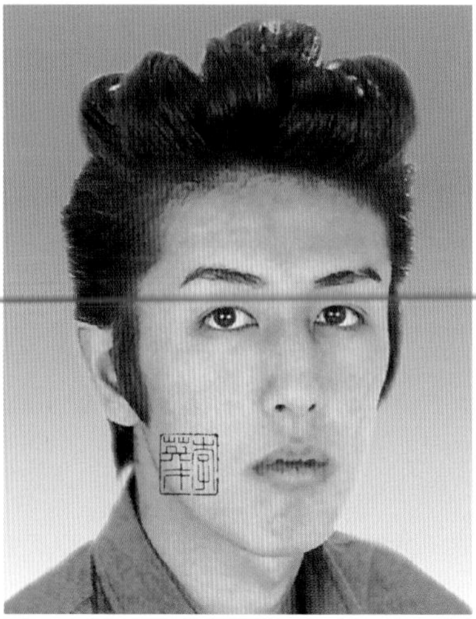

火耳

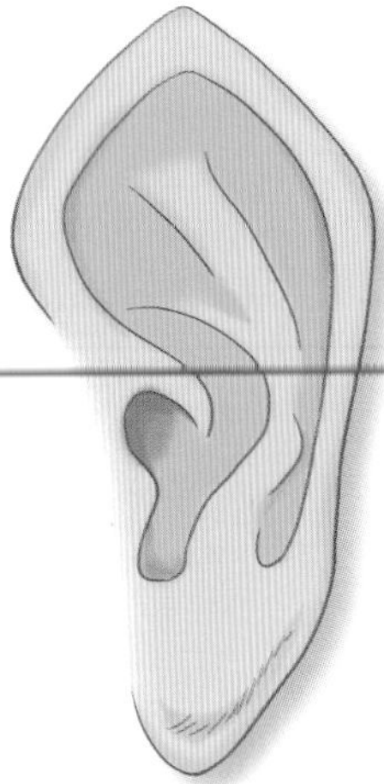

# 火耳

**詩日：**

火耳輪尖毒似蛇。垂珠低反不堪誇。
經營謀望奔勞大。到老無兒事亂麻。

**特徵：**

天輪上尖，輪廓微露，長大堅硬，耳高過眉，垂珠斜尖。

**吉凶休咎：**

(1) 配骨露尖削之人，主粗勞之格。
(2) 配體格魁梧之人，主貧賤，勞碌而多刑剋。
(3) 配高瘦之人，主個性急躁，心性古怪，勞碌壽促，成敗迅速。

（相不獨論）

土耳

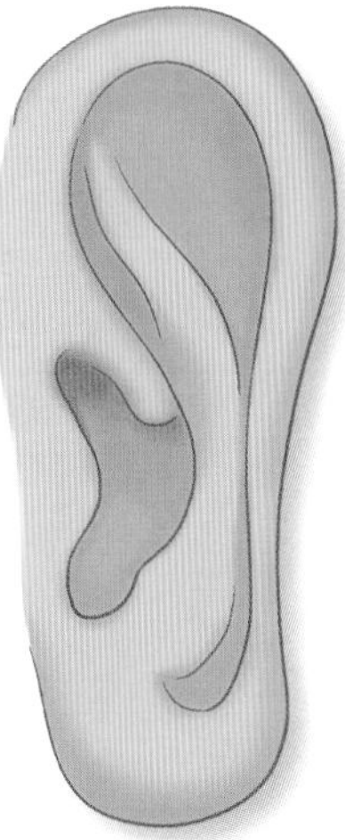

## 土耳

詩曰：

土耳厚堅大且肥。紅黃滋潤帶嚴威。
綿綿富貴六親好。鶴髮童顏輔帝畿。

特徵：

堅厚肥大，色潤鮮紅，輪廓分明，垂珠方厚，上下均勻。

吉凶休咎：

(1) 主富而貴顯，忠厚善良，宜文宜武。
(2) 配圓頭肥面之人，主福祿貴三全。
(3) 配面方骨聳之人，相生亦吉。
(4) 配瘦削寒薄之人，相剋不吉，主奔波勞碌，縱富而夭也。

（相不獨論）

兜耳

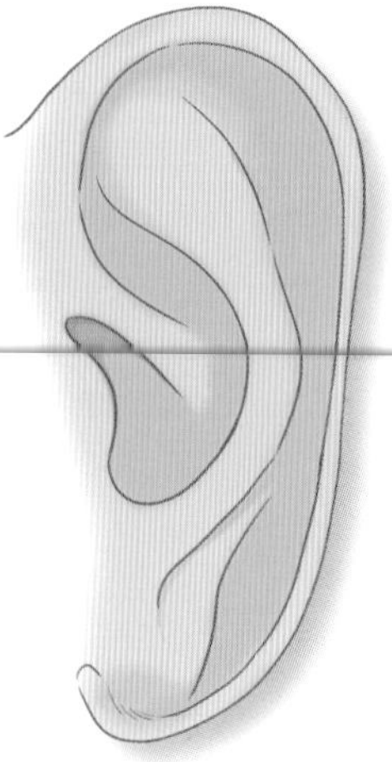

## 兜耳

**詩曰：**

兩耳向前名扇風。資財破敗走西東。
少時享福晚年苦。恐喪他鄉忍餓窮。

**特徵：**

天輪大而極之薄，耳下無珠，輪廓不明，耳色枯滯不鮮，兜而向前走。

**吉凶休咎：**

(1) 主貧寒勞苦，一生事業多敗少成。

(2) 若面部相理佳者，或可一時小發，但亦主促壽勞碌，宜及早計劃晚年經濟安排，以免晚景貧苦無依。

（相不獨論）

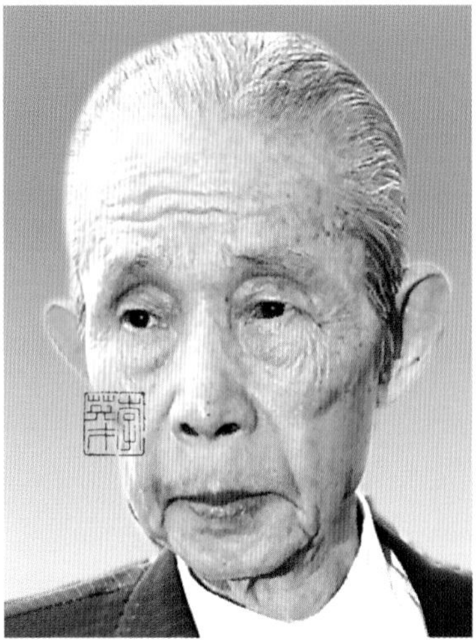

有輪無廓

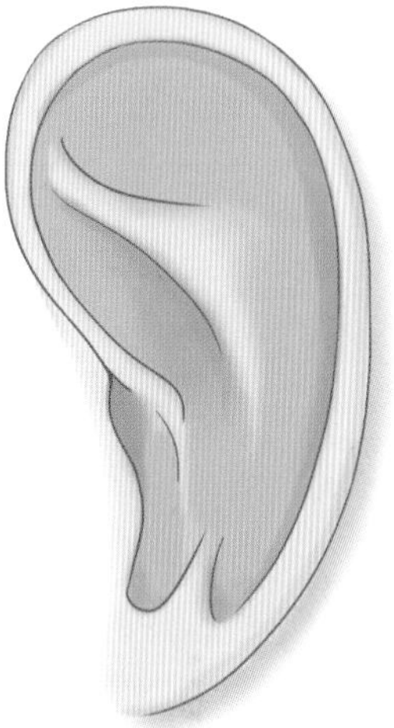

## 有輪無廓

詩曰：

豬耳有輪兩廓無。為人疏懶本愚夭。
不遭凶惡嗟貧苦。也恐夭年似蟪蛄。

特徵：

耳大無力，雖厚肉軟，輪廓不明，色滯不鮮，孔大無珠，大而無當。

吉凶休咎：

(1) 主性貪愚昧，懶散兇暴，眉眼又帶煞者更主凶死；若五官相理佳者，雖富貴但不久長。

(2) 配肥胖之人更凶；配瘦小之人其凶減半。

（相不獨論）

耳厚大

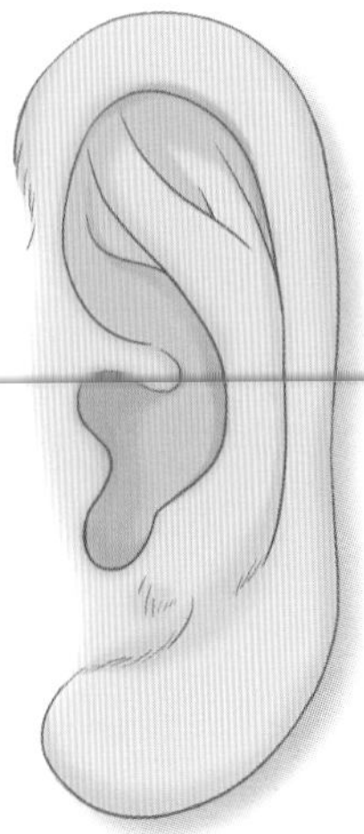

## 耳厚大

詩曰：

耳厚敦豐勢立肩。過眉潤澤色明鮮。

頭圓額闊形容異。位極難名並聖賢。

特徵：

耳長厚大，提高過眉，輪廓分明，孔大生毫，雙珠垂肩，骨硬形正，色鮮白潤。

吉凶休咎：

(1) 耳垂肩之人，相貌必端正形秀，非常人所能有，必為大貴大富之人。

(2) 若其他部位相理又佳者，可貴為總統或單位首長之高職。

（相不獨論）

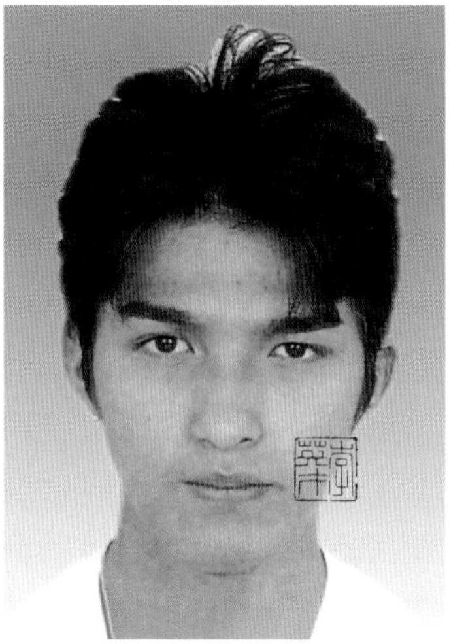

耳圓

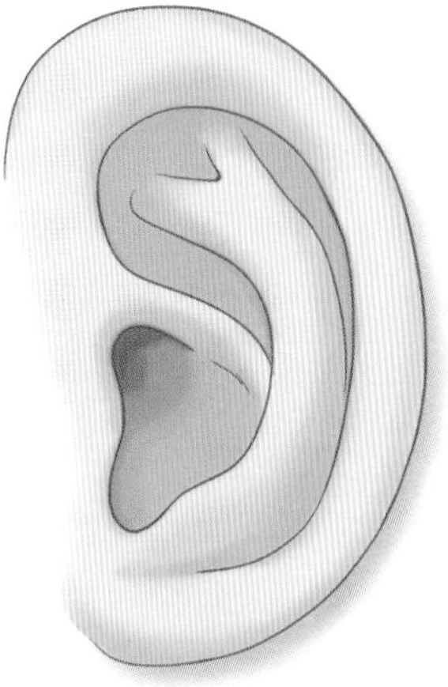

## 耳圓

詩曰：

棋子耳圓輪廓扶。興家創業不模糊。
堂堂福相功名早。晚尚亨通在官途。

特徵：

堅實圓小，輪廓分明，色白於面，垂珠朝口，抱頭貼腦，耳高於眉。

吉凶休咎：

(1) 品性善良，白手成家，中年可發富貴。
(2) 配肥厚之人，主生貴子，妻賢有助。
(3) 配瘦削之人，富貴減半，難享安逸。

（相不獨論）

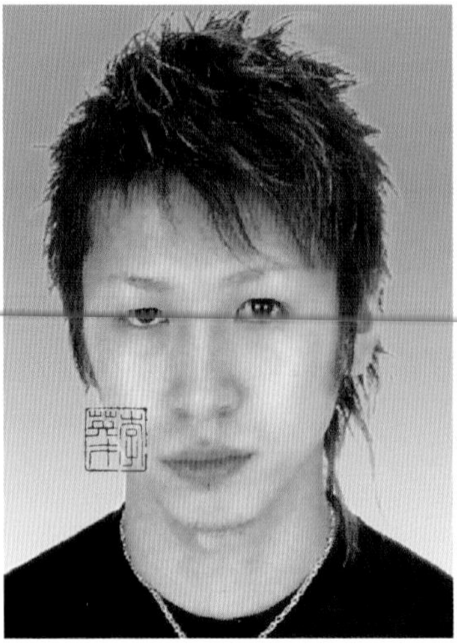

耳輪損缺

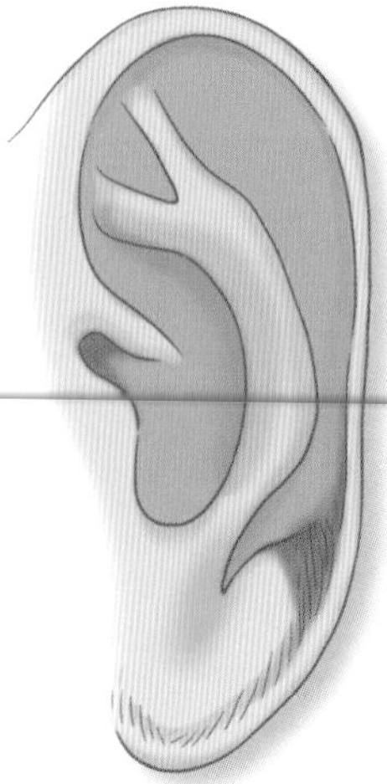

## 耳輪損缺

詩曰：

耳輪最忌是開花。官硬色黃志不嘉。
巨富資財能散盡。無衣無食向誰家。

特徵：

耳輪損缺故名開花，左耳開花為金剋木，尤其不佳。

耳廓似有似無而不明，耳雖堅硬但肉薄色滯，垂珠細小或無垂珠。

吉凶休咎：

(1) 主其人幼運坎坷，六親有剋。

(2) 縱有資財亦必破盡，末年貧苦尤甚。

# 耳相歌訣

耳如提起。名播人耳。棋子之耳。成家立計。耳黑飛花。離祖破家。

兩耳如紙。貧窮無倚。耳薄向前。賣盡田園。耳門薄小。命短食少。

兩耳張風。賣田祖宗。兩耳垂肩。貴不可言。輪廓桃紅。性最玲瓏。

耳白則名揚。耳暗則運蹇。白必享名。紅必發官。問名在耳。以此觀之。

耳薄賣田無祖業。晚年縱得自營生。

兩耳垂肩，貴極天年。耳白過面，名滿人間。耳有刀環，官高位顯。

耳輪厚堅，福祿延年。耳聳相朝，職顯位高。耳內生毫，壽命堅牢。

耳有垂珠，衣食有餘。耳如棋子，成家立計。耳色潤澤，財源不絕。

耳內生痣，不匱孝思。耳門寬厚，富貴長久。耳珠朝口，衣祿富有。

輪廓分明，聰悟多能。高眉一分，永不貧困。耳反無輪，祖業如塵。

耳竅容針，家無一金。耳色塵昏，愚劣孤貧。耳薄無根，栗碌無成。

兩耳貼肉，福壽自足。耳堅如木，到老不哭。耳潤廣闊，聰明豁達。

耳有成骨，年壽不促。耳有輪廓，一生安樂。耳高於目，合受天祿。

# 採聽官詩五闕歌

輪廓分明有墜珠，一生仁義最相宜。
木星得地招文學，自有聲名達帝都。
耳反無輪最不堪，盡有紅光富且榮。
命門窄小人無壽，青黑皮粗走異鄉。
耳生貼肉廓輪城，又如箭羽少資糧。
露反薄乾貧苦相，毛長出耳壽千春。
耳白過面有高名，前看不見貴而榮。
前看見耳多貧苦，耳前生黶近聾貧。
下有垂珠肉色光，更來朝口富榮昌。
上與狼耳心多殺，下尖無色不為良。

# 第七章

# 面相十三部位詳解

# 十三部位總要圖

若要在面相精進更上一步，有很多細節均要留意和學習，首先必須熟諗橫列部位名稱。面相有一百四十個橫列部位，連十三部位，左右合共二百六十七個部位。

很多相書均有介紹「十三部位總要圖」，但沒有解釋其意義或特性，縱使是公認為最好的相書——明代的《神相全編》亦沒有提及，所以相書有一句話：「無師傳授枉勞心」，傳統術數確是親口相傳的。

十三部位的重要性有兩點：其一，可以將面相部位更細微看到禍福及個性；其二，可以準確地指出氣色和痣的吉凶。

在橫列部位中，因為火星位於頭髮之內，所以橫列便由天中開始。橫列部位左右看均可，但為方便讀者瞭解，所以先由左面入手。

自古以來，各門各派的命相之學不勝枚舉，坊間最廣為流傳的有《冰鑑》、《鐵關刀》、《水鏡》、《麻衣相法》、《柳莊相法》、《相理衡真》、《神相全編》、《人倫大統賦》、《太清神鑑》、《月波洞中記》等等，其中對於「相骨」之理論，亦是各有所長。英才將其整理綜合，挑選出「十三列部位」經典相法，盼能令醉心相學的讀者有所得益。

# 十三部位總要圖

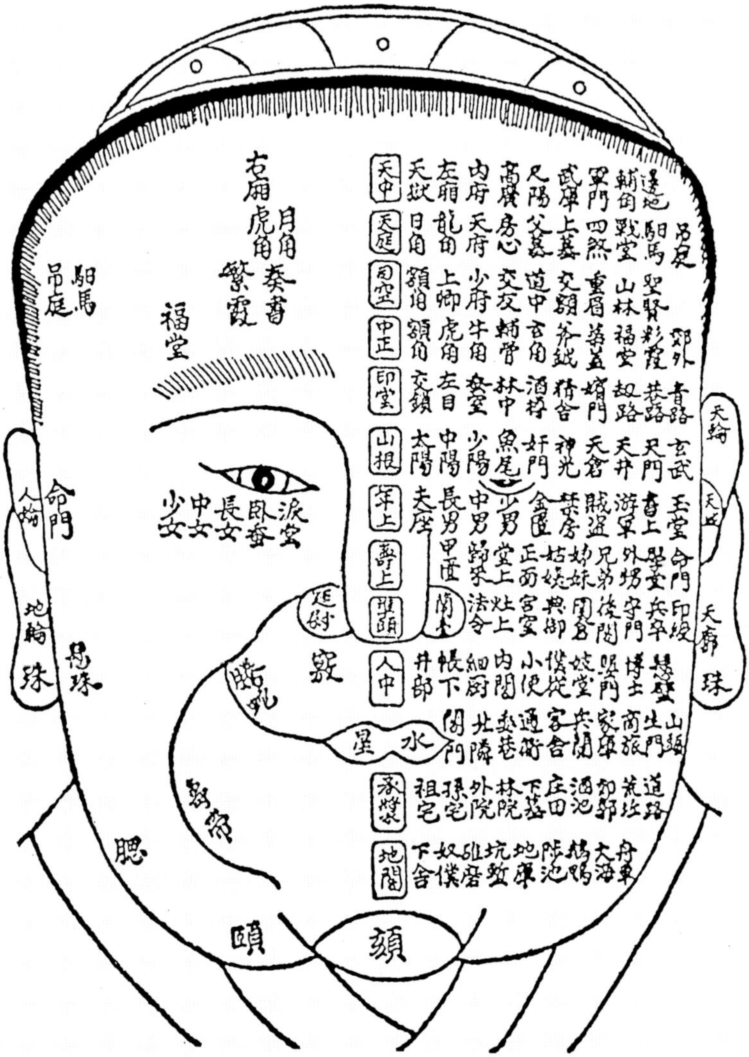

《麻衣相法》有云：「頭為百骸之主，面為諸部之靈」，由此可知，自古以來頭骨之學極重頭面之骨。相術家將人的面部中線自髮際至下頦劃分為十三個部位，由上至下分別為天中、天庭、司空、中正、印堂、山根、年上、壽上、準頭、人中、正口、承漿及地閣，據此推斷人之運程吉凶。

將十三個部位再加以細分，可分為一百四十個部分。以下列出「十三列部位歌」：

## 第一列十位歌

第一天中對天嶽，左廂內府相隨續；

高廣尺陽武庫同，軍門輔角邊地足。

**天中**：天中為貴之主宰，又主通達。天中高起初年出仕，平滿遠行有官祿，缺陷則無，骨起如筋大有棱為國師，肉豐起因功名覲見元首；若髮際不齊或低生或前尖或梁柱斷折，皆凶險復見，見黑子剋父母，有瘢痕剋母。

**天岳**：天岳亦名刑獄。天岳平滿，不犯刑獄，缺陷及色惡則遭獄厄。

**左廂**：左廂骨起者貴，平滿吉利；骨起相連少年大貴，缺陷多災，黑痣横事。

**內府**：內府骨肉平滿富貴珠玉，且主仁孝；陷主貧宅，更不宜家藏萬金。

**高廣**：高廣骨連驛馬大貴，隱隱骨起，主少年時已掌握大權，缺陷則無。

**尺陽**：尺陽骨起，主佐任之職，缺破瘢紋多凶，有痣或黑子恐客死他鄉。

**武庫**：武庫骨起主任上將軍，有黑子不得善終，缺陷、疤痕主從軍敗亡。

**軍門**：與武庫同斷。

**輔角**：輔角骨起，可為大尹或大官員，按骨之大小主官職之大小；無骨不可求官，低陷破財，色微黑失職失業。此部位亦主二十、二十一之流年順逆。

**邊地**：邊地以有骨起為吉利，骨起一條多屬異路功名，開闊骨起大貴之相，不闊而棱起主武貴，凹陷不利，且受人驅使。與驛馬位同斷時，色靜吉，色暗不利，見黑子恐死於他鄉。

## 第二列十一位歌

第二天庭連日角，龍角天府房心墓；
上墓四煞戰堂連，驛馬吊庭分善惡。

**天庭**：天庭骨連日月角且無紋，或骨成川字，或骨起至枕，皆主大貴；兼天倉豐、頂平、鼻貫印堂，主一路功名無阻；但忌紋破，有之是為雜格。

**日月角**：日月角豐滿洪直、骨開闊而肉起，多顯赫；兩角圓起入頂、鼻貫印堂，主該年運佳，可榮親耀祖；紋痕，早見服。此部位亦主父母之助力多少。

**龍角天府**：龍角、天府骨起，官運長久，書云：「龍角天府枯燥，有官無運」，此之謂也。

**房心**：房心骨起，可為人師；連日月角，可為國師。

**上墓**：上墓骨起，主官貴，蔭及子孫；豐隆，主父祖俱得力；缺陷或有黑子，父母必傷。

**四煞**：四煞代表邊將之位，骨起主官貴。

**戰堂**：戰堂主武職，平滿、色好主戰勝，色惡主戰死，缺陷主兵死。（戰堂吉凶只在戰亂時用之。）

**驛馬**：驛馬骨起主大貴，平滿如立壁亦主官貴。此部位亦看遷調，色好主吉，色惡不宜遠行，赤重則病至。

**吊庭**：吊庭主喪服事，缺陷黑子早見服，淺白外服，青主自厄；骨起主內外親長壽，亦可主其人在刑場生死時刻，會有奇迹出現。

## 第三列十位歌

第三司空額角前，上卿少府更相連；
交友道中交額好，重眉山林看聖賢。

**司空**：司空骨開、無紋，一生近大貴；骨圓聳、天倉豐，色潤更利。見紋侵破，不貴，低破幼困，一生官訟。司空太高，其人官味必重。

**額角**：「額角前」是指司空位，司空與額角同論。

**上卿**：上卿骨橫起，主近大貴；缺陷主無官；色惡主離家。

**少府**：少府骨肉起連上卿位，主富貴；色黃明，主有貴人徵召；色惡，在官者防失職。

**交友**：交友骨起，主結交良友；缺陷，主朋友少；色惡，主結交惡友。

**道中**：道中骨起，一生道路平安；平滿，一生少出門庭；缺陷，主出門不利；色如馬肝，恐死在道中。

**交額**：交友、道中、交額合為交遊宮，只是古人加以細微分析而已。此處忌有黑子。

**重眉**：重眉骨起，主勇猛、小貴、有氣節，但性情不常；缺陷，主貧賤。

**山林**：山林骨起橫連司空位，可為一省之首，且該流年發迹，書云：「骨起山林，必屬超人」，此言山林骨單獨起也；若骨開闊起仍主貴；窄狹主貧賤，女性尤甚。「山林看聖賢」，指山林骨單獨起者而言，隱賢是指隱逸之士而已。

## 第四列十一位歌

第四中正額角頭，虎角牛角輔骨遊；
玄角斧鉞及華蓋，福堂彩霞郊外求。

**中正**：中正骨豎起者貴；骨肉起代表該流年發迹，二十五歲前得頂平倉豐，二十八歲前得印豐準朝，俱主該年發迹。

**龍角**：龍角有骨棱起自兩眉之上，或自中正兩旁向上，或向左右而入腦者，古稱「男主宰輔，女主后妃」，且蔭及父母、子孫。

**虎角**：虎角主將帥之位。骨肉起主兵權，又主出行之象，色好宜行，色惡慎出；有黑子主凶。

**牛角**：牛角骨起，可為將軍；骨起如角，主大貴。

**輔骨**：書云：「輔骨棱起，一品之貴」及「輔骨插天，千軍勇將」，後者指輔骨橫入天倉也。輔骨骨大官職大，骨小官職小，無輔骨則不可求官。

**懸角**：懸角又名懸犀，骨起主大貴，有肉起食祿，陷則不可求官。

**斧鉞**：與懸角同斷。

**華蓋**：華蓋主邪正及鬼神之事。骨起有棱，以手捫之隱隱似刀背，主官祿；色惡、黑子主暴死；色枯主經商消折。

**福堂**：福堂主福祿之事，豐厚者有官職，無災且壽；狹薄主貧夭；紅潤者常有吉慶。福堂亦管理財、快樂及福氣厚薄。

**彩霞郊外**：彩霞、郊外骨肉起，主小貴；見缺陷恐他鄉亡；色惡，忌遠行。

## 第五列十一位歌

第五印堂交鎖裏，左目蠶室林中起；
酒樽精舍對嬪門，劫路巷路青路尾。

**印堂**：印堂又名命宮，亦名闕庭。印方一寸，平滿起如鏡者，富貴兩全；紋亂主橫凶；有黑子、瘢痕皆不吉，主因財惹官事；下陷成坑，主居心狠毒，終必敗亡。

**交鎖**：交鎖平滿，一生不犯徒刑；缺陷主多災；色常不潔，主多憂。

**左目蠶室**：左目、蠶室平滿者妻賢；缺陷者妻不良，且自身多災，色惡亦然。

**林中**：林中觀慧性，骨肉起者具潛在超智力，有缺陷則無。此部位亦看仙家修道之成就高低。

**酒樽**：酒樽是飲食之位，平滿者常有酒肉口福；缺陷、色惡，主因酒敗事。

**精舍**：精舍骨肉隆起入髮際，多具想像力，見缺陷則無。

**嬪門**：嬪門是妻位，平滿、色好者，妻子無災，凹陷者因妻煩憂，夫妻時生口角，妻子不安於室。

**劫門**：劫門骨肉起者永不被盜；有黑子者常被盜；色惡主盜賊至。

**巷路**：巷路是私人出入位，平滿主出入吉；低陷、色惡，主有災厄。

**青路**：青路是公門出入位，平滿主吉；色惡，不宜出入公門。

## 第六列十一位歌

第六山根對太陽，中陽少陽及外陽；

魚尾奸門神光接，倉井天門玄武藏。

**山根**：山根觀遷移、祖業、兄弟、妻子、婚姻、疾厄等問題，骨起有棱或似背至枕，主中貴；伏犀起者招國親；紋破主損妻；低陷者無祖業，且兄弟不得力；狹窄者幼運飄零，主孤貧、子晚、不止一妻；色惡者無固定居所。

**兩眼**：左眼為太陽、中陽、少陽，右眼為太陰、中陰、少陰，此所謂太陰望也。眼頭破陷，主三十五、三十六歲敗業，若加上肉露而赤，該兩年大厄，當有官非、破財；瞳人細藏，神光射人，主三十七、三十八歲大發，木型人更利；兩眼尾高滿，主三十九、四十歲大利。

**魚尾**：與奸門位同斷。

**奸門**：奸門骨肉起兼無紋者妻賢，且妻家富有；陷缺者妻劣；骨尖起者妻不良，書云：「奸門取平滿，尖起定娼嫗」也。

**神光天倉**：神光、天倉乃財祿之位，骨肉起者富貴壽考；低貧賤者壽促。

**天井**：天井乃偏財之位，平滿者富；低陷、黑子，主多災厄。

**天門**：天門骨肉起，主得兄弟姊妹及四方朋友之力；低陷者無助力，且見不利。

**玄武**：與第五列的林中同斷，此即前山部位相連骨法中的「雙中」位是也。玄武凹陷者，多屬逃避現實之徒。

# 第七列十一位歌

第七年上夫座參，長男中男及少男；
金匱禁房并賊盜，游軍書上玉堂菴。

**年上**：年上與壽上同主疾病壽考，骨肉起者疾病少；低陷者多災、壽損、貧苦；起節或如劍脊者剋妻，且兄弟不和；骨橫出者性急躁；尖削主破敗；黑子主妨妻。

**夫座**：夫座觀婚姻好壞，骨肉起連山根上聳者得佳偶；低陷主配怨偶。

**子位**：子位包括長中少男三個部位，厚重光澤，主子息旺；紋沖、陷缺、黑子，有子剋盡。

**金匱**：金匱平滿、有光澤者盜賊不侵；色惡者盜賊至；有黑子主被盜；呈白色者有奸淫曖昧之事。

**禁房**：禁房論財帛，平滿者積蓄多；低陷者儲空；紋破、黑子沒餘錢。

**盜賊**：盜賊部位現青白色，主被盜；呈惡色者為盜賊也。

**游軍**：游軍論遠方任事，平滿者吉；缺陷、色惡者見不利。

**書上**：書上主公文書上陳之事，又主文章才華，平滿、色淨者有學問；見黑子或不潔者學識淺薄。

**玉堂**：玉堂即金馬玉堂位，骨起主翰苑；缺陷則無。

## 第八列十一位歌

第八壽上甲匱依，歸來堂上正面時；
姑姨姊妹好兄弟，外甥命門學堂基。

**壽上**：壽上察人壽命長短及吉凶之事；骨起者壽長；低陷主壽促。此部位兼看財帛，氣色黃明主吉，白潤主進財，色惡主為財煩憂。

**甲匱**：甲匱又名財庫，骨連樑準名懸膽，主白手興家；低陷、乾枯者貧苦多災，書云：「甲匱還須見智愚」，凡甲匱窄狹者多無才幹，遇事退縮。

**歸來**：歸來骨肉起者少資財；肉厚者家有餘貲；低陷者無財。此部位又主行人家信，色黃明主行人至，枯燥主有糾葛。

**堂上正面**：堂上位於眼下一寸二分處，又名禾倉、正面，平滿骨開者，中運時妻財子祿俱全，《銀匙歌》云：「中年倉庫看禾倉，禾倉有陷無儲糧」，又云：「更有禾倉陷一寸，中年猶未有夫娘（男無妻，女無夫）」，亦云：「正面骨窄子孫不昌，堂上骨橫幼歲無忌」，由此可見正面、堂上兩部位之重要性，大抵骨窄或下陷者多傷骨肉。

**姑姨姊妹**：姑姨姊妹位屬六親之一，與堂上同斷。

**兄弟**：兄弟即顴勢之位，骨豐起者兄弟姊妹多；端圓者手足常聚；若皮肉乾枯、年壽尖露，主兄弟不睦。

**外甥**：此部位概指六親繁衍多寡，顴骨與耳門距離開闊與否以為斷，若顴骨未到耳門而斷者，謂之「顴反」，主六親緣薄或六親少。

**學堂**：即四八學堂之一，在耳門前一位，但須顴骨入耳門者方為有學堂。骨起豐隆主文學聰明；若顴骨斷折不入耳門者，文思淺薄，書云：「學堂主文思，豐隆主淵博」是也。

**命門**：命門即耳門，方大者敦厚老實，且膽大命長；凡骨入耳者，名「匿犀」，主貴、極壽，前已言之；若耳門骨小而尖者，膽怯而壽促。

## 第九列十一位歌（本列只十位，見下列說明）

第九準頭蘭臺正，法令灶上宮室盛；
典御園倉後閣連，守門兵卒記印綬。

**準頭**：準頭為官貴、財祿、心田之位，豐厚、端圓者，不唯心地光明，到老衣食無缺；尖露者心術不正，一生貧苦；高起有肉，主該流年大發，木型人更有利，金土型人發迹在四十九歲至五十歲之間，但仍須蘭臺不缺，方為真運。

**蘭臺**：蘭臺與甲匱是同位異名，可與甲匱同斷，如蘭臺與準頭、壽上（包括甲匱）相連，名懸膽骨。

**法令**：法令骨開、紋舒主威權；法令不明，困頓不了，漏糟亦然；無法令者乏食、夭壽，故法令又稱壽帶。法令紋長繞地閣者富有、極壽；紋過口者享中壽；紋入口主餓死；紋穿金縷位，威鎮江山。

**灶上**：灶上即鼻孔，骨起、圓收主聚財富有；缺露主劫財，且中道破敗；平滿主有住場，缺陷則無。

**宮室**：宮室位在灶上之旁，可與灶上同斷。又，色惡者妻夭死；黃明則夫婦和諧。

**典御**：典御是僕役之位，平滿者一生不乏奴僕；缺陷則無，且在外無法謀生；枯燥主奴僕散去。

**園倉**：園倉骨起或平滿者有衣祿；缺陷主財祿不足，妻離子散。

**後閣**：後閣骨起者，不須寄人籬下；缺陷主奔走他鄉。

**守門**：守門觀財祿，平滿主有家業；缺陷、黑子則無；色青主口舌；色白枯燥者九十天內亡；黃明主吉利。

**兵卒**：兵卒看官吏與平民之分別，可與印綬位同斷。

**印綬**：印綬平滿，主有人供使喚，書云：「印綬模糊聞喜不喜」，即在官無實權；又云：「即綬黃明職掌兵權」，此二說俱以氣色為主。骨低陷者，無人使喚。

## 第十列十一位歌

第十人中到井部，帳下細廚內閣附；

小使僕從妓堂前，嬰門博士懸壁路。

**人中**：人中宜長、闊、深、正、有弦，管福壽、忠信及子息，書云：「人中廣長富而且壽」是也；忌短、淺、狹、細、紋密，主貧賤且心毒，亦乏子嗣；人中不顯，主養他人之子；男性無鬚亦主無子。

**井部**：井部包括灶門、仙庫、細廚三部位，平滿者食祿有餘，家運順遂，唇厚更佳；下傾主壞運；黑子主餓死。

**帳下**：帳下豐闊者遇災無咎，窄狹者多災。

**細廚**：細廚平滿者衣食足；窄狹、黑子、缺陷，主乏食挨餓；紫氣現者進僕役；色惡主凶。

**內閣**：內閣豐滿者閨門深邃，缺陷、色惡者閨門淺穢。

**小使**：小使豐滿者下屬得力，低陷則無。

**妓堂**：與小使同斷。

**嬰門**：嬰門豐厚家小吉，低陷主不祥。

**博士**：博士平滿者，醫卜星相必有一成；低陷則無。

**懸壁**：懸壁高峻色美者，家藏珠玉，書云：「懸壁無虧家業必興」是也；缺陷、色惡者財帛有失，或下屬反叛逃離。

## 第十一列十一位歌

十一水星閣門對，北鄰委巷通衢至；
客舍兵蘭及家庫，商旅生門山頭寄。

**水星**：水星平滿、厚實、有棱，主信義；兩角向上彎，主貴祿；忌薄、無棱、下垂、不正，主貧賤；人小口大者既富且貴，人大口小者貧賤不良。

**閣門**：與上列內閣同斷，色惡必有變故。

**北鄰**：北鄰平滿，主有好鄰居，書云：「北鄰平滿必有芳鄰」；缺陷、色惡，主與鄰人交惡。

**委巷**：委巷骨起者無賊害，缺陷、色惡主被劫。

**通衢**：通衢平滿利出入，低陷、色惡主失財。

**客舍**：客舍平滿時有嘉賓、客人，缺陷則無。

**兵蘭**：兵蘭又名衛兵（守衛人員），平滿有，缺陷無。

**家庫**：家庫又名家倉，平滿、色好，主有餘糧；色惡、缺陷皆主空虛。

**商旅**：商旅平滿者經商得利，缺陷則無。

**生門**：生門是生殺位，平滿主吉，缺陷、色惡主凶。

**山頭**：山頭是六十歲後極重要的部位，主要觀看會否受人尊重及年老之遠方運。

## 第十二列十一位歌

十二承漿祖宅安，孫宅外院林苑看；
下墓莊田酒池上，郊廓荒坵道路傍。

**承漿**：承漿豐滿、無紋，主晚年衣祿；窄狹、凹陷則無，書云：「承漿骨開家富有」是也。

**祖宅孫宅**：祖宅又名居宅，平滿有，缺陷無，書云：「居宅平滿祖宅多」。

**外院**：外院平滿者有六畜田莊，缺陷則無。

**林苑**：林苑平滿者有山林、園苑，缺陷則無。

**下墓**：下墓豐滿者有墓田；缺陷、色枯者，積世不葬。

**莊田**：莊田平滿主福祿，缺陷則無，書云：「莊田平滿安享天年」。

**酒池**：酒池豐滿者常有酒食；缺陷、紋痣，主因酒成疾或喪命。

**郊廓**：郊廓平滿主進六畜，缺陷則無；色惡主六畜損，書云：「郊廓有虧，艱辛度日」。

**荒坵**：荒坵平滿光澤者，主墓吉；缺陷主墓損凶。

**道路**：道路平滿者行人道路吉，凹陷、色惡主凶。

# 第十三列十位歌

十三地閣下舍隨；奴僕碓磨坑塹危；
地庫陂池及鵝鴨，大海舟車無憂疑。

**地閣**：地閣端正平滿且兩邊飽滿肉豐，主富貴；肥厚積蓄，主中晚年發迹，且早得父母力；缺陷主晚年敗業貧困；若地閣太長又無輔，則不相稱，主老無居所，尖露者同論。

**下舍**：下舍平滿者有外舍，缺陷則無。

**奴僕**：奴僕平滿，主有人供使喚，缺陷則無。

**碓磨**：平滿有，缺陷無。

**坑塹**：坑塹為坑塍圍塹之位，平滿有，缺陷無。

**地庫**：地庫又名地倉，骨肉肥厚、開闊朝天倉者，晚年衣祿厚，書云：「地庫不尖家有餘錢」；尖則晚年淒涼。

**陂池**：陂池平滿者有陂澤，缺陷者無湖田；黑子忌水厄；色惡主口舌。

**鵝鴨**：鵝鴨肥厚肉起者有下屬、鵝鴨多，凹陷則無。

**大海**：大海是水厄位，以氣色為斷，潤澤主吉，赤色主溺死，黑子、色惡亦然。

**舟車**：舟車觀遠行吉凶，潤澤主吉，黯慘主凶。

## 十三部位的分類

縱橫十三部位，是將人的面相分開一個個部位而論，雖然很多相書都有提及，但未能盡善矣。

### 十三部位的分類：

一．由天中開始至印堂，均與功名、事業有關，包括公共關係、貴人、父母影響和助力。

二．印堂以下、準頭以上，與兄弟姊妹、親戚有關。

三．準頭跟財富有關。

四．人中橫列與兒女有關。

五．水星、承漿跟晚年健康有關。

古人清楚地將人的臉孔橫分為十三分，再垂分隔成若干分，是為面相上的不同部位，這在相學上稱之為面鏡。十三部位主要針對問事氣色而言，讀者運用時要仔細，不可分心。

# 第八章

# 相學古籍摘錄

# 《人倫大統賦》論額

欲察人之成敗得失，欲覽人之一生際遇，必以面相為本，而面相中，又以額為先。

額相位居面相三停的上停，是極重要的一個部位。這等於一部著作的封面，只要看到封面的設計，便可大概知道那是怎樣的一本書，也不難猜測其內容性質分類。面上的額部，正正是一個人的一生故事。

要研究額相，首先得瞭解此部位的功能，大體上可分為以下三項：

一・額相代表一個人三十歲之前的流年運程。

二・額相可看出一個人智愚、器量寬狹、祖上遺傳、個人生死及遷移流動。

三・額居火宿之位，亦稱離宮，南離為火，故對南方人尤為重要。

知道了地區概念，就要懂得看額相是好是壞。要辨別額相的優劣，主要有以下四大原則：

一・看額形是開闊高朗，或是偏狹逼窄。

二・看骨格是否高隆充實，或是缺陷低破。

三・看筋脈顯隱、氣色晦明、痣紋善惡，當然亦須注意皮膚的張弛。

四・最後特別要留意，觀相時之時間、環境、空間之配合，或加或減，調節得失。

不過，此四項只是觀額之基本概念，要詳述其間好壞，還須明細加觀察相互印證，而其中的利弊將在下文一一細列。

在眾多古籍金典中，英才對《人倫大統賦》有很高的評價，此書被欽定為《四庫全書》術數類五，由金・張行簡撰著、元・薛延年注。《人倫大統賦》綜合了古代諸家相法，提綱挈領，英才嘗試用淺薄的見解，分析前人對額相的看法，以期拋磚引玉，望各前輩賜教。

## 一・「偏狹兮賤夭足惡，聳闊兮富貴可尚」

額相最忌偏狹，偏狹也就是低窄的意思。髮線生得低，左右的空間逼窄，自然骨法不起；若加頭皮虛薄，其人必是先天不足，智力低弱。這類人多無遠慮，難有大出息，當然只能與貧賤為友。

古相學中又有一種說法，認為額部偏狹的人，對父母的命運會有極不利的影響，若非剋爺剋娘，必定是家運窮困，亦即所謂「足惡」的人。據英才經驗累積統計所得的結論，這是很準確的定律。不過，這種按推理的解釋，是以倒果為因的方法推論而成的。

頭額偏狹，是生理上發育欠健全的象徵。追溯其發育欠健全之原因，無非在於先天不足，或者後天失調所致。根據前者的理由，可以得知其人的父母必是身體羸弱，或已年老力衰，所以在其出生以後，父母早喪，這是很自然的事。只是從前的人往往以片面結果來論斷因由，硬說頭額偏狹的人命硬，注定會剋爺剋娘。

至於相術中所說，髮低額短者多為繼室或偏房所生，也可說是同一道理；對於這一論說，英才曾以數百人作對照，得出的結論與頭額偏狹者命硬的原因大同小異。

其次，根據後者的理由，就更簡單明瞭，要非是家境貧困，何至於後天失調呢？當然其中不免也有例外，然而家境貧困，物資貧乏，必為主因，當毋庸置疑。在這種條件之下成長的人，自然會產生一種無可奈何的自卑心理，即使其人有智慧，有理想抱負，恐怕也只會是心有餘而力不足，自難與成功為朋。

再退一步來說，頭額偏狹的人也許具備其他特殊優勢，讓他能夠衝破難關，創出一番轟轟烈烈的事業，但是要留意以下兩點：

第一，額部代表三十歲以前的流年運氣，即是說，其人最低限度在三十歲以前的運氣是不會好起來的，或剋爺剋娘，或家運窮困，或事業坎坷，或體弱多病，以上四者必有一二，甚至四者俱全，這是決不會更改的。

第二，原文「偏狹分賤夭足惡」，所謂「足惡」，就是說其人縱然在中年以後，能夠創造較優越的生活環境，榮華一時，但始終很難有完美的結果，或者根本只是剎那光輝。

當然，以面相探索人的一生，往往需要配合其他部位的強弱，以及詳細的心理分析來加以推斷，但這不是一兩句話可以闡釋明白的，在此不贅。

（相不獨論）

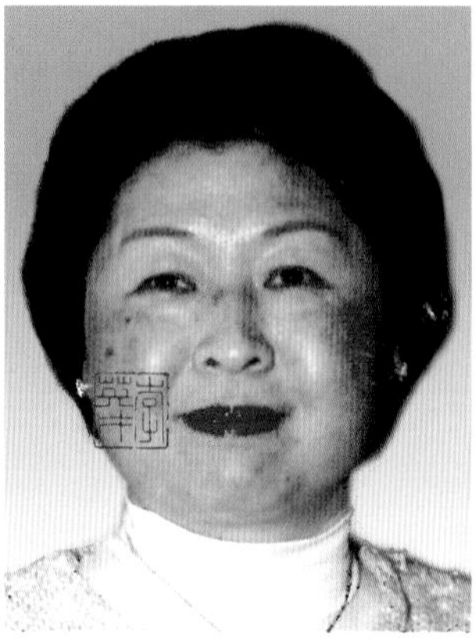

偏狹之額

（相不獨論）

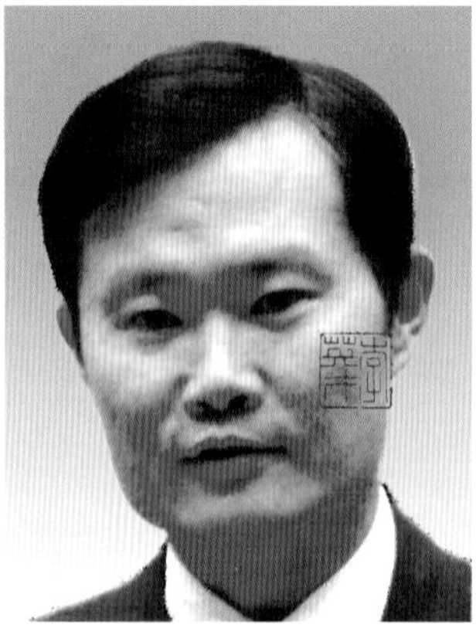

聳闊之額

「聳闊兮富貴可尚」的意思，與前一句恰好相反。讀者不妨多加留意那些城中富豪，看看是否都擁有高聳寬闊、豐隆飽滿的額頭。

「可尚」有勗勉之意，意思是說，生有聳闊額頭的人已具備了富貴的先天條件和有可能達致富貴的希望，但上天是公平的，不會平白降福任何人，所以個人的努力是不可或缺的，斷不可守株待兔而得富貴。至於能否把富貴守到終老，那更要視乎其人致富之後能否繼續努力了。

## 二．「若見伏犀之骨，定作元臣；如有額道之紋，決為上將」

「伏犀之骨」，即是從兩眉之間的印堂開始，有骨隱隱然隆起，從額中而上，向中正、天中直貫髮際，氣色光潤舒暢，沒有特別破陷，這即是相格中有名的「伏犀貫頂」，是上上之格，凡有此格者，或為一品王侯，或為千軍勇將。總而言之，得此骨相，當是上相無疑。

唐代袁天罡曾載：「見竇軌曰：君伏犀貫玉枕，十年且顯。見馬周曰：馬君伏犀貫腦，背若有負，貴且騰速。」可見這相格是於史有據的。大家不妨留意中國的政要，當中不乏具伏犀之骨的相格者，故此英才敢說，這就是今天中國有着興隆國勢的原因之一。

「額道之紋」，即是起自左右邊地的額紋，橫貫額中，像一道刀痕，沒有其他的紋理沖阻，沒有中斷，那就是最完美的額道紋。其中以愈深顯愈明晰為上品，此不單是「決為上將」之才，

（相不獨論）

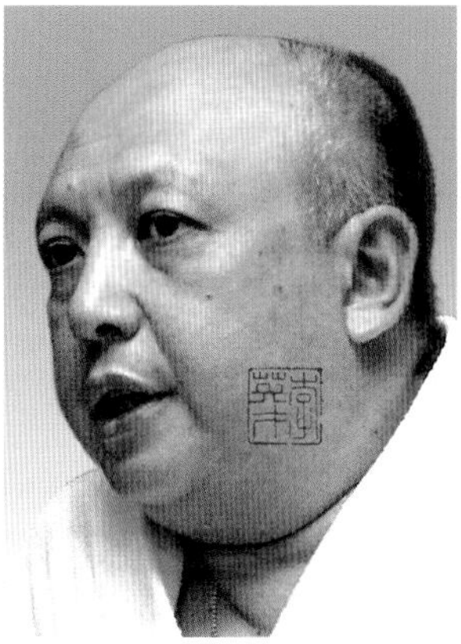

伏犀之骨

並且還一定是一名福將。

不過，大家要特別留意，相紋與相骨不同。據英才的經驗，骨法的整體聯屬性極強，凡有伏犀骨者，必有極佳的鼻骨和顴骨，腦後也必然有極佳的玉枕骨相應，可見其氣脈是一氣貫通的。

原文說：「若見伏犀之骨，定作元臣」，「定」就是必然、無所疑的意思。

相紋與相骨卻不同，不會是一脈貫通全格的，意思就是，即使長有「額道之紋」，也必須與其他部位相配合，方知是否上上之品。

事實上，販夫走卒中，也多有額道之紋，但因其缺乏其他上品相格之條件配合，故不能成為上將。所以，英才認為，原文「決為上將」的「決」字，大有商榷餘地，究其原因，是因為這部《人倫大統賦》在過去是王室的重要參考書，水準自然甚高，而原著者張行簡乃進士出身，官至太子太傅，他身邊的人自當以士大夫居多，自然少有接觸一般平民百姓，所以他的看法難免有所偏差，這是我們可以理解的。

所以，今天我們研究的時候，得着重社會現實，注意統計，加上經驗，作適當的修正，能做到盡信書就不如無書，不執着於古書上的一字一句，而是據實際的環境配合變化，這就不會再被冠以迷信的帽子，而不辜負前人的智慧了。

（相不獨論）

額道之紋

## 三・「右偏母妨，左偏父喪」

在兩眉上方有骨圓起的部位，其直徑約九分，左邊名曰「日角」，右邊名曰「月角」，亦即是十二宮中的父母宮，從這裏可以察知父母的福壽。

大致來說，日月角生得高明圓潤者，父母長壽安康；相反，如果日月角低陷偏缺，必主少失怙恃。

更仔細的，我們可以從氣色察知父母的流年運氣。如日月角顯現火赤之色，防父母有口舌官非；呈現青色，主父母有憂疑驚險；黑氣朦朧，可能是父母臥病在床不能行走；白色橫起於日月角，相學術語叫「白虹貫日」，主帶孝服。以上都是不吉祥的氣色，對父母極為不利，當要留神。所以，日月角之間，最宜經常保持一種紅黃明潤的氣色，那末令尊令堂自是喜慶綿綿、愉快幸福。

左邊的日角為父宮，屬陽性；右邊的月角為母宮，屬陰性。看日角或月角出現的兆徵，便可察知是父或母出現問題。

以下再補充一些論斷父母運程的法則，藉供參考。

一・額骨低塌，讓兩眉連成一氣，毛重是幼年失去父母。

二・頭髮生得特別低，以致頭額逼窄，嘴相如吹火，是孤兒之相。

（相不獨論）

右偏妨母

（相不獨論）

左偏父喪

三・日月角豐滿圓潤，色澤鮮明，配合雙耳，城廓玲瓏，有圓大垂珠，父母必然是顯貴而富裕之人，家境優越。

四・兩鬢骨生得直上高聳，有插入山林之勢，父母必享高壽。

五・頭額有偏虧，眉毛有高下，兩眼有大小，鼻子有歪曲，四者俱全，多是庶出。

六・兩道眉毛彷彿疊生一起，稱為「重羅疊計」，主父亂母淫，所以很大機會是私生子。

其實，看父母的吉凶、盛衰及存亡，還有其他許多的方法，殊非一言可盡，以上所述，都是較為顯淺而易見的，盼讀者能熟為運用，也就可以算得粗懂皮毛了。

## 四・「山林豐廣多逸豫，邊地缺陷足悽愴」

山林有許多別稱，如邊地、郊外，位於天倉之上，亦即是額角左右最上方、邊臨髮際之處。其實，山林的最原本位置，是沿額邊一線，即髮線附近的頭髮，而又因為頭髮密茂叢生，頗具山林之貌而得名。唯面相術所注重的不是頭髮，而重於額的邊緣。

「山林豐廣多逸豫」，豐即是豐滿，整個天倉部位的骨法宜充實盈滿；廣是廣闊，廣闊是要頭額髮際之間有擴展的幅度，具備了以上兩點，便屬上品之格。若豐而不廣，或廣而不豐，就是有所偏虧了。

「逸豫」作安樂解，意思是指山林豐廣的人，雖不一定就能享富貴，但必然能享安樂；換句話說，山林豐廣就是胸襟開闊的象徵，這類人對人生自然抱有樂觀的看法，不論貧窮或富有，精神上總是多逸厚豫的。

山林宜豐廣，最忌缺陷，這是總的法則。若山林邊地有缺陷的人，他先天就必有潛伏的憂鬱，行事缺乏自信，過分自卑，心理上早就不健康；正是有了這些因素，促使他的命運也多逢不濟，故此我們會說，凡邊地缺陷的人，必有以下情況：

第一，他必定生於問題家庭，婚姻也不美滿，例如出身貧賤、父母早亡、父亂母淫、父子代溝、缺乏家庭溫暖、婚姻難得幸福，以及不見生離必當死別等噩運。至於究竟屬於哪種情況，當然得配合其他部位的相格特徵來加以研判和區別了。

第二，個人的事業方面難得順暢。凡邊地缺陷的人，最少在流年三十歲以前，事業運必是坎坷挫折的，若要知道究竟是屬於哪種遭遇，也同樣不是一個簡單的問題，自然需要配合其他部位相互印證論斷。

（相不獨論）

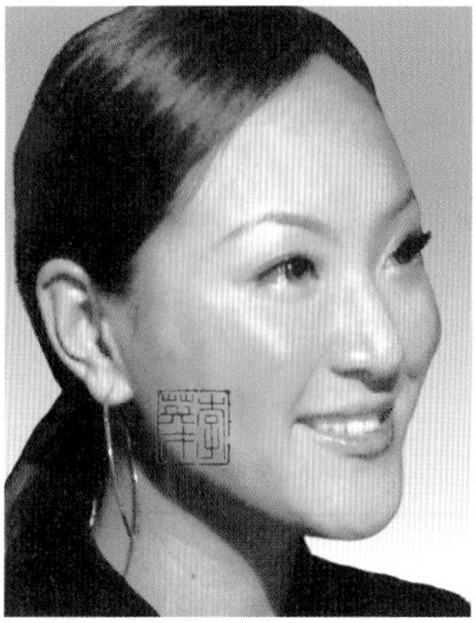

山林豐廣

（相不獨論）

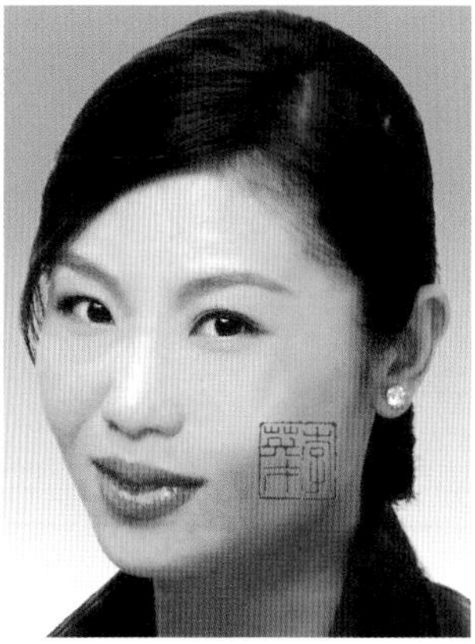

邊地缺陷

## 五．「覆如肝而立如壁，壽福實繁；聳若角而圓若環，食祿無量」

「覆如肝而立如壁」，這是形容額頭正中的部位之相格而言。「覆如肝」是形容頭額正面骨氣生得要平滿；「立如壁」是形容自印堂以上，朝中正、司空、天庭、天中諸部骨勢須要挺拔立直，脈氣一貫。

其實，凡有正面骨起而開闊的相格，必主其人先天稟賦極厚，多半是聰慧而健康，壽高而福緣厚實，表諸於外時，其人外表必予人莊重平穩的感覺。這類人意志力與判斷力均十分強，亦富正義感，對事業進取，且其發展方向，必力循正確的途徑，對於不義的功名、非禮的利祿，能始終保持「有所不為」的態度，襟懷博大，志向遠人，故能趨吉避凶，當保福澤，享有高壽。

下句「聳若角而圓若環」，就是指額相正面的一種不凡骨法而言。此相格的形態，是左串骨高起，太陽骨隱隱而現，這樣便構成了「頭角崢嶸」的基本氣勢；如再加上天庭骨隆起若環，與日月角圓潤而起，而形成鼎足之勢，即成上品之格局，而這人必居高官，享厚祿，終天壽。大概因具有此種骨格法度的人，不但本身的條件優越，而且外界的助力也極大。

以本身的條件說，其人聰明而富膽識，堅毅而有應變之才，精力尤其充沛；有了這些優勢，自然在事業上有極其積極主動的發展。至於外界的助力，在於具此骨法的人，多必系出名門世家，自小便接受良好的教育，一旦踏足社會，自有姻親、世誼等有利的人際關係。內外條件兩相配合，自然牡丹綠葉，相得益彰，故能尊享榮華，盡得貴顯，青雲直上。這也就是「食祿無量」之謂也。

（相不獨論）

覆如肝，立如壁

（相不獨論）

聳若角，圓若環

## 六．「塵蒙而身無所資，玉潤而名高先唱」

在相學而言，先天形相部位的優劣，自然決定一個人的富貴貧賤壽夭、終身成就等。貧賤之相，決不成富達貴；夭折之相，決不會長壽延年，這都是先天就注定了的。當然，每個人都希望富貴，然而富貴必先具有特定的條件，有了富貴的條件，自有富貴的形相；有了富貴的形相，那就呈現了先天的相格形貌了。

氣色的優劣，乃決定人一時的吉凶禍福休咎，來得比較實際。氣色可以隨時改變，即所謂「天有不測之風雲，人有旦夕之禍福」，一個人將面臨的遭遇，吉祥或凶禍，可以先從氣色顯示徵兆，有吉慶必先顯示祥和之氣色，有凶禍必先顯示惡劣之氣色，這徵兆預警，決不會有錯。

頭額位置是形相上極重要的部位，一個人終其一生的命運，極大程度取決於此，原文「塵蒙而身無所資，玉潤而名高先唱」，就是以一個人額部的氣色而論其當前的否泰、吉凶。

「塵蒙」，是指像蒙上一層暗黑如煙塵般的氣色，這種氣色在相人術的術語中叫做「烏鳥集天庭」，為四大惡色之一。

不論額部的骨法及其形相是好是壞，也不論當前是在流年的哪一階段，凡呈現這種氣色，都是大敗之色，將至貧無立錐、身無所資之地。至於程度之輕重，須視乎其氣色之濃淡深淺加以判斷。

「玉潤」相對是一種優良的氣色，凡遇額部的氣色明潤如

（相不獨論）

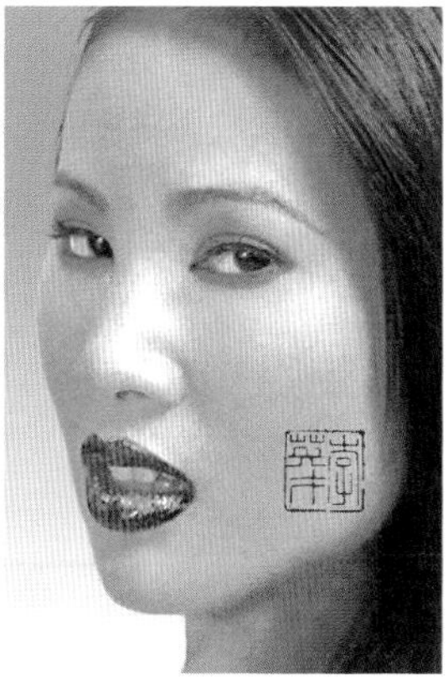

塵蒙之額

玉、光采煥發，毫無疑問其人正值走好運之時，故能聲聞而清高，先顯而早第。

原文「名高先唱」，是因應封建時代的科舉制度而言，古時在十五至三十歲，正是讀書人循科舉求仕的時候，如果天庭玉潤，自可以保證名列前茅。在今天來說，自然不是說一個人會升官為政，但其基本意義並無改變。

大抵額部長相佳，氣色又好，其人必然少年得意。即使額部長相或有不足，但若氣色特佳，也能稱心遂意，隨運而上，只是成績較諸形色俱佳者終遜一籌，而且往往曇花一現，未能持久。

總之，額部氣色光潔，即主流年運氣順暢亨通，至於好到什麼程度，或是官運，或是財運，或是家運，或是健康，自然需要配合其他部位形相互印證推斷了。

## 七．「豐隆明兮生必早達，卑薄暗兮死無所葬」

在相學而言，一個人命運通達，自有其優越條件，所以我們不應嫉妒別人的幸運，對於自己的倒運也無須怨尤。事實上，嫉妒與怨尤決無法改變命運際遇。我們得要先衡量自己的先天和外在的主客觀條件，再體會所謂的冥冥中有數，明白安於天命，接受天命，就自然能夠立於天地之中而無所怨尤了。

（相不獨論）

玉潤之額

（相不獨論）

豐隆早達

頭額寬廣飽滿，同時配合明潤朗耀的氣色，便是才識高庶、志向遠大、活力盈康、生氣蓬勃的象徵。當然，能夠同時具備這兩大條件，自必然是一個有作為、有抱負、有見識的人物，做事自當肯創造、富進取，機會未到時，會主動去尋求或製造機會；當有現成機會送上門來時，更會毫不猶疑地及時掌握，達致成功。

相反，頭額低陷虛薄，而天庭部位又氣色暗滯的人，多是先天不足，身體虛弱，而且稟性頑劣，缺乏意志力。此外，此人必是六親無靠，朋友不多，故其事業、財富也不會有所成。在這種情況之下，貧窮和疾病會同時拜訪他，所以便說其「死無所葬」。

## 八．「福堂之上氣暗慘，幼歲多迍」

「幼歲」即幼年之時，是指十四歲以前的年齡。凡在十四歲以前的的流年，在額上以印堂為中心橫連兩眉之上的日月角一帶之福堂部位，若果呈現青黑交加而又顯得滯澀的暗慘氣色，主此孩子若非多病多災，幾臨瀕死，就是父母兩失，淪為孤兒。

據英才的經驗，此文甚是準確。大家不妨留意孤兒院裏的孩子或山區裏的貧苦幼童，實不難發現他們的福堂部位，或多或少

（相不獨論）

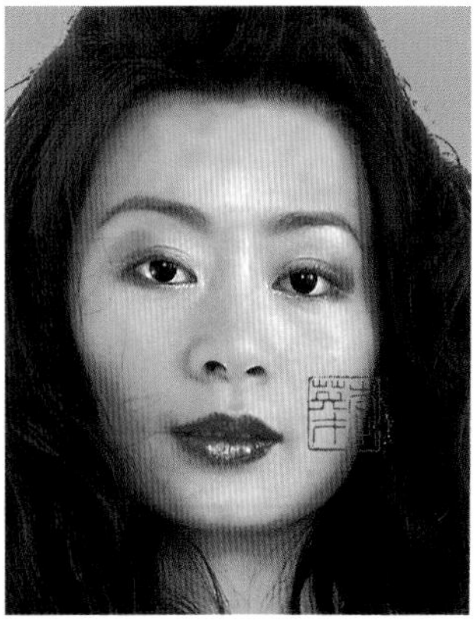

卑薄神喪

（相不獨論）

福堂暗慘，幼歲多迍

會有一絲半縷這樣的游離暗氣。

## 九．「驛馬之前色黃光，壯年受貺」

「驛馬」位在眉尾末梢之上，位臨邊城之處，亦即一般人稱為太陽穴的位置。

「黃光」是氣色中的上品之色，但當然亦必須是潤淨明耀方為佳。

「壯年」在這裏是指二十歲到三十歲的流年。事實上，額部運程也是止於流年三十歲。

「受貺」的貺字，原用作敬詞，凡有恩於己的人都可稱為「貺」。

這兩句的大意是，在流年二十歲至三十歲這一段年齡的人，若驛馬部位呈現潤淨明耀的黃光，必能得到皇帝耀封般的光寵。原文大概是指古時讀書求官的士大夫階級而言，只要他們具備這種相格，必會壯年受封，得顯光采。時至今天，當然是指受國家優先任用和栽培，越級升遷及受表揚獎助等而言。

（相不獨論）

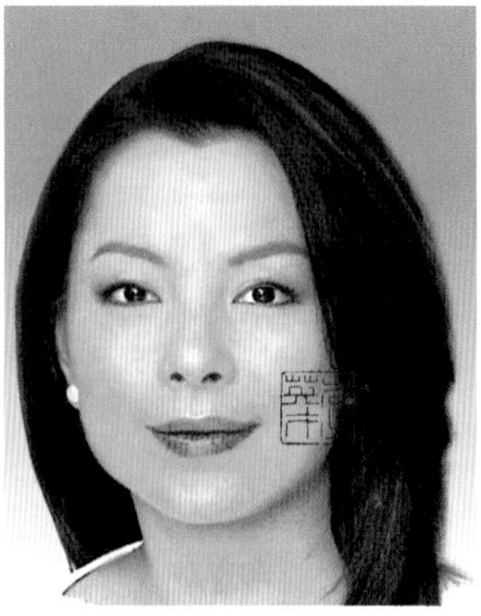

驛馬黃光，壯年受貺

## 十．「色貴悅澤，紋宜舒暢；貧薄孤獨，曲水漫浪」

人生漫漫，也只不過是數十寒暑，然而這短短數十年間，人所經歷的、體會的，卻異常豐富，當中有喜有悲，有憂有愁，有得有失，所以很多人皆以相人學家能知過去未來為奇。

儘管每人的命運各不相同，但只要大概粗分一下，總不外是苦與樂兩條路而已。已經過去的，自然已在你的臉上留下紀錄紋痕；尚未來到的命運，面上的氣色也有清晰的徵兆，只要你了然此中奧秘，便不會覺得神奇，甚至會認為那是理所當然的事。

有道「相人如相木」，以分別本質的優劣為首要之義，其訣於神骨中求之。至於要判別好壞、吉凶，一在氣色，一在紋痕。紋痕正如一株樹木的年輪，年輪寬大舒暢，生根之處必然是土壤肥沃、雨水充足，生長情況良好。如果有一道窄小歪曲的年輪，則那個時候一定遇到了天災人禍，阻礙它順利生長。一株樹如果枝葉翠茂，正是欣欣向榮之徵兆；如果枝葉萎黃，當是頹敗之兆。這是相樹木的方法。相人如相木，在原理法則上其實是一樣的。

額部的氣色關係着流年運氣，所以至為重要。本文的「色貴悅澤」，是其中最基本的相人原則，「悅」是悅目之意，紅、黃、紫皆是悅目的氣色；「澤」是潤澤明淨之意，既不枯澀，也不似一抹油光，便能夠合乎「悅澤」這一條件，而「悅澤」之於面上，代表閣下好運將至。

究竟辨別額部氣色的方法，以何為吉？以何主凶？正是說來話長。茲摘錄以下兩段訣語，附加說明，以供參考：

一・《相形氣色賦》論上停吉氣云：「慶雲現於官祿，三台八座之尊。紫氣臨於印堂，五馬諸侯之貴。天部見圓光，七旬內加官晉爵。額角留正色，三年內納陛陞階。黃氣發從高廣，一季內必轉官資，祥雲擁照命宮，旬日內當膺天寵。絲路顯於上停，官職駸駸而進。紅黃現於諸部，財源滾滾而來。奏書黃色光濃，吉祥可想。羅計黃光發耀，財喜頻添。」

以上都是論額部吉祥悅澤之色，這在古時乃專就士大夫階級而言，但在今天來說，對象範圍究嫌狹隘。此外，在實際運用時，我們還得注意品類、事象和時間三者的關連，方能應用得當，否則張冠李戴，馬嘴對不着牛頭，結果豈不是笑話？

凡看額頭氣色，須注意三個重要部位：一是中正，二是驛馬，三是奏書。中正主官祿、事業、自身、家庭；驛馬主機會、貴人、動向、喜慶；奏書主時間的遲速、進程的順逆。這三者尚屬基本原則，其他當需配合的因素太多，讀者得參看其他部位形貌，細加研究，方不致誤。

二・《相形氣色賦》論上停凶氣云：「白如枯骨，不久人間。黑似濕灰，行歸泉下。青如點染，晦氣時侵。黑或溟濛，凶災日見。赤橫眉上，九十日必主凶亡。火點額頭，一月中須防人命。滿額絳霞應有訟，貫天青氣豈無憂。天庭青點注，可慮瘟災。華蓋黑曚矓，須防卒病。太歲臨門，額上昏昏常蹇滯。邊庭晦氣，耳邊黯黯定遭迍。黑斑點額角，死症難醫。赤氣入邊庭，游魂不返。四殺黑青見，臨危授命。驛馬白虹貫，半路回程。庭前梅粉團團，須憂父母。堂上梨花點點，必喪弟兄。眉上白光如練，左損父兮右損娘。印中粉氣似絲，非喪親兮即喪己。」

以上是論上停凶惡的氣色，所論較為具體，文句和用字也較為淺白，英才在這裏不作重複解釋。

以上所錄兩段訣語，當然不能包括了額部氣色全部的變化情形，但讀者應可瞭解大概了。

一個人面上的紋痕，並不是與生俱來的，而是後天日積月累形成的。所謂日積月累者，即是其人面對憂喜悲歡時，促使面上肌肉造成表情而形成的，多笑多樂自有喜容，多哭多憂所留下的自是一臉愁容。至於紋理的形狀、深淺和數量，每隨年歲增加而異，所以英才常說，面部的紋痕相等於樹木的年輪，它刻劃了一個人一生的哀樂，它的實際意義幾乎無異於一篇洋洋萬言的自傳。

按專家的統計，一個在正常生活狀態下的人，大概在二十歲以前都不會有紋痕出現；二十歲到三十歲期間，慢慢地先自額頭，再至眼角，開始有紋痕出現；三十五歲後，耳根處開始有紋；四十歲以後至五十歲，紋痕逐漸加深，而且紋痕也逐漸侵到眼下和鼻部；六十歲的人口角打摺；邁進七十歲高齡，那時滿面都是網狀的皺紋了。所以，一個人必須對自己的面容負責，蓋喜愁之形都是自己加諸其上的。歡笑三十年，老來臉格自是祥和喜貌；相反，哭怨瞋怒積年，自是一臉惡人老貌。

「紋宜舒暢」固然是指額部的紋理而言，但宜乎舒暢，卻是對滿面祥紋的人都適合。至於「貧薄孤獨，曲水漫浪」，仍是論額上紋痕，凡形如水波曲折，或縱橫交錯，此紋痕便是相格上所謂的「曲水漫浪」，意思就是說，凡額上有紋如此，要非貧困短壽，必定是一個孤獨之人。

我們可以瞭解得到，一個胸襟廣闊、性格樂觀的人，笑容必然經常自然地浮現在臉上，這種笑容在額上所形成的紋，多半是纖長明晰而舒暢。我們會以「揚眉吐氣」形容一個人正值得志之

（相不獨論）

紋宜舒暢

時，其實，人在得意時總會情不自禁地眉飛色舞；當喜悅表現於面部時，日久便會在額部形成固定的紋痕，或呈偃月之形，或呈刀痕之狀，無論如何，就是一定會給人舒暢的感覺。相反，一個長期受貧病煎熬或者屢遇不順的人，必然經常愁眉苦臉，這種習慣累積所形成的額紋，多半是印堂有懸針，或者中正上下有斷續的或波狀的橫紋。以上都是比較顯而易見的道理。

《麻衣》有一句話說得極好：「心無憂而眉皺縮，大憂必至」，意思就是，一個人若是本來沒有值得憂慮的事，但若其心理上卻先有了潛在的憂鬱意識，這一憂鬱意識，往往就是引來重大憂煩降臨的媒介，這是一種無形的微妙力量。

事實上，額紋或吉或凶，一方面是記錄你的過去，一方面會影響你的未來。因此英才常常奉勸許多先生和小姐們千萬別要隨便皺眉頭，已經有了皺眉習慣的，最好及時注意糾正，若能夠注意這一點，則心理上也會隨之改變，對於你未來的命運也不無好處。

## 十一・「居侯伯者，偃月之勢」

「侯伯」是封建時代君主封贈臣屬的爵位名稱。周代時把爵位分列公、侯、伯、子、男五等：公、侯封地百里，伯七十里，子、男五十里。後來由於封侯勢大，發展成強凌弱、眾暴寡，互相制併

（相不獨論）

（相不獨論）

曲水漫浪

之局面，天子根本無法駕馭強大的諸侯國，遂成了春秋戰國之世，直至秦始皇併滅六國，才廢除了這一制度，改設郡縣二級制。

漢高祖劉邦稱帝後，也有侯爵的封贈，如漢初三傑，張良封留侯、蕭何封郲侯、韓信封淮陰侯，唯只有虛號，並沒有國邑。以後歷東漢以至魏晉，都同其制。

隋唐以後始有更改，或稱王，或稱公。至清代對王室封爵，除王公外，也有稱將軍的，如鎮國將軍、輔國將軍等，大都只有稱號，既沒有食邑，也沒有委任，不過仍可以世襲爵位。

「侯伯」這一名稱，當然只是封建時代的產物，在今天已然過時，儘管現在已經沒有侯伯這爵位，但不能說沒有額骨具「偃月之勢」的形相。既有這種形相，我們就不難從精神意向中找尋它的替身，雖未必能恰如其份，只要相去不太遠也是可以的。

本文中「居侯伯者」，在今天看來應該是指其人一生事業的最高潮，而其實際權位頗相當於今日封疆開府的大吏，總攬一個相當龐大地區的大權，才有這「侯伯」的味兒。「居」字又含有正統的意義，同時總得持續一段相當的時間，若只是得曇花一現，也是不夠這份價值的。

至於何謂「偃月之勢」？「偃月」就是半弦之月。這當然是指頭額的骨勢，印堂要滿，而雙峰聳入天倉，左右呈環狀，即謂「偃月」之勢也。

最後還得加以說明一點，「居侯伯者，偃月之勢」，僅僅指

（相不獨論）

偃月額相，封侯拜相

男性的形相而言，並不適合女相。假如女相中，頭額也具有這種骨法，便當如何呢？

《戰國策》有一段記載：「中山陰姬，眉目準頞權衡，犀角偃月，相之極貴。」

由此我們可以看出，凡女性具有此骨法，那就是屬於后妃之相，今天看來，應該是「第一夫人」之相格了。

## 十二．「處師傅者，懸犀之象」

「師傅」就是三公之太師、太傅。書云：「立太師太傅太保，茲為三公」，這是周朝的三公。到西漢時改以大司馬、大司徒、大司空為三公。東漢時以太尉、司徒、司空為三公。

據賈誼的解釋：「師者，道之教訓。傅者，傅其德義，保者，保其身體。」

另一說是：「師者，天子所師法，傅者，傅相天子，保者，保安天子。」

總而言之，這兩句所說的「師傅」，就是過去帝王時代最高的官階。

「懸犀」即伏犀，又名匿犀，前文已好幾次提到，然不及詳細解釋。「懸犀」是最高貴的額骨相格，其形勢是從山根部位直

（相不獨論）

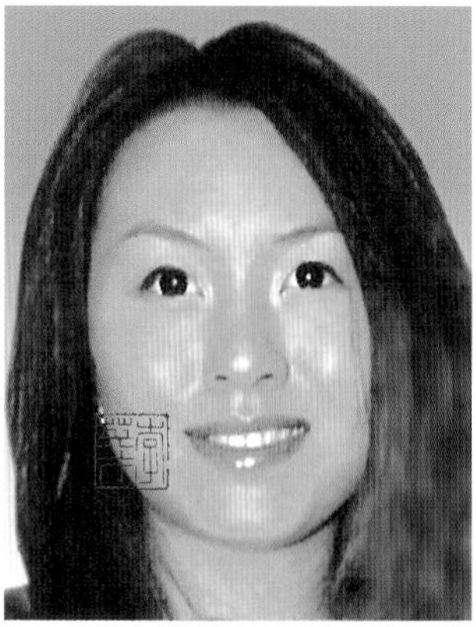

犀角偃月，后妃之相

（相不獨論）

山根托印

起，一氣呵成，貫入頂際，隱於髮線。

《九骨歌》云：「鼻骨直起上入腦，名曰伏犀骨中寶。」

陳希夷云：「伏犀貫頂，一品王侯。」

從以上可見此骨格的價值。此骨格何以會名為「伏犀」呢？原來它是自象形而來。在古時，犀牛是一種珍獸，牠的角生長在鼻端，在印度及尼泊爾所產的犀牛獨有一角；非洲則產二角犀，其角縱列，一前一後。所謂「伏犀」，就是說正中額骨挺拔聳秀，如犀角伏匿。又，犀角是半弧形朝前向上生長的，懸起時，便如額骨貫頂的氣勢，所以又名「懸犀」。蘇軾有詩云：「未見豐盈犀角兒」，大概就是指此。

「處師傅者，懸犀之象」，意思就是，凡能位列師傅的人物，必有異乎常人的形相，而額有懸犀，乃其主要之相格特點。至於論其勳烈、福壽、邪正、始終，自然還得配合面相其他部分互為印證，細加品評。

（相不獨論）

伏犀貫頂

## 十三・「鼎足三峙，列三公以何疑」

「三公」是古官名，歷代都有設置，上文已略有說明，這裏再加以補充，俾明瞭其歷代變革的情況。這對於我們明瞭相理甚具價值。

前面說過，太師、太傅、太保是周代的三公。到了漢朝便改御史大夫為大司空，與大司徒、大司馬並稱三公。大司馬在周代時原是政官的首席，到漢武帝時，設大將軍、驃騎將軍，並冠以大司馬之號，霍光以大司馬大將軍輔政，權位一時還在丞相之上。這種情形在歷史上甚為少見。

後漢復改大司馬為太尉，仍並大司空、大司徒稱三公。大司徒在周代原稱大司徒卿，為教官之正。漢代改丞相為大司徒，東漢以後稱司徒，地位相當於今日的總理。

南北朝時代，以大司馬、大將軍為二大。隋朝以後，這一官制始被廢止。後世稱工部尚書為大司空、兵部尚書為大司馬、戶部尚書為大司徒，那已是明清時代的事，不復列於三公了，其權位也與前不可同日而語。

「鼎足三峙」是指，除了額有懸犀之外，日月角同時亦須隆起，一如鼎之有三足，謂之「鼎足三峙」。凡伏犀貫頂，再有輔骨插入兩旁天倉的部位，也謂之「鼎足三峙」，也主列三公之位，所不同的，前者是太平宰相，多為文職出身；後者則汗馬多勞，其成就當然來自軍旅。

（相不獨論）

鼎足三峙

## 十四·「牛頭八方，廁八位而無妄」

「牛頭」即是頭額，以其方闊高廣，頂骨平起，與牛頭依稀有相仿之處。但最重要的是，正額八骨豐滿昂起，圓闊堅實，氣脈一貫。

八骨即額中的日月角及兩邊福堂骨、額的外圍兩太陽骨及兩顴顳骨，這八骨的方位，乃構成了所謂的「八方」。

「廁」在這裏用作動詞，是投入、投身的意思。

「八位」即八座，與前文的三公同樣是古時官階地位的一種尊稱，位列三公之下。現詳列其歷史以茲佐用。

據《復典》載：「漢以六曹尚書，并一令一太僕為八座。隋唐以左右二僕射六尚書為八座。」

八座是由漢成帝以前歷朝的九卿職務遞變而來，成帝時令尚書分曹任事，九卿的職務於是有移易。至隋唐之時，正式設吏、戶、禮、兵、刑、工等六部，統之於尚書省之下。元代改統於中書省。明廢中書省，六部始皆獨立。另一說是，八座是古時官員所乘之八人大轎。蓋過去官員乘輿者，有一定的儀注，京官要有尚書的資格，地方官要有巡撫的資格，才能乘坐八人大轎，這一說也就近理。

（相不獨論）

牛頭八方，打工皇帝

（相不獨論）

牛頭骨聳，圓闊堅實

綜合全文，額骨高廣成牛頭之狀，加上八方之骨格隆凸，必然位列高官之上品格，其位只低於三公，若為平民，乃上上之相格。

以上只屬部分前額注解資料，英才不自量力，以淺薄的見識拋磚引玉，願同業前輩賜教。

# 古籍論耳

耳白過面，朝野聞名。
女人耳反，亦主刑夫。
額尖耳反，雖三嫁而未休。
耳有毫毛，定是長生之客。
明珠出海，太公八十而遇文王。
耳根黑子，倒死路傍。
承漿深紋，恐投浪裏。
耳白過面，善世之封。
顴聳印平，大師之爵。

甘羅十二，太公八十，一遲一早，何說。
對曰，此兩位前賢，雙耳俱有珠齊口角，為明珠出海。
甘羅紅如火，十二到此即遇。
太公白如雪，故主老來方遇。

耳反為官大，何說。

對曰，相有可忌有不可忌之說，豈可一例而推。

書云：

睛雖黃，有神光。

樑雖折，準頭豐。

身雖瘦，不露骨。

此俱不作破敗，還作貴相推之。

# 古代相學著述

我國的相學著述，最早有資料記載為始於後漢（二十五——二二〇年）張仲遠之《月波洞中記》、王充之《骨相篇》、王符之《相列篇》，魏（二二〇——二六五年）劉劭之《人物志》，隋（五八一——六一八年）庚季才之《靈臺祕苑》、來和子之《相經四十卷》，唐（六一八——九〇七年）趙蕤（音：移）之《察相篇》、郭北宗之《燭膽經》，五代（九〇七——九六〇年）麻衣老道之《麻衣相法》等等。縱觀各前人之著作，以《麻衣相法》似較完整，及後人相之學亦略具規模矣。

及後好此道者，託名陳希夷將《麻衣相法》復加增訂輯錄，其名曰宋（九六〇——一二七九年）《神相全編》的一部分，後有明代（一三六八——一六四四年）袁珙（音：鞏）之《柳莊集》及清代（一六四四——一九一一年）范文園之《水鏡集》、雲谷山人之《鐵關刀》、陳釗之《相理衡真》等等，皆為當代相家所稱頌，但仍不及清代曾國藩之《冰鑑》詳悉而幽雅，當時更被《四庫全書》（清・乾隆三十七年修訂）所收納。而後周（九五一——九六〇年）《太清神鑑》、南唐（九三七——九七五年）《玉管照神局》、元（一二七七——一三六八年）《人倫大統賦》亦被選入內，且為當時士大夫所重視。

此外，坊間較少人知者有明代的《古今識鑑》（袁柳莊父子）、《續古今識鑑》（陸位崇）、《人相大成》（袁忠徹）、《相法全書》（王文潔）及清代的《靈山祕葉》（白珉禪師）、《燕山神相》（石亭）、《大清相法》（高味卿）、《金較剪》（棲霞山人）、《相圖祕旨》（雲谷山人）、《海上玄相》（石階撰）、《太乙照神經》（右髻道人）。

另外還有：《萬金相法》、《人象大成》、《王氏風鑑》、《人生要旨》、《群品廣鑑》、《洞微玉鑑》、《金書寶印》《三輔新書》、《西岳截相法》、《五總龜》、《靈祕經》、《白猿經》、《肘後經》、《伯樂經》、《貧女經》、《神眼經》、《袖裡經》、《洞玄經》、《海底眼》、《通仙錄》、《鬼眼相》、《識人論》、《造神論》、《洞賓賦》、《千金賦》、《三才歌》、《風鑑歌》、《竹輪」、《龜鑑》、《心鏡》、《神解》（以上三十多種皆未注撰著者姓名）。

民國時，文化交流通廣，知識水平普遍提高，能人輩出。民國時的相學著作有：《中西相人探原》（表樹珊）、《平園相法》（湯文奐）、《相法集成》（狂若子）、《蟠龍命相》（王宇綏）、《祕本相人法》（陶承章發行）、《相門精義》（陵空居士輯）、《面相祕笈》（史廣海）、《觀人稽古錄》（何仲簫）、《觀察術》（吳長貴）、《東西洋相術》（張邁生）、《女相術》（李川）、《中國揣骨相法》（王樂天）、《西洋骨相學》（盧毅安譯）、《痣理大全》（西方士）、《痣相術入門》（程羲譯）、《公篤相法》（陳公篤）等，內容各有所長，可資參考。

悉世間秘籍未刻之本，亦多有足珍者，但可遇而不可求，不能盡錄。近代更百花齊放，如《圖解人相學》、《骨相學》（蘇朗天）等等。

八十年代初，東南亞包括香港、台灣、日本的術數界所出版的相書，更是數以千計，難以一一輯錄。唯以上資料也可令讀者對相學書籍有較深的認識和瞭解。

# 《石室神異賦》輯錄注解

一．「**相有前定，世無預知**」（預知言人，不能先知之也。）

**古注：**人之生也，富貴貧賤，賢愚壽夭，禍福善惡，一定於相之形貌、皮膚、骨格、氣色、聲音焉。仙翁嗟夫，世人無有能預知者。

**今注：**今世之相，乃前世所修之結果，即前世因，今世果，完全是因果定律。前世所修之福澤，惠及今世，所以有謂「相有前定」。然今世之相早定，行事方法卻可因一念一行而改變，這是不能預知的。而福澤之惠，乃相術之依據，不論才智，凡前世所行，積為今世之面相，故論相即以所稟受之形質為依據，形質好相理氣質也好。此外，雖然法則不涉其人之才智，唯才智努力可改變今世之一念一行，從而惠及晚運福澤、來世因果，所以千萬別放棄努力，以免日後慨嘆「少壯不努力，老大徒傷悲」。

二．「**非神異以秘授，豈靈凡之解推**」（解，上聲）

**古注：**欲預知相之前定者。非神妙異常之典。不能知。然後密授此書者。又豈世俗下等之人。所能解推哉。意謂必希夷能之也。

三．「**若夫舜目重瞳，遂獲堯禪之位**」（堯之子，丹朱不肖。聞舜之仁孝，故以天下禪於舜。）

古注：舜，虞帝，瞳目童子也。言舜有重瞳之異相，遂受帝堯之禪，而有天下。

四．「**重耳駢脅，果興霸晉之基**」（重耳，獻公之子，因出奔後復其國。）

古注：重耳，晉文公名。駢，並也。文公有駢脅之奇骨，果興晉國之基，而成霸業。

今注：凡功成利就之人，其相必有與眾不同之處：曰舜帝因生有一目藏兩瞳，終得堯帝禪讓為王；春秋五霸之晉文公，亦生得雙耳特長，長至雙肩，終成一代霸業。所以自古生有特別相格的人必有特別才能，再加上個人努力，終成特別的事業，歷史上多有這樣的例證。

五．「**發石室之丹書，莫忘吾道，剖神仙之古秘，廣與希夷**」

古注：麻衣謂：今日問發石室丹寶之書，剖決古仙秘奧之典，授爾希夷。吾之相法，盡於此矣，當念念不忘可也。

六．「**當知骨格為一世之榮枯，氣色定行年之休咎**」（榮枯即貴賤。）

古注：骨格無易，相之體也，則一世之榮枯，可由此而知。氣色旋生，相之用也，則行年之休咎，可由此而驗。知者參之，人之貴賤，思過半矣。

**今注：**凡相格，必以骨格氣色相互合併，互為論斷。相格基礎即骨格乃先天而生，難以改變，唯氣色是可以受後天的修養而改變的，其形質可發自內心，然氣也是難以駕馭的，故需要兩者相互印證運用，而參悟其中關鍵，以推斷吉凶禍福，順應其中，這就是相學，與坊間相術不能同論也。

**七・「三停平等，一生衣祿無虧」**（一身三停只重在平等。）

**古注：**自髮際至印堂為上停，山根至準頭為中停，人中至地閣為下停，此面上三停也。頭腰足，為身上三停也。古云面上三停額鼻閣，身上三停足頭腰。三停平等多衣祿，長短如差福不饒，則衣祿豐虧，於此可見。

**八・「五岳朝歸，今世錢財自旺」**（五嶽若得朝拱，謂之有情。）

**古注：**左顴為東嶽，右顴為西嶽，額為南嶽，地閣為北嶽，鼻為中嶽。此五嶽欲其朝拱豐隆，不欲缺陷傷破。混儀云：五嶽不正，相君終始寒薄；八卦高隆，須是多招財寶。財錢旺相，於此可見。

**九・「頦為地閣，見末歲之規模」**（六十水星管事，七十一至地閣，謂之末限。）

**古注：**豐厚者富饒，尖削者貧薄。凡相人末限，在此地閣為水星，屬下停。若推金水型人尤準。

十．「**鼻乃財星，管中年之造化。**」（四十八至準頭，四十九至蘭臺。）

古注：豐隆端正者貴顯，掀露偏曲者下賤，屬中停。若推土型人最應。

十一．「**額方而闊，初主榮華，骨有削偏，早年偃蹇**」（額為官祿，十五歲主之故云初限。）

古注：額為火星，乃官祿父母之宮，在限為初。若方正寬闊，必主初年榮華，其骨尖削偏陷，須見早年不利。

今注：大體上一般之相法都以上列之說為基礎，或以此為標準。上中下三停均定，即早中晚年運程皆平均，風不高浪不急，一生波折欠奉，未必是如意之相。所以運勢之驗證，須得配合每部分之細節，區別形質，配置中高低優劣。論相當然絕不可斷章取義，待整體綜合觀看，不可流於見樹而不見林之情況。此外也得細看辨別好壞部分之真偽，有時每部分之外表，看似形優，然其形質顏體並不一定上佳的。相反，外表差劣的部分，也有深藏不顯之優，而任何一部分之好壞真偽、要仔細觀察累積經驗，反覆印證，不能故步自封，墨守成規，才能準確。

十二．「**目清眉秀，定為聰俊之兒**」

古注：眉分羅計，目屬陰陽。眉宜秀而不粗散低垂，目宜清而不昏暗斜視。雖未富貴，必為聰明俊秀之兒。

十三．「氣濁神枯，必是貧窮之漢」（此言人之神氣。）

古注：相中言神氣最多，人所難辨。觀夫白閣道者老云，神氣者百關之秀裔也，如陽氣舒而山川秀發，日月出而天地清明，在人為一身之主，諸相之驗。故《清鑑》云：大都神氣賦於人，有似油兮又似燈，氣神不濁人自富。油清然後燈方明，然則神氣濁枯者，終身不達。

今注：凡相人眼神，強弱、清濁是重要的一環。目清，即眼睛黑白分明，聰明之相，然眼神疲弱，目光呆滯，也總不是聰明之證，即「聰慧」也須「目慧」方為上。眉與目，定要一體同觀；眉要清秀為佳，眉毛不可短促，不然怕有健康問題出現。當中也有例外者，若屬土形人，其眼神及五官不忌渾濁；相反，形濁、相濁可為此形人格帶來致富聚財之兆。故此凡斷相，皆須縱觀全相，再仔細推敲以為佐證。

十四．「天庭高聳，少年富貴可期」

古注：天庭位在印堂之上、髮際之下，以其處於至高之位，故曰天庭，宜高聳，如立壁覆肝，無痣紋偏陷，更兼五嶽朝拱，幼必貴顯。

**十五．「地閣方圓，晚歲榮華定取」**（田莊與承漿並奴僕。在地閣兩旁。）

**古注：**地閣在承漿之下、頤頰之間，為田宅奴僕之宮，若方則貴，厚則富，削薄則貧，方而又圓，末主榮華。

**十六．「視瞻平正，為人剛介心平」**

**古注：**視不欲偏斜，若斜視者，其人奸邪，心必險惡；正視者心地坦直，志氣剛介。

**十七．「冷笑無情，作事機深內重」**（此相心事。）

**古注：**凡與謀為，惟冷笑而不言情由者，其人機謀必深而難測，心量必重而不輕也。

**今注：**天庭為前額，地閣為下巴，然而還得看部位的骨肉能否均勻相配，假使一個人的嘴角向下拗，並有深刻雜亂的皺紋，則縱然下巴圓厚，然其晚年仍可能孤獨寂寞，即使有兒有女有妻妾，也難有同住之人。一個人的眼睛，可以看出他內心喜惡好壞，脾氣是剛是柔是強是弱，行為正當或偏邪。而常作冷笑，多主機謀心算，為人內斂之極。

**十八．「準頭豐大心無毒」**（截竹者平也，鷹咀者勾也。）

**古注：**準頭為土星，主乎信，若豐大如獅子，截竹者心必善；如鷹嘴者，性多毒。

十九．**「面肉橫生性必凶」**（面肉闊者，如橫生。）

**古注：**面肉即顴骨，與肉俱露而橫生者，其性必凶暴。

**今注：**準頭又圓又大的人，對人誠實忠厚，值得信託；兩顴面肉橫生的人，氣量狹窄，脾氣壞，富攻擊性與破壞性，不能受任何的委曲或吃虧，常有過分之反應，所以要提防着，不要引起誤會。

二十．**「智慧生於皮毛」**

**古注：**皮膚細軟光瑩，毛髮疏秀潤澤者，必智慧聰明。若反此者，必粗俗也。

二十一．**「苦樂觀乎手足」**

**古注：**手指節粗大枯梗，足背瘦長乾燥者，其人必辛苦。手若細軟潤澤，足若骨肉圓肥者，其人必逸樂。

**今注：**皮滑光澤，毛髮細嫩，多屬心思密謀之相（無神另論）。手掌腳相忌骨橫粗露，宜手細腳厚，一生苦樂也視乎有勞無功或為口奔馳之相也。

二十二．**「髮際低而皮膚粗，終見愚頑」**（髮際低者，而受人之壓服，主賤。）

**古注：**髮際若額而低，皮膚燥枯而粗者，畢竟愚頑之徒。

**二十三・「指節細而腳背肥，須知俊雅」**

**古注：**指節細膩如春筍，腳背豐肥而有肉者，必俊秀閑雅之人也。

**今注：**髮際低即髮線低，前額就相對變得狹窄，這表示父母親的年齡相差很大，老夫少妻的結合，且是老來得子；皮膚粗糙，表示勞動勞碌，兩樣相格皆有，便是所謂愚頑，即是指頭腦較笨又固執。手指指節細的人聰明，腳背肥厚的人收入不錯，亦是富貴中人的相格。

**二十四・「富者自然體厚，貴者定是形殊」**（殊者，言與常人不同。）

**古注：**體貌豐厚者，倉庫無虧而必富。形相清奇者，骨格異常而必貴。

**今注：**《石室賦》的原文為「富者自然體厚，貴者定是形殊（或作奇特）」，但部分古籍加注了「預防肉流」和「當查內濁」八個字。所謂肉流，就是身體肥胖但體質虛弱而不堅實，肉軟綿綿的沒有彈性，但就外表看，卻很像是體厚；內濁就是缺乏內涵，或前人擔心原文太簡略，所以加以補充，以免分不清真偽，而判斷錯誤。

**二十五・「南方貴宦清高，多主天庭豐闊」**（南岳，恆山為南方之主。）

**古注：**南方以天庭為主，天庭為額，乃火星也。南人若頭額豐闊，而不偏陷，官祿星得躔，故多為清高貴宦。

**二十六．「北方公侯大貴，皆由地閣寬隆」**（此分南人相天庭，北人相地閣。）

**古注：**北方以地閣為主，地閣為頦，乃水星也。北人若頤頦寬隆，而朝天庭，君臣相得局，故多為大貴公侯。

**今注：**人之相格與出生的地方有着極奇妙的緣分，就是所謂地緣，地緣與出生的地點與地形有着莫大的關係，如果相格能與氣候地形配合，這也是能成功的其中一種條件，如果相格與氣候及地形相反，而又有少見的特殊優點，亦有可能有着特殊的成就。

**二十七．「重頤豐頷，北方之人貴且強」**

**古注：**頦頤肥大，而若重兩腮，頷闊而如燕頷者貴，而且強也。

**今注：**先瞭解下停各部位的名稱和位置，「頤」代表臉頰之下，「解頤」即開心笑，主福氣及滿足代表。「頷」即下巴頦的左右底部，「笑而頷之」即樂於應允，主中年孝義，晚景功德回報，子女反芻之意。「腮」是下巴兩旁骨重地方，主精力、魄力及晚年驛馬之大小。「頰」代表顴骨以下的部位，「緩頰」即替人說情，是求恕之意；頰有承托顴骨而下接臉頤之作用，代表包容、歡愉、福分之意。「頦」是下巴最低的部位，即喉部對上位置，主晚運田宅、奴僕及健康，亦是觀看晚年最重要的部位之一。上段既說相分南北地理之別，此句承接北方在乎下巴的相格，厚、重、大、闊稱之既貴且強也。

二十八．「**駝背面田，南方之人富而足**」（駝背有肉珉，且豐厚，謂之駝珉。）

**古注**：脊背豐厚類駝峰，面貌方圓如田字，南人有此相者，既云富足矣。觀乎上文有曰：「南方貴宦清高，多主天庭豐闊」似乎相類。《廣鑑》云：浙人偏於清，若面背豐厚，得北方厚重之相，不貴而富。

**今注**：原文的駝背是指背部豐厚，並不是真正的駝背；面田即是四方形的臉。背厚是土型的特徵，四方臉是金型的特徵，據五行相生之理，金要成器，所以相生而吉利。相反，如背部過於單薄，即土薄金露，非上格也。

二十九．「**河目海口，食祿千鍾**」（此言寬廣而有容。）

**古注**：眼為四瀆之二，河也。口為百納之官，海也。目若光明而不露，口若方正而不反，貴顯食祿之人也，謂之河目海口者，言有容納，而不反露也。

**今注**：「河目」指眼睛長，三國時代的司馬懿，字仲達，當時形容他的眼睛長，可以看到自己的耳朵，他應該說是創建晉朝霸業的先鋒，死後被追稱為晉宣帝。「海口」指嘴大，唐名將郭子儀，據說嘴能容拳，終平安史之亂，復興唐室。以上兩者均指男相。

三十．「**鐵面劍眉，兵權萬里**」（謂主羅計二星，左為羅，右為計。）

**古注**：鐵面者，神氣黑若鐵色也。劍眉者，棱骨起如劍脊也。此相乃計羅橫行於天位，水氣達居於火方，非兵權萬里之兆歟。若神氣忽變而黑色，凶矣。

**今注：**「鐵面」指臉容嚴肅威儀，具備文才武略，如宋朝的良吏包拯，公正廉明，鐵面無私。「劍眉」指眉毛長而眉尾上豎，主其人智勇雙全，南宋名將岳飛，即其中表表者。以上兩者均指男相。

## 三十一．「龍頭鳳頸，女人必配君王」

**古注：**顏貌如龍光之秀異，頸項若鳳彩之非常，后妃之相。

**今注：**「龍頭」即頭骨高而有勢，「鳳頸」即圓潤頸嫩而有力。女有鳳頸的相格，縱女子樣貌並不艷美，但是必然有才智與婦德，並且福澤深厚，所以能嫁得最好的夫君。

## 三十二．「燕頷虎額，男子定登將相」（班超投筆封侯。有相者，曰，君相虎頭燕頷，飛而食肉萬里，侯相也。）

**古注：**頷在頦頤之間，骨肉豐滿稍起者，如燕頷也。頭額方圓，口眼俱大，視有威神者，如虎頭也。男子有此，班超之相。

**今注：**所謂「虎額」，就是要頭大，眼睛與嘴巴都深具威儀，鼻骨經山根隆起直達頭頂，前額正中部分就顯得特別高凸，仿若山脈之起伏，一氣呵成，相學上稱為伏犀貫頂。「頷」是指下巴，雙層的下巴配方形約兩腮骨，形成像飛燕狀的三角之勢，所以稱為「燕頷」，漢代投筆從戎的班超，便具虎頷燕頷的相格，他征服強悍的匈奴，被封為定遠侯，在歷史上創造不朽的功業。

**三十三．「相中訣法，壽夭最難，不獨人中，唯神是定」**

**古注：**相書中訣法，惟壽夭為最難，如郭林宗觀人八法，而不及壽夭者，非難而何。不獨曰人中為保壽宮，欲分明，如破竹之形者壽，要當以神氣為之主也，學者參之可也。

**今注：**富貴貧賤，都有一定的法則，只有壽命長短，最難看得準，尤其因現代醫藥衛生的發展進步，人類的平均壽命提高，從前被認為不治之症，現在都有辦法醫治，所以更難看得準。壽命的長短，與形質、精神、氣色、聲音都有關係，而精神與氣色更為重要，不能僅憑人中、耳朵、眉毛這些局部的形質以為推論。

**三十四．「目長輔采，榮登天府之人」**（輔者，佐輔之星。）

**古注：**輔即輔星，眉也。采即光也。若目細長而有神，眉清秀而有光，必是聰明登第之士。

**今注：**「采」即彩色，是指眼神寒灼有威，或是瑩光皎耀，皆指眼要有神。

**三十五．「神短無光，早赴幽冥之客」**

**古注：**目神短促而無光，視瞻無力而昏暗者，主夭折。

今注：「神短無光」，也就是神浮無根，光淡模糊，欠缺神采。

**三十六．「面皮虛薄，三十壽難再延」**（言三十之後必死。）

古注：虛者，肉不稱骨也。薄者，有皮而無肉也。故經云：「面皮急如鼓，不過三十五」，此之謂也。

**三十七．「肉色輕浮，前四九如何可過」**（言三十六歲之時當死之期。）

古注：肉者，骨之榮衛、體之基本也。色者，氣之精華、神之胎息也。肉宜稱骨而實，色宜有氣宜顯，若輕薄浮暗者必夭。故經云：「肉緩筋寬色又嫩，三十六前是去程」，正謂此也。

今注：從前的人平均壽命只有六十歲，所以有這種說法，現在男性的平均壽命已達七十歲以上，女性更高達七十五歲以上，所以這裏所說的三十六歲已不足為憑。至於孤苦貧賤或無子女者，雖然面皮虛緊，或面肉虛浮，也不會如此命短，實應兼看其他部位，方作綜合論斷。

**三十八．「雙絛項下，遇休囚而愈見康強」**

古注：老人頸下有兩路生至於項者，謂之壽絛，主壽考。人有此絛，若遇休囚，而不為凶，愈見其康吉矣。故經云：「眉毫不如耳毫，耳毫不如項下絛」也。

今注：老人家的頭頸上如有兩條明顯的條紋，稱為壽絛，是長壽的象徵之一，所以有云：「眉毫不如耳毫，耳毫不如項下絲」。但如果臉上另有其他主大凶的氣色或相徵，仍可能有危險，故仍不可一概而論。

三十九．「**凡骨頂中，有疾厄而終無難險**」

**古注**：一作「九骨頂中」。蓋謂頂額有九貴骨，然人難得俱全，恐非是，終不若凡骨頂中為有理。凡有奇骨生於頂中者，雖有疾厄。而終無危險。古云：「面無善痣，頭無惡骨」是也。

**今注**：頭頂骨為百會骨，為貴壽表徵之骨，亦為九貴骨之首，主能成名，雖遇疾病災難，也不致於有大危險，故有言道：「面無善痣，頭無惡骨」。

四十．「**骨法旋生，形容忽變，遇吉則推，有凶可斷**」（貴人則有異骨之生，如牛角蛇身牛唇之類。）

**古注**：夫人未貴之先，雖有骨格，既仕之後旋有生長。未富之前，雖有形容，既富之後忽有更改。蓋骨逐貴生，肉隨財長，而形有五行之分。病生於飽暖，憂出於樂極，而氣有五色之變。學者仔細推之，吉凶可斷。

**今注**：一個人處於順境時，若忽然精神散漫與混亂，形容變壞，氣色難看，這表示將有不利的事件發生，愈是發展得快，面臨的損失也是愈大，所以凡現此相徵，得趕緊準備應變，有退一步之法，加讓三分之功，採取低姿勢保護自己，千萬不能逞強鬥意氣。當處於逆境或窮困之時，而氣色漸漸由灰轉淡，淡能聚，氣色中可以透出黃潤，這表示一切將轉機變好，否極泰來。這兩種不同的氣色反應，可以說是相反而相應。

**四十一．「常遭疾厄，只因根上昏沉」**

**古注：**根即山根，位在印堂之下，與年壽三位，為疾病宮，宜神色光明，不欲昏暗。若時時昏暗而不明者，有疾厄之人。

**今注：**山根位於雙眼的中間。疾厄宮多指山根，亦有將命宮也歸屬於疾厄宮，因常病的人，往往在山根部位先見青黑的氣色。

**四十二．「頻遇吉祥，蓋為福堂潤澤」**

**古注：**福堂，在兩眉之上、華蓋之旁。若常明潤而色紅黃者，恆有吉祥而無凶也。

**今注：**福堂的部位在眉尾的上方，為福德宮，主思考、財氣、福澤、安閑、品德，所以為福德是也。

**四十三．「淚堂深陷，蟲肉橫生，鼻準尖垂，人中平滿，剋兒孫之無數，刑嗣續之難逃」**

**古注：**下眼眶為淚堂，宜豐滿，不宜深陷。眶中肉虛若腫，曰蠶肉，不宜橫生。鼻尖為準，宜齊大，不欲尖垂。準下唇上，形如破竹而仰者，曰人中，又名溝洫，宜深長，不欲平滿。蓋淚堂為男女子息之宮，準與人中乃宮室奴僕之位，若有此破陷，主兒孫之刑剋也。

**今注：**淚堂在眼睛下方，如果深陷或蠶肉橫生，古時主沒有子嗣，但現代都市人工作繁忙，多愛養寵物或因其他緣故而選擇不育子女。鼻準尖垂，使人中看起來比較短；或人中平滿，照樣可以生育兒女。倒是人中短或平滿的人，眼光看得不夠遠，到了晚年容易受制或失敗，缺乏助力，而有退步的現象，所以一定先要培養自己樂助他人的美德，抱定助人為快樂之本的觀念，力行實踐，因為能助人者，才會有天助人助。所謂「我為人人，人人為我」，就是這個道理。

## 四十四．「眼不哭而淚汪汪，心無憂而眉縮縮，早無刑剋，老見孤單」（此在眉目上見之。）

**古注：**若眼不哭泣，而兩淚汪濕；心無憂愁，而雙眉顰縮，此刑孤獨之相也。古云：「不哭常如哭，非愁卻似愁；憂驚神不足，榮樂半途休」。

**今注：**若果一個人習慣經常哭着臉孔，不是哭也像在哭，人際關係自然一團糟，所以不單沒有好兒女，更有敗家之憂。另外一種壞習慣是緊皺眉頭，好像心中有着永遠解不開的結，容易勞碌到老。如果說是老年孤獨，必定還有其他差劣的相徵，例如下巴尖短、嘴角下拗，才會應驗。謹記看相不能只單看一個部位，而要全盤印證方言準確。

**四十五．「面似橘皮，終見刑孤」**

古注：滿面毛竅，如塵垢所膩，俗云「橘皮面」是也。有一歌云：面色似橘皮，孤刑定不疑；雖然生一子，卻換兩重妻。

今注：面上毛竅多而深痕，豆皮下凹凹凸凸的樣子，有此面相的人必然遲婚，早婚不利，因此有「雖然生一子，卻換兩重妻」之譏，表示第二次婚姻才獲子女。

**四十六．「神帶桃花，也須兒晚」**

古注：神色如桃花，嬌嫩邪淫之人也，恐生子不早矣。鬼谷云：桃花色重仍侵目，戀酒迷花寵外妻，信乎生兒必晚也。

今注：「神帶桃花」，嫩艷浮光，不論男女都是淫邪縱慾，健康恐怕亦有問題，至於所謂遲嗣晚成之說，現今仍可部分採用。

**四十七．「眉峩聲泣，不賤則孤」**（肩聳，其形如峨峙者，孤寒之相也。）

古注：眉不欲聳而若寒，聲不欲散而如哭，有此等者，貧賤孤刑之相也。

今注：此句以人之面容，形態及表情作分析，原文正確應「肩峨」而非眉珏，意思是，雙肩不可長期高聳，若加上聲有淚音，此等相格難得享福，《麻衣》稱之為「不賤則孤」，不無道理。

**四十八．「鼻弱樑低，非貧則夭」**（山根斷兮早虛花亦此也。）

**古注：**鼻樑乃年壽之位，不宜低曲，有若此者，必傷財壽，非貧則夭。古云：「山根斷，準頭高，徹老受波濤」，正謂此也。

**今注：**鼻以樑為主，眼以神為定，額以角為榮，眉以彩為貴，唇以色為體，耳以廓為全。人之五官皆有靈魂主宰，樑無柱而非貴，傷財損壽，理所當然，在《孤獨篇》有一句：「山根斷折六親孤」，可想而知矣。

**四十九．「富貴平生勞漉，為下停長」**（此謂身上三停，非面上三停也。）

**古注：**《廣記》云：「中停長，近公王；上停長，幼善祥；下停長，老吉昌。三停俱等，富貴綿綿。若下停偏長者，末雖富貴，未免平生勞漉」。

**今注：**此處是指人身三停：項至臍為上停，臍至膝為中停，膝至腳為下停。下停長的人多謹慎小心，作事拘泥，往往猶豫而失去機會，非常奔波勞碌。

## 五十·「貧窮到老不閑。粗其筋骨」

**古注：**凡骨格，宜隆聳清明，與氣肉相滋，乃富貴安逸之相。若粗大暴露，肉不稱者，必貧窮奔波之人也。

**今注：**筋骨粗的人力氣必大，多勞動，古時主貧窮到老不安閑，但現今社會機會均等，只要肯勤奮努力，人人都有機會創業及成名，所以貧窮的說法在今天有商榷餘地。

《石室神異賦》乃《痲衣相法》其中一章，是古傳相學資料。英才授課近三十年，近年來多喜以古籍文字資料授徒，在注釋文字時往往有新的發現，實深深感激當年恩師推舉英才充當教席一職，令英才明白教學相長的道理。

# 第九章

# 流年運氣

# 百歲流年運氣

流年運勢是中國古相學的精華，也是獨樹一幟的學問，但內容駁雜，部位繁多，故並不容易學習和記憶，讀者可依據自己年齡，對照過去歲月及經歷來驗證，然後就可以運用本書所學，好好推演往後的歲月。

古人認為，臉孔部位「上法於天，下象於地」，要長得厚、闊、豐、正才好，最忌薄、窄、欹、斜。

因此，頭要圓，額要方，骨要堅，目要清，眉要長，耳要高，顴要昂，鼻要正，口要彎，唇要紅，齒要白，髮要秀，鬚要朗，天庭地閣要朝，日角月角要拱，倉庫要滿，印堂要寬，山根要直，淚堂要平，人中要深，法令要明，三停要稱，六府要強，正面要開，輪廓要分，這是極有統計學根據的說法，也是很符合人體科學的描述。

相學上有一種將面上不同部位運用在不同年歲之上的相法，稱為「百歲流年運氣圖」，也就是人的一生走運的次序，從一歲開始，根據臉上的特徵論斷每年的運程，再配合三停、十二宮各部位的吉凶及痣相的優劣，就可以明確知曉該年運勢了。以英才多年研究所得，這是極科學的相法，絕對不是迷信或附會。

# 流年法

人的壽命平均大約為七十五歲，相學家將人的年齡分為三段，以二十五歲為一段，各有其主要代表性。

一歲至二十五歲為「初主」，二十六歲至五十歲為「中主」，五十一歲至七十五歲為「末主」，流年部位在七十六歲以上便較簡略，這是因為人已活到七十六歲高齡，能保持身體健康，得兒孫滿堂，已代表運勢平順福壽，至於再之後的面相運勢，已不太重要了。

## 不同種類的流年法

一．初期流年法：初期觀額，中期觀鼻，晚期觀地閣，各以二十五歲為一期。

二．耳鼻流年法：男性以左耳算起，次行至鼻運，最後以右耳終結。女性從右耳開始，終於左耳。

三．業務流年法：以左右法令來定運勢。

四．五官流年法：左耳一至七歲，右耳八至十五歲，上額十六至二十五歲，左眉二十六、二十七歲，右眉二十八、二十九歲，左眼三十至三十二歲，右眼三十三至三十五歲，鼻子三十六至四十五歲，人中法令四十六至五十五歲，嘴巴五十六至六十四歲。

五・九執流年法：以五官及額頭九個部位定流年歲數。

(1) 左眉——主一、十、十九、二十八、三十七、四十六、五十五、六十四歲。

(2) 鼻子——主二、十一、二十、二十九、三十八、四十七、五十六、六十五歲。

(3) 口部——主三、十二、二十一、三十、三十九、四十八、五十七、六十六歲。

(4) 左耳——主四、十三、二十二、三十一、四十、四十九、五十八、六十七歲。

(5) 左眼——主五、十四、二十三、三十二、四十一、五十、五十九、六十八歲。

(6) 額部——主六、十五、二十四、三十三、四十二、五十一、六十、六十九歲。

(7) 右眉——主七、十六、二十五、三十四、四十三、五十二、六十一、七十歲。

(8) 右眼——主八、十七、二十六、三十五、四十四、五十三、六十二、七十一歲。

(9) 右耳——主九、十八、二十七、三十六、四十五、五十四、六十三、七十二歲。

六・定位流年法：以面相七十五個部位定其命運流程。

# 《流年運氣部位歌》

坊間流傳的流年運勢歌訣有以下兩個主要版本，兩者的相理及運氣部位相同，但是句子大有不同。

(1) 宋朝陳希夷《神相全編》所載的《流年運氣部位歌》

(2) 民國卅六年鎮江袁樹珊的《百歲流年運氣部位歌》

現將以上兩個版本的歌訣並列對照及分析，一方面可以看出兩者在文句上的差異，另方面可以讓讀者掌握面部觀流年運勢的方法。

## 不同版本《流年運氣部位歌》比較和解析

首二句，說明觀面相「男左女右」的大原則，即是說男性運先行左部，女性運先行右部：

(1) 欲識流年運氣行，男左女右各分形。

(2) 欲識流年運氣行，男左女右不同評。

### 一歲至十四歲觀耳

接着講一歲到十四歲的行運，面部流年是從耳觀起，耳與頭部有密切關係。凡尖頭瘦面之人，不會有肥大之耳；薄唇小口之人，不會有圓滿之耳；下顎肥大之人，垂珠（耳垂）必大。因此看耳形即可知面部格局。

(1) 天輪一二初年運，三四周流至天成，天廓垂珠五六七，八九天輪之上停，天輪十歲及十一，輪飛廓反必相刑，十二十三併十四，地輪朝口壽康寧。

(2) 一歲二歲天輪左，三歲四歲人輪迎，五六七歲地輪左，八歲九歲右天輪，十至十一人輪美，十二三四地輪真。

這裏是說：一至七歲觀左耳，將左耳分為上、中、下三部分。上為天輪，即左耳上邊；中為人輪（又稱天成），即左耳中凹處；下為地輪（又稱天廓），即左耳下邊及耳垂。

一、二歲觀左耳天輪，主聰，貫腦通腎，厚而堅者長壽；聳起過眉者，康強；輪廓分明者，優裕。耳色比面色白者，會名揚四海；耳色紅潤者，貴達高明；耳色黃白者，聲聞遐邇。

三、四歲觀人輪，耳孔要寬大，顏色要鮮明。耳內有痣者，當生貴子；耳內生長毫毛者，康壽。

五、六、七歲觀地輪，耳垂朝口者，主富貴；耳硬如骨者，腎氣強，身體健康；耳有厚肉且紅潤者，有田產，生活優裕。

八至十四歲觀右耳，也分三份。八至九歲觀天輪，十至十一歲觀人輪，十二至十四歲觀地輪，相法與左耳一樣。

## 十五歲至二十七歲觀額

(1) 十五火星居正額，十六天中骨法成，十七十八日月角，運逢十九應天庭，輔角二十二十一，二十二歲至司空，二十三四邊城地，二十五歲逢中正，二十六上主丘陵，二十七年看塚墓。

(2) 十五火星在額上，天中十六要光明，十七八歲日月角，十九天庭氣朗清，二十廿一兩輔骨，廿二司空最喜平，二十三四邊城地，廿五中正貴豐盈，二十六七丘陵滿。

這裏是說：十五歲觀額頭正中上方髮際處的火星，須要方正平闊。

十六歲觀天中，此處主通達和貴，宜平順光明，若有骨隱然隆起者最為上相。

十七歲觀日角，即左額眉角上方，宜豐隆光潤沒有破陷。

十八歲觀月角，即右額眉角上方，也不可有破陷。

十九歲觀前額面部正中的天庭，平闊骨起者主官祿，顏色宜光明紅潤。

二十歲觀左額眉角上方的輔骨，二十一歲觀右額眉角上方的輔骨，最宜有骨隆起，表示官職大。

二十二歲觀前額面部中下方的司空，一般要平正，若是有骨隆起且有光澤，代表大貴。

二十三歲、二十四歲分別觀左右額兩邊眉梢上方的邊城，有骨隆起者主貴顯，如果出現紅氣，表示將有好運臨門。

二十五歲觀印堂上方的中正，也稱天爵，主職業，宜光潤平滿、瑩淨無痕，運程便會一帆風順。

二十六歲、二十七歲分別觀左右額兩邊眉梢上角近髮際處的丘陵、塚墓，宜隆起、氣色明朗、有光澤。

## 二十八歲至三十歲觀前額最後部位

(1) 二十八遇印堂平，二九三十山林部。

這裏是說：二十八歲觀兩眉中央的印堂，亦稱命宮，此處為人元氣精神凝集之地。命宮平滿而美的人，腦髓必優，富貴之命也。

二十九歲、三十歲觀山林，即前額左右眉角上方、邊城下方，也就是福德宮的位置。山林豐滿而有光澤，志趣高超。

# 鐵關刀流年法

《鐵關刀》較《水鏡集》晚出四十五年，當中論運限之部位，即近代所用之方法，繼後《柳莊》、《麻衣相法》及《相理衡真》各書均採用其法，遂成以後通用之相法，迄今已二百餘年，無人再談古法。但對於其歌訣，各書所載有詳略之累，所示部位圖也不盡相同。以下列出解說較詳者供讀者參考：

一歲至七歲，行左耳金星運，宜輪廓紅白，忌輪飛廓反。凡小兒耳輪青暗，則有病。年壽青黑，有病而亡。

八歲至十四歲，行右耳木星運，輪廓宜鮮潤，地輪宜朝口。若耳有缺、薄、反、破，少年多憂驚險厄。耳尖者，更孤刑。無珠者，亦不利。崩破者，大破敗。凡童年命宮以雙耳為主，十五歲以前要耳珠紅潤，主早發；白者，淹滯；黑者，損壽；男左女右分形論斷。

十五、十六走天中，宜亮而色潤澤，主吉；若黑暗，主少年不利。若髮際升高，髮腳整齊，主少年順利；若髮腳不齊，或過低，或現銳角形，或頭尖，或鼻樑拗折，皆主凶險、禍災。

十七日角、十八月角，有黃潤色主吉，不宜昏暗，不宜破損，有防父母。若有痣痕，早年見服。有骨圓起，是歲喜兆。得頂、平鼻、貫印為真喜運。

十九天庭、二十、二十一輔角，切忌暗而無光。若薦任官以上，此三處更可定吉凶。若有骨高起，主是年名利雙收，須頂平、天倉豐、鼻貫印，決無阻滯。若紋破低陷，是年不吉。天庭破缺，難求正途成名。

二二司空，不宜發青赤，有骨圓聳，是年雲路發迹。若貴近廓廟，此位必高，木型更利，然要天倉豐滿相輔。若低破有痣，主幼年淹滯，並防官訟。

二三、二四左右邊城，忌紅赤為災，有骨圓起為吉，一條骨直起多應異路功名。若見低陷，則為凶兆。

二五中正，紋沖痣破，主多阻滯；骨起肉滿，是年發達。凡二十五前發迹多是頂平、天倉豐，二十五後發達須看印堂平闊，鼻上朝拱。

二六丘陵，二七塚墓，又名天倉為佐串骨，若雞卵圓起，是年大利。如額窄偏削，定遭刑傷病厄。又辨祖墳吉凶，隆滿為上。青暗色不為害；赤主災。

二八印堂部位，高闊色紅潤，鼻直貫，無紋痕，是年丁、財、貴俱見，並享父業，掌大權，有黑子；當中主印上見星，更出色。若有懸針紋破者，大不利，妨妻子父母。印堂兼管十三年事，為人一生最關重要之部位，宜黃潤、紫彩，忌黑暗。

二九、三十走山林，看眉後髮際，此位低陷者多，若豐滿，當年發迹。

以上是現今常用的流年學知識，其中變化萬千，配其人之氣色、骨格、神采，足矣。

# 第十章 課堂實錄

# 眼帶浮光，眼有桃花

## 郭先生，三十歲，未婚

(1) 眼帶浮光：

• 志大才疏，耐力不夠，不知自己去向，不能沉着應戰，面對逆境時智商不足；相反，眼藏神的人有閱歷。

• 沒耐性看書，讀書只為應付家人。

(2) 眉骨較高：

• 個性強，不認輸，強迫自己做得最好。

• 以往十分孤僻，孤立自己，不懂言笑。

• 直覺力很強。

• 不易服於人，一旦信服即便五體投地。

(3) 鼻樑較直：

• 原則性很強，有抱負，對生命有要求。

• 應付困難、逆境能力強，意志力很高。

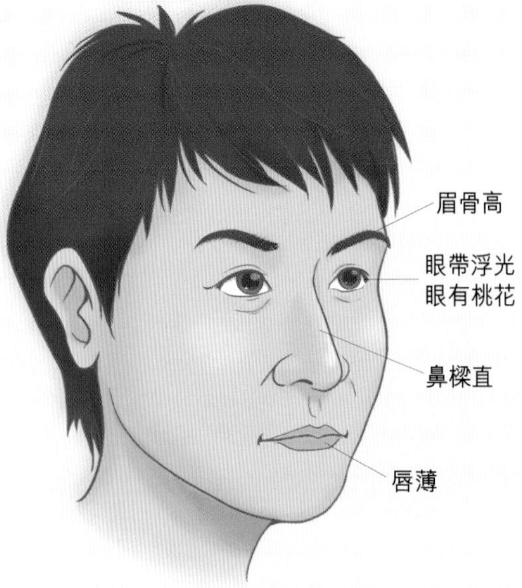

(4) 郭先生欲讀中醫，需要注意四點：

- 醫者父母心，要有一顆仁心。
- 雖有抱負，但因唇太薄，怕斷症時用詞太重。
- 雙眼水氣重，耐性不夠。讀中藥單單辨認藥材也要三至五年。
- 雙眼水汪汪，桃花太旺。

(5) 腎水弱，有肝熱：

- 腎水弱，夜睡不寧，小便帶黃。
- 有肝熱，容易疲倦。

(6) 值得稱讚的是，他已改變了自己脾氣，開始懂得談笑，但性格尚未徹底改善。

(7) 現年三十六歲，兩年前（三十四歲）有結婚機會，錯過了的話，今年結婚機會也很大，但切記不要多心，眼帶浮光是無智慧，且不知自己的去向。

(8) 宜學習多笑，所謂「人無笑臉莫開店，一笑能解萬苦愁」。

# 眼神勢利而外露

## 王先生，三十八歲

(1) 眼神勢利：

- 觀人以成敗論英雄，且過度自信，會瞧不起人。
- 以成敗論英雄，故有輸不起的性格。
- 眼神勢利，即必有所恃，本身正在行運之中。

(2) 眼神外露：

- 做事不拖延。
- 七情必會上面，喜怒形於色。
- 兩眼神露，寸土必爭，此相從未遭破敗，唯福堂凹陷，主敗於二十九、三十歲之年，該兩年工作比較辛苦。

(3) 眼神強，身材厚實，是賺大錢之相。

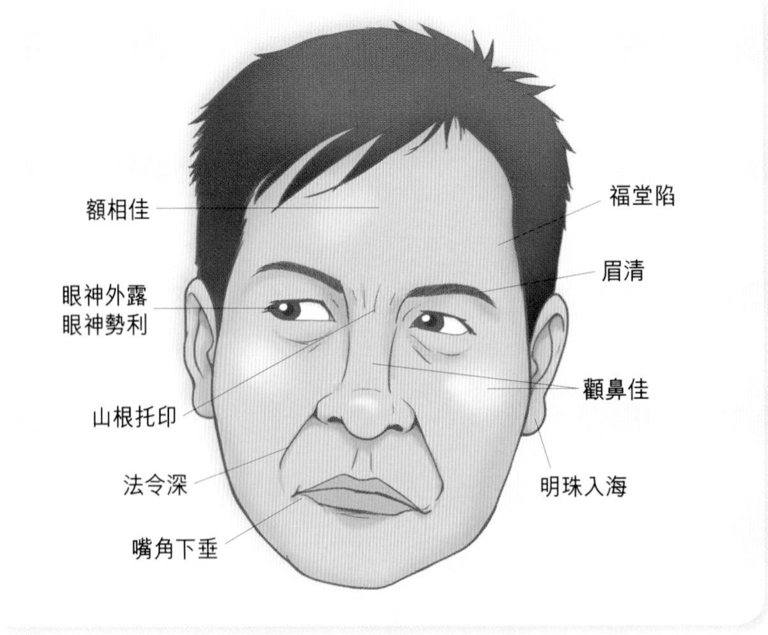

(4) 眉清，人很聰明。

(5) 垂珠向前朝，名為明珠入海，一生有異性緣。

(6) 腰圓背厚，兩眼神強，做事必能幹，但眼小器。

(7) 外貌樸實，從不認第一，此謂之氣吞河嶽之相。

(8) 此相有三項優點：

- 額上部厚身，推理能力強。
- 山根托印，自我要求很高，常常會自我檢討。
- 嘴角下垂，法令深，管下屬會以身作則，工作勤力，眼神強者更驗。

(9) 交臂而坐，自我保護性很強。

(10) 魄力強，又勤力。

(11) 書緣厚，學習主動，學業有成。

(12) 現年三十八歲，笑起來仍然那樣緊的，他不懂笑，三十九、四十歲時比較辛苦。顴鼻生得靚，加上剛過去的八年眉眼運順，額又不錯，基礎打得好，二十五至三十歲較為辛苦而已。

(13) 小器之相，最怕他輸不起，且精明外露，人盡皆知，就反為不精明了。

# 額高、鼻差、顴靚

## 陳女士，六十一歲，已婚

(1) 顴相佳，但鼻相不美：
- 一生人從未真正聽過丈夫的甜言蜜語。
- 但因眼有感情，所以她可以接受丈夫這種性格。

(2) 額角佳，二十二歲已是女中豪傑，帶領一班人做事，但器量較小。

(3) 額四方，自小便愛與男孩子爭長短。

(4) 中正飽滿，脾氣雖大，但從不頂撞老板。

(5) 此相右法令淺而折斷，左法令深長，左腳有微跛。

(6) 仙庫高，年輕時不愛旅行，現在一日遊都去。

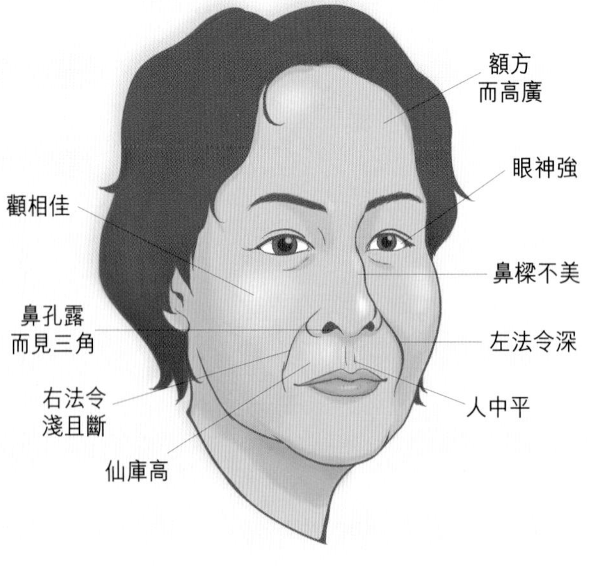

(7) 此相有以下特點：

• 福底薄，婦女能頂半邊天，很年輕已出來工作，照顧家庭，直至六十一歲高齒仍未停下來。

• 仙庫高，主艱苦出生，縱使家境轉好，仍然很節儉。

• 鼻樑削，有夫等於無夫，恩愛時會甜如蜜，但亦會吵至翻天覆地。

• 顴相佳，公私分明，跟丈夫吵架後，仍會為家人燒飯。

• 鼻孔露而見三角，人中平，主其人克勤克儉，一生所賺的錢，全貢獻給家人。

(8) 此相最大優點是眼神很強，代表虎老雄心在。

(9) 聲如洪鐘，兩眼神強，坐而不動，流年健康很好。

(10) 現年六十一歲，仍享受工作，不願停下來。

(11) 到現在對子女仍十分着緊。

# 眼帶浮光，面惡心慈

## 岳小姐　四十歲

(1) 額角佳，天倉高：
- 本性喜歡四處遊歷，即使經濟不佳也喜歡旅行。
- 容易結識朋友，但耳窄長，十四歲前較為孤僻。

(2) 眼帶浮光：
- 看書沒有耐性，很快便悶至睡着。
- 思想單純，個性很直率，說話不愛繞圈子。

(3) 眼帶凶光，但面惡心慈，表面兇惡，但相處日久，便知她心地好。
- 不瞭解自己的人生目標。

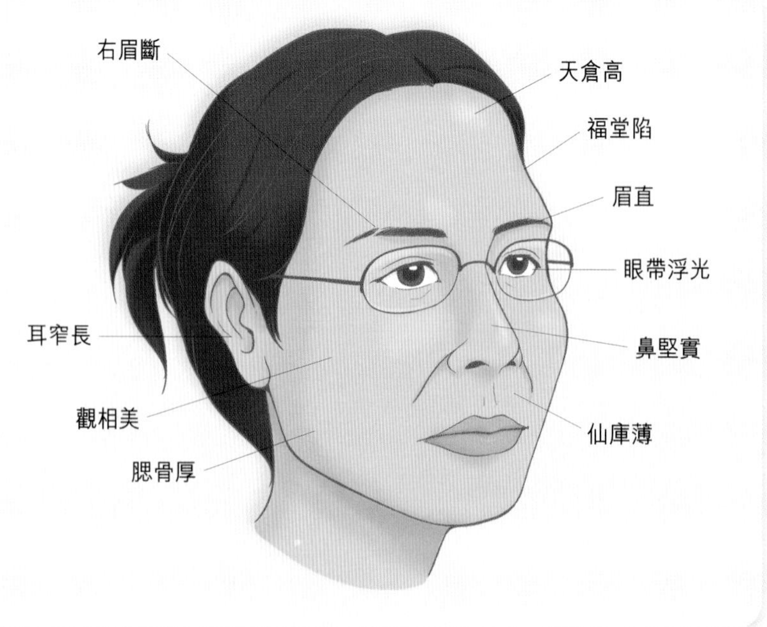

(4) 眉直，但右眉斷，主兄弟不全，母親曾有小產。

(5) 顴橫，容易焦躁。

(6) 福堂陷、仙庫薄，四庫皆空，主好花大錢，但鼻貴，又會拚命賺錢，所剩金錢會給予家人。

(7) 腮骨厚，晚運沒有問題，只怕她的錢財不是自己花，常常借予別人。

(8) 一生姻緣反覆，會為愛情做錯很多事，易蝕底給男人。骨感重，不懂處理感情，當愛一個人時，便很投入。

# 儒生相，兩眼平和

## 張先生，四十二歲，已婚

(1) 前額覆如肝，眉清見底，兩眼細長，神光內斂：這是飽讀書的相，必是大學或以上程度。

(2) 眉清見底，為人沒有架子，在本行內會很出名，得人尊重。

(3) 奸門美，眉相佳，必娶得一位幫夫的太太。

(4) 耳薄，他分開幾個階段讀書學習，而且是靠自己苦讀捱出來。讀書對他來說不是為了將來賺錢，是追求內在修為的提升，但求心中富足而已。

(5) 鼻翼薄、鼻孔露，名利富貴對他來說並不重要。他最肯花錢買書，雖然只是碩士，但看書比一般教授或博士多。

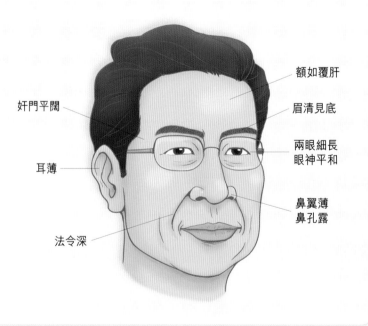

(6) 法令深：

- 工作努力，生病也不會請假。
- 法令深，律己嚴；面色平和，待人寬。

(7) 此相叫儒生相，即書生相，兩眼神和，器宇軒昂，有理想，有抱負，很多時用平常心去做人，不與人爭，自成一國，有自己一套觀念去看別人的得失。

(8) 為人較木訥，不善於逢迎，不善於應對，但善於在學問裏鑽牛角尖。此相的優點是，張先生自求學開始至現在，十年如一日，人生價值觀從沒有改變。

(9) 對別人讚與彈之間面不改容，除了工作、學問外，什麼也不放在心上，衣服隨時穿上多年也不丟棄。

(10) 物欲心不重，但因法令深，對自己有要求，有抱負，可以小事糊塗，但對大是大非非常清晰。

(11) 無論工作或家庭大小事情，都會做好妥善安排，故一生人少有驚喜，連添丁也一樣。

(12) 現職銀行界，一做便已三十年。任職銀行業只是一份工作，實際上他有一個學者心態，從表面看不出有銅臭味，是一個專心研究學問的學者。

(13) 結婚後有三個特點：

- 太太照料一切起居飲食，自己不用操心。
- 雙眼欠神，一切大小事情也會由太太決定。（做決定的人，眼要有神！）
- 奸門平闊，太太會一心一意為他。

(14) 現年四十二歲：

・外貌比實際年齡蒼老，在過去的五至十年間，一個人負責兩個人的工作。

・身體保養很好，氣色凝透於面，生活極有規律。

・去年工作最辛苦，職位明升實降，只是工作量多了，徒具虛名；四十三歲仍要捱，四十四、四十五歲轉佳。

(15) 以眼肚氣色論，生女多過生仔。

(16) 此相是：「上等人，不教而善」。

# 眼神不滿，奸門平闊

## 歐小姐，四十一歲，未婚

(1) 額相佳，三十歲前的運氣比別人順暢。
- 收入明顯比同年紀的人高。
- 工作較為舒服。
- 老板賞識自己。

(2) 眉清見底，兩眉退印，兩眼細長，但眼小器及執着。

(3) 眉清見底，兩眼細長，對文采藝術必有所好，唯眉尾散，故耐性不夠，學習時斷斷續續。

(4) 眼神不滿，眼有怨憤，帶點惱火，一發脾氣便好像暴龍。

(5) 眼神強，而且工作的動力來自開心、樂觀及享受，所以只會多做，不會少做。

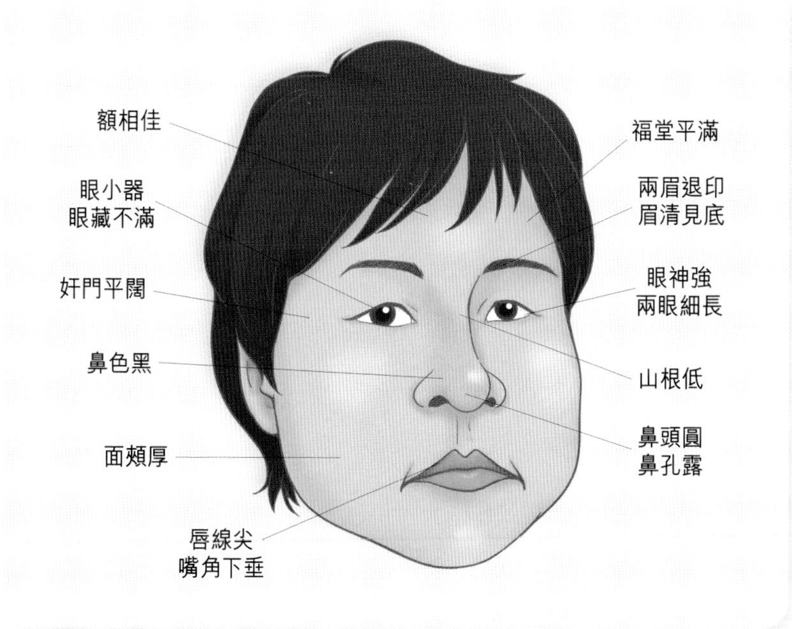

(6) 山根略低，四十一至四十三歲期間，工作較辛苦。

(7) 奸門平闊：

• 對丈夫不會有大要求。

• 懂得感恩。

• 不會對伴侶設定一個好丈夫的模式，唯奸門凹陷者便會有此情況。

(8) 準頭大，但鼻孔露，幸福堂平滿，喜愛的東西必要買得到，但必會用最低價錢購得。

(9) 唇線尖，好辯駁，不善讚美別人，但批評別人的說話可以瞬間衝口而出。

(10) 嘴角下垂，雖然好辯駁，但心地不錯，唯仍會好心做壞事。

(11) 面頰厚、眼神強的力量其實可以更大！她做起事來不當自己是女性，但宜學懂紓緩壓力，不要強迫自己對成績不滿，否則會雪上添霜。

(12) 此相幸好未結婚，否則婚姻會出現問題。現整個鼻子呈黑色，有以下啟示：

• 感情面臨抉擇，但已經決定放棄。從前有一段感情令自己失去信心，對男性仍然誠惶誠恐。

# 武將儒生，眼藏神

## 李先生，五十七歲，已婚

(1) 儒者，李先生所讀的書極多；武者，他是一名有魄力、重使命感的人。此相是儒生帶一種傲骨，所以是武將儒生。

(2) 此相眼藏神，有自己的操守亮節，三十歲前經歷等於別人兩倍，現在學曉做人，也學曉體恤下屬。

(3) 他的太陽骨相與別不同，尋真相的心很強烈，為了一字之差，可以翻箱倒篋去找尋真相。

(4) 眉濃，年輕時十分固執，不接受批評，但現在肯說笑，胸襟廣闊了。

(5) 眉生毫毛，耳又長，是長壽之相。

(6) 印堂緊緻，做事很急躁。

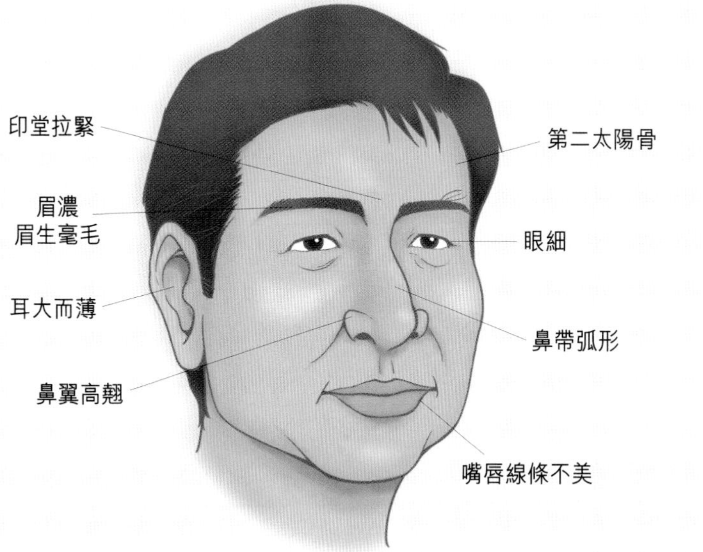

(7) 耳長又大，識朋友多，容易與人交心，但要與他深交就不容易。耳大，有以下特點：

- 父母用身教，會教他不令人吃虧。
- 惱人不會惱過夜。
- 耳大而薄是風水尾，祖父輩曾一度顯赫。

(8) 鼻高、形強、眉濃、眼細、眼神內斂，適當時會容忍，但亦可以發很大脾氣。

(9) 鼻帶弧形，管別人數精明，可任財務總監之職；但鼻翼高翹，計自己數不靈。

(10) 嘴唇線條不美，不善於辭令，但仍講得一口流利的英語。

(11) 左法令斷，去年五十六歲時麻煩事最多，今年五十七歲當權，之後最少有四年好運。

(12) 懂得珍惜時間，不會把時間浪費在無謂事情上。

(13) 喜歡學習新事物，即使出外旅行，也會像海棉一般，不斷吸收異國文化。

(14) 閑談對答間，就算別人譏笑他最自豪的地方他也面色從容，可謂是丞相肚內可撐船。

(15) 在本身的圈子權力很大，大家會尊重他，他是正直不阿、據理力爭的人。

(16) 對生命很有要求。性格緊張、急躁，但不宜以自己的工作速度去定奪別人做事的效率。

(17) 異性緣好，但怕女性幫忙，分得很清楚。

# 慈母，旺夫相

## 曾女士，四十一歲，已婚

(1) 額相甚佳，是飽讀書的相；眉形美，十分喜歡讀書，但她在學校讀書時，不會強迫自己用功，寧願重讀再重讀。

(2) 月角相理佳，母親比父親能幹，但母親讀書不多。此相受母親影響很大，是傳統賢淑女性之相，有以下優點：

- 平素不與人爭執。
- 苦難中無怨言。
- 節儉飲食。
- 遇事不會大驚大喜。

(3) 天倉不高，但地閣較闊，下巴上翹，主年輕時較內向，現在喜歡四處走動。

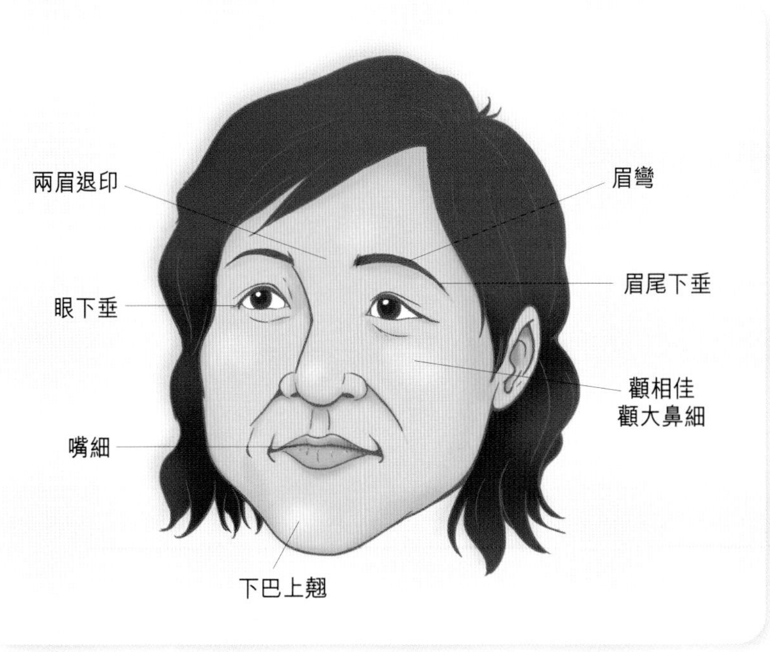

(4) 眉彎：
- 對琴棋書畫有特別喜好。
- 對別人以和為貴，不會發脾氣，權力再大也不會向人發脾氣。
- 發脾氣前必按捺一下。

(5) 眉尾下垂，眼眉下垂：
- 不求有功，但求無過。
- 心地好，感情豐富，很愛哭。
- 不打沒把握的仗，處事較穩陣。

(6) 兩眉退印，眉心見青氣，事業正處於進退兩難局面，不知如何抉擇。

(7) 福堂凹陷，主三十歲前運程低沉，三十歲後便愈來愈好。

(8) 顴相佳，主女性很顧家，且會很盡責任為家庭的。

(9) 顴大鼻小：
- 會嫁予比自己大十年以上的丈夫。
- 幼時母親關懷多過父親，故此長大後會追求父愛，喜歡思想成熟的男人，感覺安全感較大。

(10) 鼻樑美、顴相佳，是旺夫之相，婚後丈夫運情轉佳，嫁乞丐變皇帝。

(11) 耳朵短小，主幼時環境差，生活艱苦。

(12) 命門有痣，會遇水溺或意外，死過翻生。
(13) 嘴小，放工後會馬上回家，男性娶妻宜選嘴小，妻子會較戀家。
(14) 下巴上翹，很為朋友設想；相反，下巴縮入的人多為自己。
(15) 曾女士事事杞人憂天，先天下之憂而憂，是「養兒一百歲，長憂九十九」的慈母，對子女的事十分緊張。
(16) 喜歡工作，不能沒事做的。（胖了的風字面、筋骨質）
(17) 三十九、四十歲時，工作雖辛苦，但會從中找到快樂，且學懂不把工作帶回家。
(18) 面色不佳，四十一至四十三歲時，工作會十分辛苦，健康也不好。
(19) 今年四十一歲，工作會有變動，過去兩年奔波頻撲多，但因本身刻苦耐勞，外表看不到辛勞的痕迹。

# 第十一章

# 名人面相

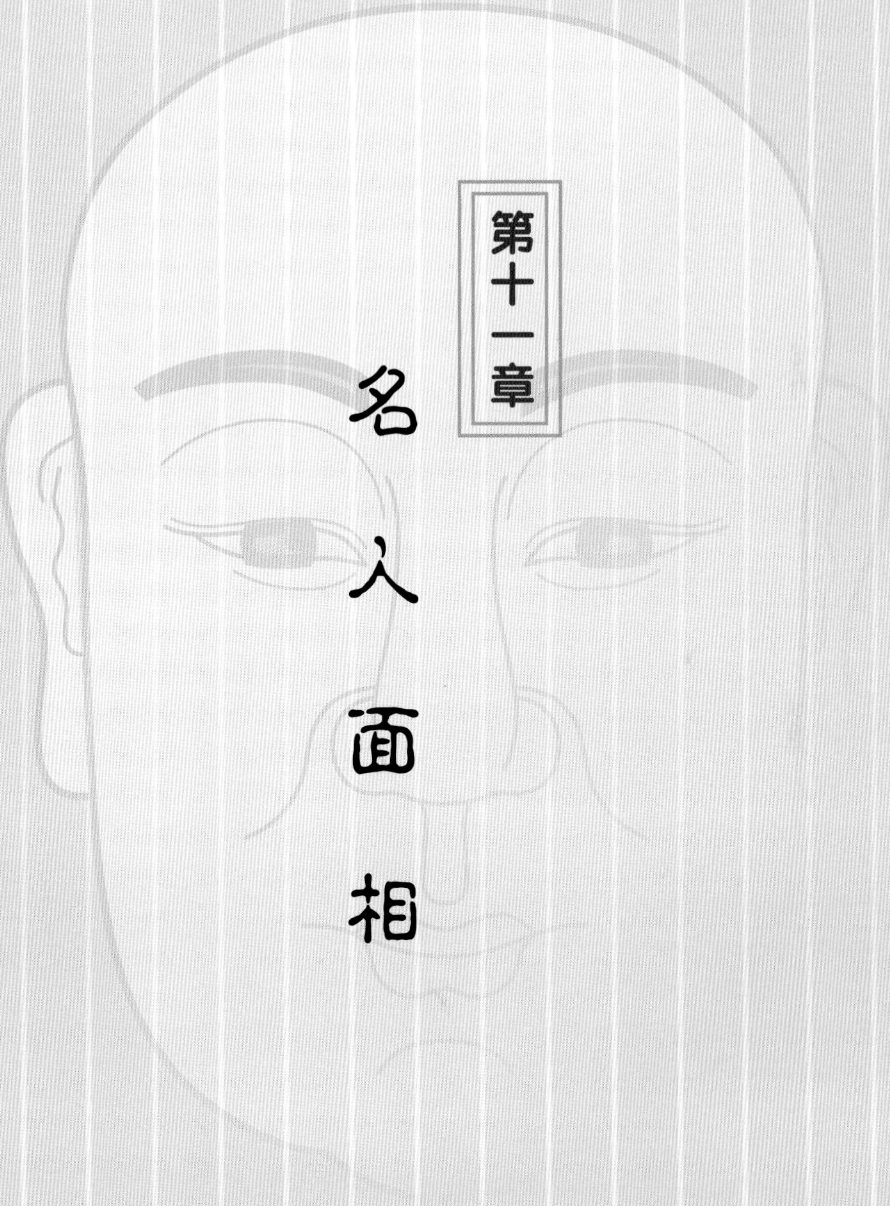

# 楊千嬅——生命力強，運勢拾步而上

論到新一代的娛樂圈開心果，相信大家都會想起大笑姑婆楊千嬅。楊千嬅歌而優則演，在娛樂圈甚為吃得開，從出道開始，工作就一直沒有停下來，她的樣貌不算美，但就永遠給人一個開心的印象。

以相論相，楊千嬅整體臉相相當協調，先看她的額部高而寬廣，而額居火宿之位，對南方人尤其重要，額廣即火星得地，代表長輩緣及上司緣佳，容易有貴人相助，少年運程暢順。

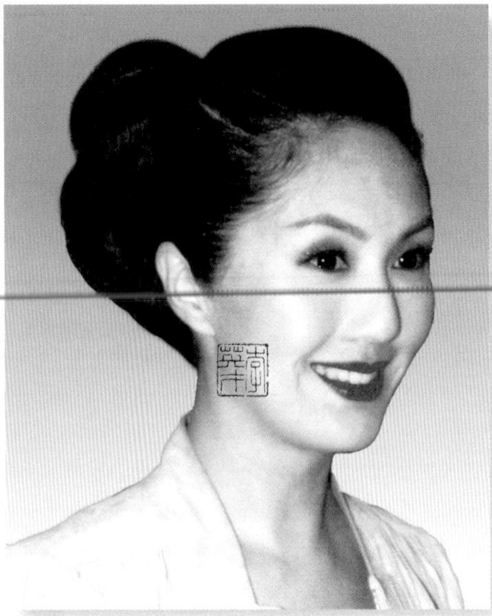

其次，她的鼻樑雖並不高挺，但也不塌，鼻翼渾圓而肉厚，準頭圓潤而與鼻翼相配合，使鼻形有勢入格成土型；加上兩顴豐厚有勢，成護土之狀。綜合來看，就是中停土星有成，所謂火生土，主中年後可得財祿而無憂。

再看她的下停，嘴形優美，唇紅齒白，牙齒緊密，此為得水星之利，配合其臉形，略呈渾圓狀，雖不至於面如滿月，也算豐厚有緻，對於事業發展大大有利，整體運程也頗佳，代表一生安定平穩。不過，美中不足的地方，在於千嬅的耳形較弱。

好的耳相，據古相學應該是「金木成雙廓有輪，風門容指主聰明，端聳直朝羅計上，富貴榮華日日新」。

然而，楊小姐的耳形長得過分單薄，耳垂尖削無肉，形成「金木開花一世貧，輪飛廓反有艱辛，於中若有為官者，終是區區不出塵」。金木者，即左右雙耳的五行代表。內耳為廓，外耳為輪，輪飛廓反者，即耳廓凸出，外耳之勢被奪，也就是說，無論其早年運勢如何暢順，也會因為金、木太差，而未能得到五行相生、循環不息的狀態，致使她在工作或做事時，總是感覺有不足之處，未能獲得完美的結果，收穫往往不成正比。

不過，她的一生整體運程，實際上是呈向上發展之勢，雖然沒有一步登天之勢，但只要不氣餒，並將種種困難和挑戰作為成長的過程和經驗，誠如她自己的獨白：「我對生命力的感覺很強，永遠打不死，具有頑強的意志力，每次跌至谷底亦能反彈起來，這就叫生命力……這是對個人生命力的考驗。」

總括來說，楊小姐的事業發展仿若「矮子上樓梯」，縱然辛苦，也必可拾級而上。

# 謝霆鋒——反叛天王晚運佳

謝霆鋒出道得很早，在年紀很少的時候，就已經成為娛樂圈的一份子。他的父母親皆是著名的圈中人，這使他從孩童時代開始，就已經熟悉水銀燈下的生活，所以在一般人眼中，他進入娛樂圈是理所當然的事。其後圍繞他的花邊新聞不少，並沒有辜負觀眾的期望，他的生活成為了市民的談資，似乎他天生就是注定該吃這行飯。

事實上，以相論相，霆鋒的額相生得相當好，額形寬闊，骨勢有力，肉厚色佳，主其少年運勢強盛，早得名聲，從小就已經得到長輩、父母的用心栽培，出道後必受上司提携及愛護。其次，他的眼神充沛有力，配合雙眉有勢，可以說是炯炯有神。再者，他的嘴角相理甚具觀眾緣，加上鼻樑挺直，鼻骨有勢，皆表示他有澎湃的自信心，絕對適合站在水銀燈下，展現才華，踏上耀己娛人之路。

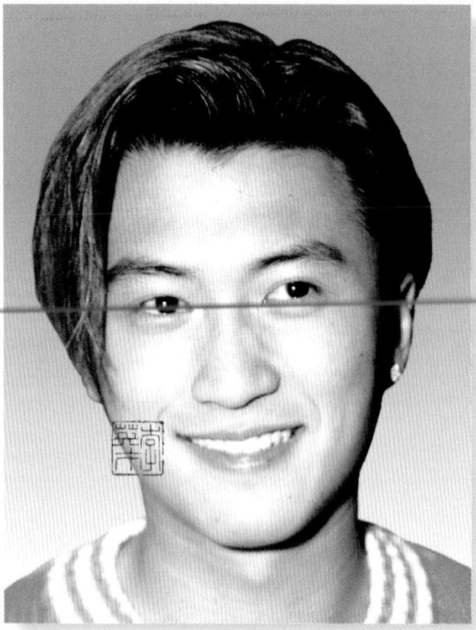

不過，老天爺從沒有創造過一個十全十美的人，霆鋒的缺點是年少氣盛，在出道之初已惹來不少惡意批評。對於這個問題，我們可以從他的眉形、嘴形及耳形三方面看出端倪。

首先，霆鋒的眉頭濃密，但眉尾卻散亂，頭尾交接之處有上下反覆之勢，這種眉相在相學上稱為「覆眉」，顯示他的朋友關係反覆，易惹是非；第二，他的嘴形線條欠清晰，容易有口舌之禍，俗語所謂「禍從口出」就是這個樣子；第三，他的耳相輪飛廓反，即是內耳蓋外耳，主其性格反叛，不受約束，不接受傳統的規範。綜合以上三點，就是他常惹是非，常受批評的原因了。

可是，這些被視為有問題的性格和行為，往往就是他的魅力所在，對大部分年輕人來說，他們都希望自己的偶像能夠做出一些出人意表的行為，以反映他們內心的反叛情緒，所以這些看似是缺點的問題，卻成為了他在星途上發展的本錢。再者，覆眉代表其人有性格，輪飛廓反亦代表具有創造力，這兩點放在霆鋒身上，造成他另一個魅力所在。

最後，在霆鋒的下停位置，下巴圓潤豐厚有勢，可以推算出他的晚運必然相當不錯，可以肯定他年輕時的種種煩惱，並不會影響他將來的運勢發展，他的運程也必然是愈走愈好，愈上愈有勁的。

# 容祖兒——三十歲後星光更燦爛

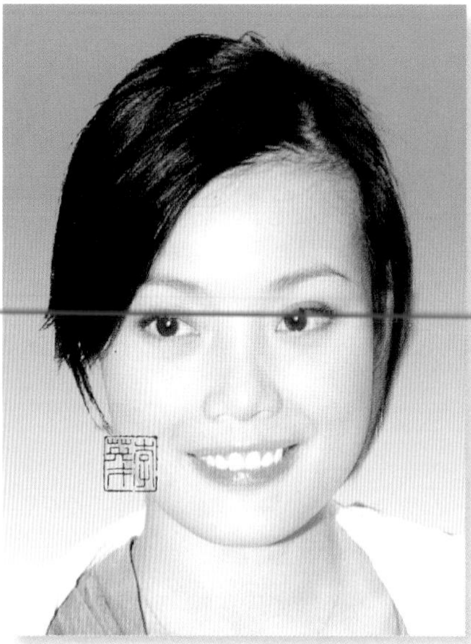

有人說，容祖兒的成功是娛樂圈的一個神話，她的樣貌不算標緻，但人緣不俗。

其實，以相論相，容小姐的相格貴在自然協調，給人很舒服的感覺，她性格平易近人，自然人人願意接受。她的耳朵輪廓分明，頭額寬廣，主其童年及少年運暢順，容易得到上司、長輩的關懷愛惜。此外，她兩眉寬鬆眉頭闊，主其性格活潑開朗，她常常保持笑容滿面，令人感覺親切。

不過，細看她的髮際，生得並不整齊，即山林的位置相理欠佳，主與父母的緣分較薄，或者是與父母欠缺溝通。再看她的門牙整齊而闊大，反映她甚為孝順，即使對父母有不滿，也會默默忍受。

綜觀而言，她在對人歡笑的時候，眉宇之間會容易帶一兩分憂愁，她心內的矛盾及不安，有時會令她進退失據，幸好她總是能得到上司和長輩的關懷。

至於容小姐的耳朵，除了輪廓分明外，她的耳提稍高，主其人聰明悟性強，但稍見高傲。耳高者有利擁有高廣前額的人事的運勢發展，而額主三十歲前的運程，所以容小姐年輕時的運勢可算是相當暢順的，可惜骨主貴，肉主富，容小姐的前額稍見薄，肉不厚，故她在三十歲前是名大於利，收入並不如別人眼中那般豐厚。

特別一提的是，容小姐的眉相屬於覆眉，主其處事態度反覆，時而積極，時而懶散，極需要上司對她的規管，不然的話，做事常會虎頭蛇尾。此外，她的左右手掌相理不同，先天左掌為人字掌，主三十歲前性格溫和；後天右掌為川字掌，主三十歲後追求獨立自主，配合眉相所反映的懶散性格，若沒有適當人士輔導，她必然會走向偏激任性之途，從而影響她的事業發展。

容小姐的左右掌相理各異，除了主她三十歲前後性格不同外，亦會左右她三十歲前後的運程。大體而言，她在三十歲之後幾年特別要注意感情上的困擾，只要能確立正確的感情觀，不任性而為，不盲目付出，遇到問題的時候，主動求教於可信任的長輩，便不會出現太大的問題了。

除了感情之外，容小姐在其他方面皆有不俗的發展，以中停而言，她的骨格圓潤，顴骨豐隆有勢，主事業暢順；下停部分下巴飽滿，地閣方圓，綜合來說是名利雙收之格。

另外，容小姐的手掌圓厚，手指呈圓椎形，這在相學上稱為圓椎手，除主福祿豐厚外，亦表示甚具藝術天分，所以容小姐絕對適合在娛樂圈發展，而且一定名利雙收，安享晚年。

# 何潤東——額高得志少年旺

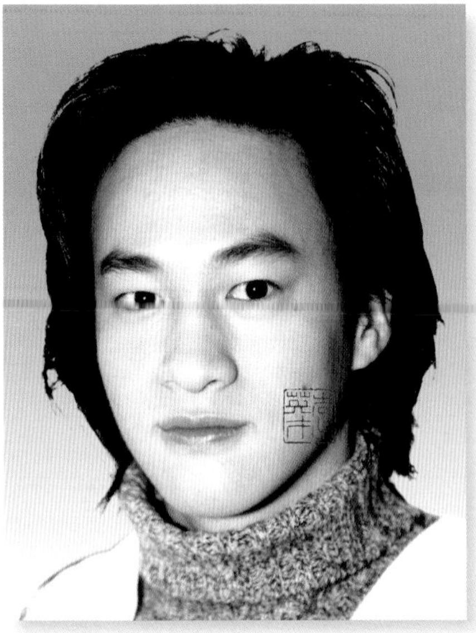

當英才第一次看見何潤東，便被他的額相所吸引。除了英才之外，相信讀者觀之，也有同感。

何潤東的前額形貌，容易讓人留下極深刻的印象。事實上，若要論一個人的面相得失，其中一個關鍵部位，就是前額，《神相祕傳》有云：「額司貴賤之府，欲隆然而起，聳然而闊；其峻如立壁、其廣如覆肝，欲明而闊、欲方而長，方可言貴，左右偏虧者主賤；缺陷削小者多災」。《人倫大統賦》亦有云：「欲察人倫先從額相」，由此可見，額相是判斷人一生命運之重要相理。

額部蘊藏着個人智慧和知識（智慧為先天，知識為後天），觀其人額之骨骼寬窄、高低及額之紋、痣、氣色等，即可判別其人資質之優劣和各種心理和病理狀況。觀乎何潤東的前額極為高聳，連帶兩邊額角也圓鼓起來，隱隱然有挺拔承托全額之勢，整條輔骨有如大貝殼般微隆而橫列於額的中央，外面則覆蓋着厚厚的一層皮肉，令福堂飽滿，實乃成功之相格。相書有云：「額方而闊，初主榮華」，意思是，額方而闊者少年得志；亦云：「髮齊額廣，英俊聰明」，意思是，髮腳齊而額寬廣者，不但智慧過人，而且外表俊朗，聰明有智慧，而何潤東自然符合以上之條件。

其次，骨主貴，何潤東額骨高廣，顯示他容易得到長輩緣，父母着力栽培，上司願意提携，少年運及事業運自然較他人暢順。而肉代表祿，所謂「肉厚一分，金多一分」，觀乎何潤東的前額覆肉如肝，以相論相，肯定他的收入也比別人豐厚。由於額部代表智慧，所以亦顯示何潤東較他人更具規劃能力，做事看事別有一套主張，旁人未必能夠容易跟得上。假如何潤東不是一位藝人，而是一門企業的掌舵者，規劃之才必可大派用場，但在娛樂圈發展，切忌太過自我，否則不容易被人接受。很多人覺得何潤東的眼神總帶着幾分不甘心，正是這個原因。

何潤東對於自己的事業會有諸多考慮，常與身邊的人對抗，以爭取自我策劃權，更常埋怨別人不瞭解、欠遠見，容易令人不滿，久而久之，他的事業發展會因此而緩慢下來。這心態若不改善，或自我醒覺，其成就便難以更上一層樓。

# 吳君如——眉心寬廣，性情爽朗

吳君如十六歲中學畢業後，受母親的鼓勵，參加第十二期無線電視藝員訓練班，正式踏入娛樂圈。不過，相對於她的同期同學如劉嘉玲、曾華倩、劉青雲等，他們都很早就已成名，而吳君如雖然亦有很多演出機會，也有一定的知名度，但她距離一線藝人尚有一段距離。

以相論相，吳君如的額生得較低，即髮際與眉心距離較短，以致出道運程不暢順，縱有機會亦難得大紅。

由於額主三十歲前的運程，由此可知，吳小姐的少年運程並不會太順利。英才想，初出道時的吳君如，必定是特別容易受壓，形成情緒低落，尤幸她的性情豪爽，能自我開解，加上她甚有人緣，使她輕易渡度不如意時期。

此外，吳君如兩眉之間的眉心的位置甚為寬廣，主為人樂觀開朗、不記仇，有謂：「眉頭闊，大快活」。她經常以大笑姑婆的形象出現在朋友之間，人緣當然是不錯。

其次，她的眉毛粗、濃密闊大，這些都是代表性情豪爽、不拘小節，男女相皆如是。吳小姐的眉相令她比其他女性更有陽性味道，她自然更受朋友歡迎，加上她有一對「招風耳」，顯示她在小孩時，性格反叛，喜歡惡作劇，常有出人意表的言行；及至她長大後，這樣的行為表現，在朋友間看來自然是大眾的開心果。事實上，據吳小姐本人所述，她在少年時已是搞笑能手，又因為她有一對招風耳，同學們都會因她的一舉一動而捧腹大笑。其次，她的唇線清晰，亦主她重情義及能言善說，當然使她贏得更多的人緣。

這裏再補充一下吳小姐的眉相，她的眉梢下彎，尚有一點少女柔情，不至於太過男性化，當她遇上心上人時，她便會收起大笑姑婆的性情，稍稍顯露少女柔情的一面，加上她笑起來面頰上有一對淺淺的梨渦，為她添上更多的少女嬌俏。不過，以相學來說，梨渦是代表其人嚮往無拘無束的生活，不愛拘束，不受管制，偶然會因為追求自由而自我放逐。

最後一提，雖然吳小姐三十歲前的發展受到局限，但她的眉眼不錯，三十歲後的運程便會轉好，事實上，她的事業的確在三十歲後出現了突破，她在一九九九年香港第十八屆電影金像獎獲得最佳女主角殊榮，榮登影后，登上銀色旅途的頂峰。

# 梁漢文——福堂有陷人消極

面相除有上、中、下三停之劃分外，亦就面部不同位置、不同部位所反映的狀況及顯現的事情而劃分成十二宮。

十二宮中的福德宮，又名福堂，乃由太陽穴兩旁對上的山林部位，再加上左右眉稍的上部位置，左為丘陵，右為塚墓，合稱而成。

福德宮能反映一個人的精神世界，能顯示其人的人生態度是積極還是消極。具體而言，若福德宮生得飽滿，代表其人心思靈敏，行為正確，計劃周詳；相反，若見凹陷，即代表其人思想複雜混亂，雜念多而不切實際，導致其一生多有大波折。

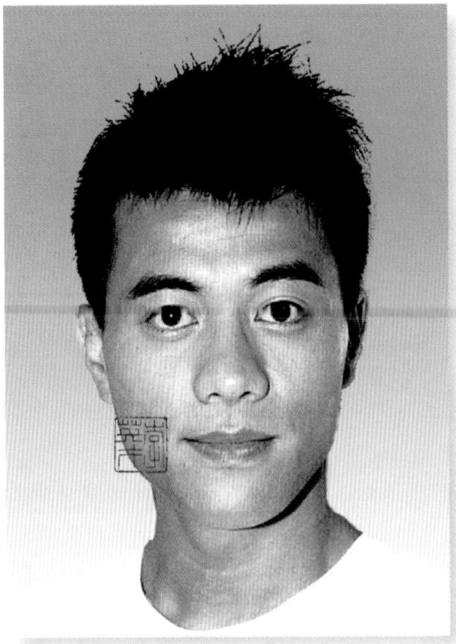

有「梁炳」之稱的梁漢文，額部雖高卻略顯狹窄，形成福堂位置低陷，主其人生觀相對較為消極及悲觀，經常會有負面的想法，容易自尋煩惱。

記得梁炳在一九九五年的《歡樂滿東華》籌款節目大中失言，他亦為此悲觀地嘆息，預測自己的星途已盡。可是，這個負面新聞卻令他的知名度提升了不少，他接着推出的唱片《愛與情》的銷量甚至比之前推出的《傷了三個心》還要好。這正好反映了他的擔憂實在有點過慮。不過，原來凡是福堂低陷的人，碰到運程稍為有阻滯時，便會思前想後，意走極端；即使在運程順暢時，也常有杞人憂天之想法，在娛樂圈這個風高浪急的行業裏，梁炳是甚為吃虧的。

山林部位的流年運程乃應於二十九及三十歲之年，低陷即顯示運程難有起色、多壓力、多困擾、勞多而獲少。

據資料顯示，梁炳生於一九七一年，屬豬，在二千年時剛好是二十九歲，事業必陷谷底；幸好步入三十一至三十四歲時行眉運，而梁炳的兩眼有神，故必能重新起步。不過，他的兩眉粗濃，有眉低壓目之勢，代表他內心急躁，常因心思紊亂而為自己增添無謂壓力，以致令辛苦爭取得來的機會大打折扣。

英才在這裏奉勸梁炳多找朋友傾訴，以減輕精神壓力，切忌胡思亂想，自尋煩惱，自然能乘着機遇，力爭到底，創造佳績。

# 陳煒——聰明敦厚穩重

中國古相學將五行（金木水火土）套於不同的相理上，形成「五行相法」或「五星相法」。古相書有云：「金星須要白，官位終須獲。木星須要朝，五福並相饒。火星須得尖，尖者有勳章。土星須得厚，厚者得長壽。水星須要潤，潤者作三公。」除了面相分五行外，掌形亦有五行之分。

亞洲小姐選舉出身的陳煒，她的掌形就屬於五行掌形裏的木型手。凡選美皆強調美貌與智慧並重，而陳小姐的木型手掌正好能夠反映出她的智慧。木型掌在西洋手相學被稱為「哲學手」，顧名思義，擁有這類掌型的人愛思考，聰明有智慧。英才觀乎有「煒哥」之稱的陳煒，她的手形修長，指形

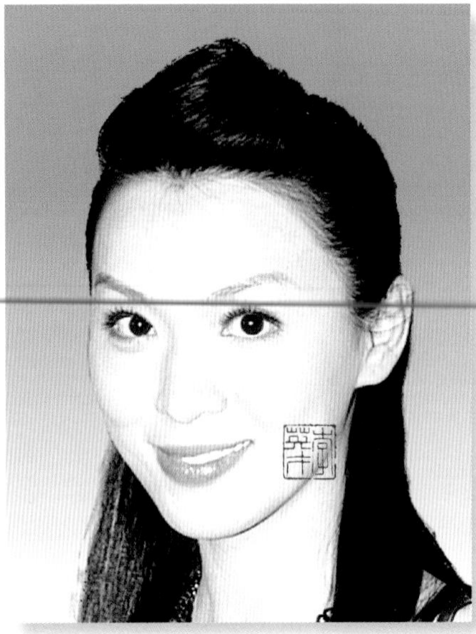

秀美，每個指節距離較長，指骨稍凸，形成指節有形而堅硬，掌雖瘦而不露骨，手背沒有浮根，毋庸置疑，這是屬於入形入格的木型手掌。

基本上，擁有木型掌的人都是聰明有才智，心思細密，敦厚而穩重，處事負責，尤其在誠信方面，必定是言而有信，絕不會輕言許諾；她們對事物喜歡查根究底，特別喜愛留意瑣碎小事，具有見微知貌的能力，而且頗富研究精神。

其次，陳小姐的眉毛平均而柔軟、貼服而整齊，眉色清潤而有光采，眉形修長，這些綜合在相學上稱之為「潤眉」，代表其個人品性溫順，亦富有生活情趣，懂得優閑之道，而品格高尚，具有文學或藝術修養，同時亦喜歡思考，所以整體而言，陳小姐甚適宜於文藝事業發展，多有成就。

不過，凡事有利必有弊，此類人的缺點在於不大善於理財、心腸軟、個性急躁，偏偏陳小姐的雙耳又略呈方形，主其人極重原則，做事總是一板一眼，欠缺靈活，結果做事容易陷於拘泥不變。

再者，陳小姐的眉毛有點疏落，特別在左眉上有間斷之象，這除了代表兄弟容易夭折，或者兄弟姊妹感情受阻外，亦主其人欠缺忍耐力，愛將事情埋藏於心內，影響所致，容易造成性格憂鬱；當遇到重大的壓力時，常有鬧情緒的情況出現，因而影響事業的發展。

英才在此寄望陳煒小姐學習紓緩壓力之道，或者在需要的時候找三五知己聊天，與朋友分享心事，以免情緒失控。

# 張玉珊——桃花寬額成大業

張玉珊在初出道時，當了一陣子歌星，雖然是略有知名度，但成績並不算特別突出，唯不久後張小姐轉戰商場，憑着個人的能力，建立了屬於自己的事業王國，名利兼得，結果讓人刮目相看。她所主理的修身公司在短時間內於業界打響名堂，鋒頭亦一時無兩。

綜觀張小姐的相格，歸納有兩大主要優勢，第一是正桃花旺，人緣上佳，成為貴人多旺之局；第二是額寬高廣，主個人策劃能力強，事業自能邁向成功。

桃花旺相，乃緣於張小姐的鵝蛋面形，略帶美人尖，有梨渦淺笑；配上膚色瑩白，兩顴豐隆，眼透艷光，唇紅齒白，五官端秀，綜合而成古代所說的美人相格，使其有正桃花之助，得人稱許，得人疼愛，得人讚美，由是人緣極佳；加上她眼神端秀，絕非浮邪誇艷之類，不致陷入不正桃花之苦，並廣長輩緣，容易得人相助，尤其是長輩提携不少。以上種種對其事業發展有着重要的幫助，尤其在她創業之初，得外力之助，少走了冤枉路，又提高了不少知名度，自然事半功倍；更重要的是，張小姐擇業正確，以人為對象的美容護膚修身作為事業，配合正桃花之人緣，可以說是得時令之功。

另一方面，張小姐以歌手身份出道，而歌手藝人的確須要桃花、人緣之助，然張小姐本身卻有着抗拒受人拘束擺佈的性格。她面帶梨渦，使其更為嬌俏，更得人喜愛；然而，有酒渦者多愛自由，不喜歡受拘束，討厭被人擺佈，故此，在商界發施命令，隨個人意向發展事業，實比她當一位受萬人注視、被傳媒評頭品足之歌星，更適合張小姐的性格。

此外，張小姐額高寬厚，印堂瑩闊，除了主早得貴人提携外，亦反映她具籌劃之智慧及才能，絕對適宜從事指揮、計劃之工作。須知一個人的頭額仿若一艘船艦之指揮中心，而額相豐隆美滿，正主其聰明、能幹、有策略。所謂創業容易守業難，張小姐人緣雖佳，長輩運也好，但要將一盤生意做得穩、做得大、做得久，個人更需要有籌劃能力，斷不能只靠他人協助，自己坐享其成，因為缺乏計劃之人絕對無法達致事業成功。

最後補充一點，張小姐鼻形挺直，主心地正直善良，意志堅定，一旦決定了之事情，必能朝目標勇往直前；她兩顴豐隆，主其有權有勢，管理能力強。附帶一提，她唇紅齒白，除了代表感情豐富得人愛之外，也主她能聽取他人意見，有信用，能守諾，能顧全大局。總而言之，張玉珊外有人緣，內有能力，內外兼備，當然是做大事、創業成功的必然條件。

# 郭可盈——眼神堅定逆境更自強

一九九三年，郭可盈藉着香港小姐選舉而晉身娛樂圈，其後參與了多部電視台的大製作而廣為人識，奠定了一定的知名度。

郭小姐在娛樂圈的出道，確實是比較簡單而直接，她的星途輕鬆順利，可算是少年得運，這都是有賴她的額相生得不錯。

郭小姐的額寬而廣，主少年運暢順，而且能夠藉着這個運勢而在娛樂圈上位；然而她的額相仍有不足之處，就是福堂的位置略呈低陷，她的雙眉亦稍短，位置亦比較低，有眉低壓目之勢，這代表她的思想繁雜多念，而且處事較為性急。

本來福堂低陷者，多是消極而悲觀，經常帶有負面的想法，容易自尋煩惱，尤幸郭小姐的眼神不錯，堅強而有力，而且兩顴高聳，鼻樑挺直、線條明顯而有力，顯示她的個性堅強，絕對能自我肯定，所以我們偶爾會看見她的笑容背後，隱隱約約藏着略緊而不妥協的眼神，對抗負面而消極的思想，所以郭小姐必定能面對逆境而不容易妥協。

此外，觀乎郭小姐的手形狹長，關節不露骨，手指長而細膩，指頭尖而配合緋紅色的杏形指甲，加上手掌柔軟美觀，皮膚白皙而幼細，屬於典型的精神手，顯示她的直覺頗佳，富有審美能力，喜好文藝活動，而且性情溫和，舉止文靜，配合寬廣的額相，皆主郭小姐文思敏捷，甚具創造力，有文藝方面的才能，絕對有利演藝事業的發展。

郭小姐的福堂位置略為低陷，代表她在二十九至三十歲時，即是一九九九至二〇〇〇年年間，流年運程會比較差，時常碰到阻滯，勞多而獲少，此時須看郭小姐如何面對逆境，而以相論相，她並不是輕易放棄而逃避的人，怕的只是她會有走歪的念頭，幸好她的感情發展尚算不錯，能給予她有力的支持，是故流年的阻滯只是迫使其潛力得以發揮，最終她必可憑着堅韌的耐力而有所突破，事實上，當逆境一過，英才敢說，郭小姐的事業必可再創高峰，屆時除了在娛樂圈發展外，她還有機會在其他文藝範疇上創造不錯的成就。

# 周海媚——晚福亨暢

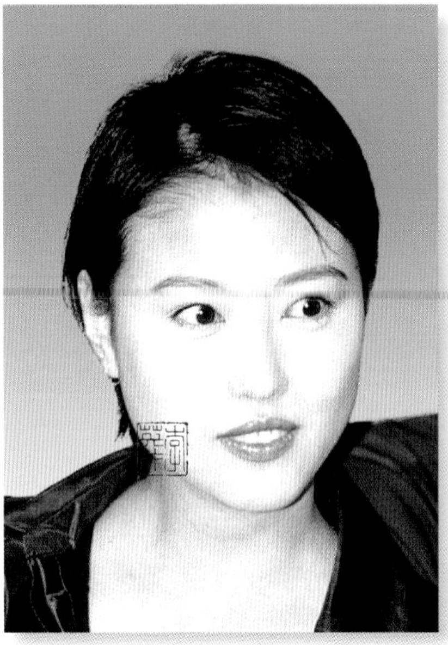

面相學把人的臉孔劃分為上、中、下三停：額為上停，代表「天」，反映一個人的智慧、策劃能力，以及少年運程；顴及鼻為中停，代表「人」，反映一個人的自我意志之強弱及中年運勢；下巴為下停，稱為「地」，代表着一個人的體能狀況、司職所長，同時亦反映了晚年的運勢。

當然，上、中、下三停平均最為上等，然而人各有異，相有不均，有好有壞，每個人的三停形相各有不同，才分別出各人的不同相貌、不同才幹及不同特點。

以三停的角度來看，有「海味」之稱的周海媚，以下停最為突出。尤其是下巴的兩旁，被稱之為地閣的位置，地閣又名奴僕宮，亦代表愛情和家庭之運勢；而嘴部是女性之祿位，亦即看衣食厚薄之部位。所以，地閣和嘴部外圍都生得隆豐而厚肉的話，晚景多會獲得萬千寵愛，受到呵護備至而不須操勞任何事情。

周海媚之地閣方而寬廣，雖算不上肉厚隆豐，然而，綜觀整個下停，看來尚算飽滿有肉，所以她的晚運屬於美滿之格，無憂亦無慮，亨暢福潤。

此外，相學亦將人的面部劃分成十種不同的形格，稱為「秘傳十字面」，詩曰：「由甲申田同，王圓目用風。能明十字理，造化在其中」。細看周小姐的面形，左右並不完全對稱，左邊較大，而下半部略為寬闊，這種格局被稱為「用」字面。

凡有此面相者，多是心地善良，喜歡關心別人，幫助朋友不遺餘力，但常會過於熱誠，反而使人厭煩，對朋友如是，對家庭也如是，雖然全心奉獻，但多不被人諒解，反遭討厭，故多勞少獲，運程反覆，難以掌握，尤以女性更甚。加上周小姐的鼻樑挺直，雖然主其有頑強的鬥志，但亦同時表示，她有強烈的自我個性；而口形呈仰月，本來代表她待人接物溫柔和藹，但綜合論之，亦意味着她的姻緣路較不平坦，多有反覆，此實美中不足之處也。

# 鄺美雲——個性強，情路憾

鄺美雲一向有「鄺美人」的稱號，年輕時憑着一副婀娜多姿的S形體態及冷艷的外貌，艷壓群芳，迷倒不少城中男士，贏盡各方讚美，尤其是得到「鄺美人」的稱許。然而，綜觀鄺美人面相整體之配合，英才不敢說不美，但以相學而觀之，英才發覺其早年及初出道之運程，竟多有遺憾！

有說相由心生，而表徵於外，說美人相格有憾，絕非說其外貌不美，正正是與其傾倒各方男士之冷艷外貌有關。美人雖美，但命運並不一定幸福美滿，雖知街坊婦人，亦有羨煞旁人的際遇，因老天爺是公平的，不會把全部美好的東西，統統加諸於一人的身上，所以縱使是美人，也會有辛酸的經歷，且讓英才逐一細說如下。

先說鄺美雲的額相，額主人之少年運程，她額高寬廣，故早年運程較為暢順，容易得到長輩或上司的提攜，唯兩旁山林，即近太陽穴的位置，呈凹陷之狀，破壞了額相，而此部位主二十九及三十歲的流年運程，這表示，當美人踏入實齡二十九及三十歲時，會遇到相當程度的阻滯，這一阻滯，說具體一點，即是指其年輕時辛苦積聚的財富，會有一半或以上的損失，才能度過流年一劫。

再看鄺美人的腮骨及鼻樑，其腮骨有外露之勢，而鼻樑高挺，這正顯示其個性堅忍而富耐力，做事衝勁十足，責任心重，然個性卻過分硬朗及處事作風太大膽，總愛一意孤行，少理外人之看法，形成外在的孤高冷清，這些由內在性格反映到外在的行為，於是得到「冷艷美人」之稱。

自古美人皆孤獨，鄺美人亦不例外，蓋因女性有此性格，往往辛勞而孤單，加上其鼻樑有節，主自我中心太強、原則性太重，所以從前有說女性鼻樑有節乃剋夫之相。其實，女性以鼻為夫星，夫星不美，加上性格過分剛強，夫妻生活自然不美滿，難免離異收場，這是倒果為因的說法。

此外，鄺美人之眉根粗而眉型散亂，而眉亦主感情宮，感情宮散亂，即表示感情容易受到破壞，加上眉尾下傾而侵入奸門，亦為一大敗格，眉運主三十一至三十四歲的流年，即表示這段期間感情必有變動，所以她與呂良偉之婚姻並不如意，最終離婚收場。

感情有憾，唯有寄託於事業。論鄺美人的事業發展，須看其眼形及山根部位，嚴格來說，形格並不算美，而山根兩旁較薄削，形成所謂「虛花之局」，而眼主三十五至四十歲之運程，而山根則論四十一至四十三歲之吉凶，綜合兩者而言，再反覆細看其主要命格，會發現她於四十四至五十歲流年為人生最光輝之期，雖說是虛花之局，但只要鄺美人能把握這段時期的機會，憑其堅忍不倔之個性，作好衝刺準備，積穀防飢，則晚運必有餘慶，生活豐裕美滿。

# 陳彥行——家庭美滿幸福中年

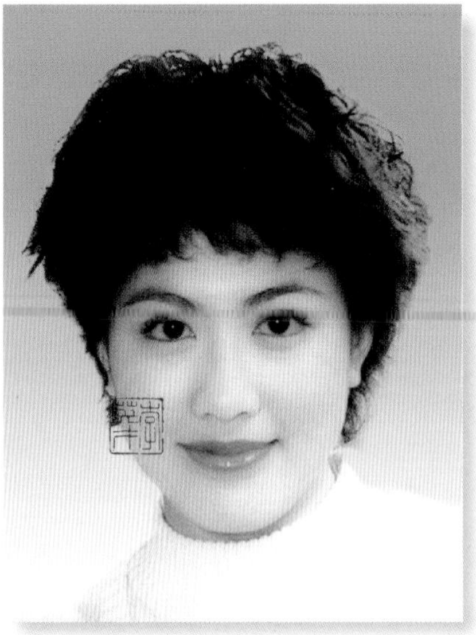

有「行姐」之稱的陳彥行，入行之初，是以身材突出而廣為人認識，然而日子久了，她的身材並沒有改變，但觀眾對她的印象卻不再只限於她驕人的身材，而是她一臉親切的笑容。

從相學來說，這是由於行姐本身的天賦氣質，並不是冶艷之美麗，而是平易近人的親切態度。

行姐的面相五官中，以鼻形最美，她的鼻樑挺直，有肉而不削，鼻頭肉厚，色澤明潤，鼻翼豐厚而有肉。女性以鼻為夫星，鼻形上佳者，必能嫁得好夫婿，得到丈夫的愛護、照顧和經濟支持，由是家庭運自然不俗。其次，她的下巴飽滿有肉，耳形又生得不錯，加上有一對適中的耳珠，雙耳緊貼臉頰，代表她為人順從。綜合來說，行姐必然擁有一個幸福的家庭，而且晚運美滿。

此外，行姐的鼻形豐厚，主朋友運佳，故能為她帶來不錯的人緣；另外，她的嘴形清秀，眼大而圓，乃桃花之象，亦主人緣好，而在娛樂圈發展，上佳的人緣間接令行姐得到不俗的觀眾緣。再看她的雙手，月丘（即太陰丘，位於尾指對下的手掌邊緣），肉厚而色澤明潤，主有相當的藝術天分，以上種種都顯示行姐是適合吃娛樂圈這行飯的。

不過，可惜的是，行姐的眼神稍弱，有時總像是有氣沒力似的，這對於事業運勢及自信心將帶來不利影響，若想在這個競爭激烈的娛樂圈內爭做一線紅星，實在需要更加倍的努力。

無論如何，行姐的家庭運勢強勁，事業運勢自然會稍差，而且她的顴厚有肉，在女性來說，會有點愛管事的傾向，若果任職管理階層，當是理想的管理人相格，但在娛樂圈發展的話，這就並不一定是好事，反而用於看管家庭、看管丈夫，會比較適當的。

最後一提，行姐的掌相上，除了月丘豐厚外，金星、木星、太陽及水星各丘亦是豐厚潤澤，可以推算出她的運勢一定不會太差，而且她的鼻、顴皆有肉，亦是中停上佳之相，下巴豐厚亦是下停晚運吉利之兆，所以，行姐在往後的運程，並不見有走下坡之迹象，反而會是愈走愈好，愈往後就愈美滿。

# 曾志偉——M字額相，少運得志

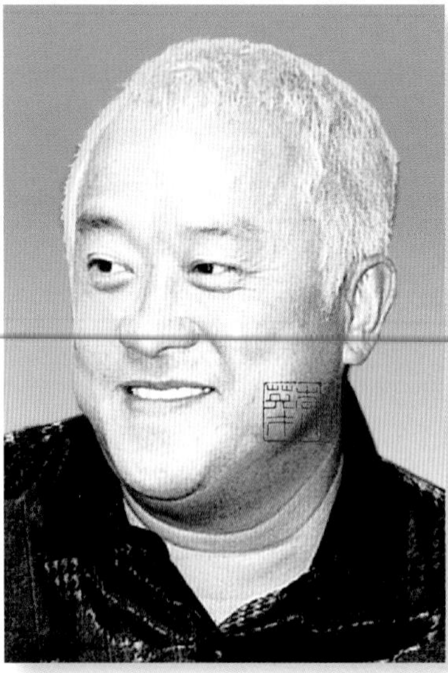

有謂：「欲察人之成敗得失，欲覽人之一生際遇，必以面相為本，而面相中，又以額為先。」

額相位居面相三停的上停，是面相中一個極重要的部位。英才常說，欲知一部著作的內容，只要先看其封面，就可以大概知道書本的性質、概念及分類。前額的相法，就恰如一本書的封面。

前額指由髮際至兩眉之間，當中包括六個主要部位：火星、天中、天庭、司空、中正、印堂，而且面相十二宮的命宮、官祿宮、遷移宮、父母宮、交友宮及福德宮等六個重要宮位也包括在內。額相除了透露三十歲前的運程外，亦可看出一個人的智慧、行事、長輩緣、祖上遺傳、人際關係等的運勢發展，所包含的範圍既廣泛又重要。特別一提的是，前額位居火宿之位，亦稱離宮，所謂南離為火，所以在南方人的相格上尤為重要。

眾所週知，曾志偉的額形為M字額，而他整個人的相格，亦以前額最為凸出，他的M字形前額，最叫人留下深刻印象。相學上本來沒有M字額的名稱，只是此種額相的形貌與英文字母M字相像，因而得名。

以曾志偉的額形而論，左右兩邊髮際往後退而呈凹入狀，形成一個M字形額。

此種額形的特點是闊廣而寬大，而額角遷移宮的位置，亦甚為圓闊，代表其人具社交手腕，交際能力特別強，也很重朋友情義，而且喜愛探索和研究新事物，為人心思敏銳，有豐富的創作力，充滿藝術細胞，所以我們亦可稱此額形為藝術額。

其次，這額形的另一特點是為人爽快、感性，不重視金錢，喜怒憂慼俱形於面上，表裏一致，感情豐富，凡事率性而為，不拘小節，又愛好管閑事，所以常常給人一種任性任意妄為的感覺，難免招惹麻煩。

擁有M形額的人，由於其重朋友、更重自由的個性，故婚姻多不能長久，所以有此額相者忌早婚。另外，由於為人重視感情，愛照顧他人，容易動情，感情生活必定特別豐富，在別人看來，自然是不羈一族，所以適宜晚婚。

據資料顯示，曾志偉曾經透露，他完婚於少年時，在新婚之夜即與朋友出走，三天不回家，此為他年少任性的例證。前額闊廣亦指少年運程如意，容易得到長輩提攜；又據資料所得，曾志偉的父親曾是四大探長之一，家底豐厚，雖晚年沒落，亦可證明曾志偉少年運程暢順。而額相上佳者，長輩緣分特別好，他早年在娛樂圈發展，一直獲得有地位的人賞識及提攜，這亦有迹可尋。

# 譚詠麟——成功孩子王

有「樂壇校長」之稱的譚詠麟，由最初樂隊成員出道開始，在七十年代進入樂壇，然後在八十年代紅遍東南亞，至九十年代轉戰商場，最後更成為上市公司主席，難得的是，他仍然孜孜不倦地教誨新人，樂此不疲，因此贏得校長之名，在娛樂圈風光了半輩子。

今天，譚詠麟仍能夠以「二十五歲」的校長身份，憑着一副孩子臉的笑容，活躍於娛樂圈，實在是一個奇迹。

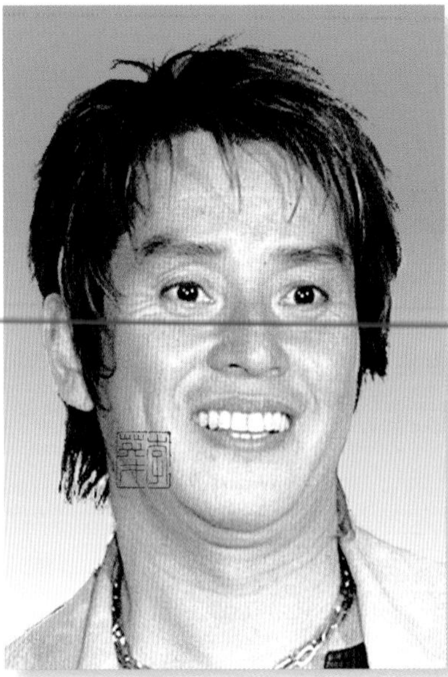

以相論相，譚詠麟的面相有不少過人之處，整體相格亦十分協調，三停平均而飽滿。先說他的眼睛，圓潤有神，充滿童真，活脫脫就是一對孩子眼。擁有孩子眼的人，顧名思義，就像孩子一般天真、貪吃、愛玩，而富有創造力。其次，他的笑容可掬，令人如沐春風；他的牙齒整齊潔白，主其有衣食運，愛吃喝，一生不愁衣食；加上他嘴形漂亮，唇紅齒白，很適合以口生財的行業，其嘴角兩邊的法令線清秀，以上皆反映他有極強的觀眾緣。

綜合來說，譚校長有朋友緣，有觀眾緣，能賺四方之財，尤其適合靠口才的事業，所以他選擇在娛樂圈發展，是走對了第一步。至於他愛享受、貪玩樂的孩子性格，除了有利他廣交四方朋友外，亦間接有助他的藝術創作，使他在這個千變萬化的娛樂圈裏，走出一條娛人娛己之路，能在工作之中找到快樂，而樂在其中，他敬業樂業的工作精神自然是成功的另一關鍵。

接着談談他的鼻相，譚校長的鼻樑挺直，鼻頭圓潤，鼻形有力，左右鼻翼豐厚有肉，不單主其為人主觀、有主見，具創造力，更代表他會有豐厚的財富運。他兩顴隆起而有肉，是權力的象徵，主其有管治能力，配合他的創造力，自然能夠在開創事業後，進一步把它規劃成有聲有色的大企業，無怪乎譚校長能成為一位傑出的商人。

最後一提，譚校長的下巴豐厚，主晚運亦皆，可以說得上是三停皆貴。事實上，單從他的聲音，我們已經找到一些端倪，他的聲線沉厚而有力，清潤而不濁，除了適合唱歌外，據《人倫大統賦》說，聲音沉厚者屬於貴相。無怪乎譚校長在娛樂圈中有名有利，呼風喚雨，他愛吃喝、常玩樂的樂觀性格，讓他能因娛樂而得名，因娛樂而得利，因娛樂而得權。

# 額耳玄機

作者

李英才

編輯

梁美媚

美術統籌及封面設計

Ami

出版者

圓方出版社

香港英皇道499號北角工業大廈18樓

電話：2138 7998

傳真：2597 4003

網址：http://www.formspub.com

http://www.facebook.com/formspub

發行者

香港聯合書刊物流有限公司

香港新界大埔汀麗路36號

中華商務印刷大廈3字樓

電話：2150 2100

傳真：2407 3062

電郵：info@suplogistics.com.hk

承印者

中華商務彩色印刷有限公司

香港新界大埔汀麗路36號

出版日期

二〇一二年七月第一次印刷



ISBN 978-988-8137-97-8

Published in Hong Kong

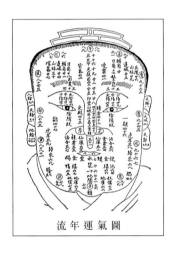

# 歡迎加入圓方出版社「正玄會」！

您了解何謂「玄學」嗎？您對「山醫卜命相」感興趣嗎？
您相信破除迷信能夠轉化為生活智慧而達至趨吉避凶嗎？
「正玄會」正為讀者提供解答之門：會員除可收到源源不斷的玄學新書資訊外，並享有購書優惠，更可參與由著名作者主講的各類玄學研討會及教學課程。「正玄會」誠意徵納「熱愛玄學、重人生智慧」的讀者，請填妥下列表格，即可成為「正玄會」的會員！

## 您的寶貴意見……

您喜歡哪類玄學題材？(可選多於1項)

☐風水　☐命理　☐相學　☐醫卜
☐星座　☐佛學　☐其他________

您對哪類玄學題材感興趣，而坊間未有出版品提供，請説明：

____________________________________________

此書吸引您的原因是：(可選多於1項)

☐興趣　☐內容豐富　☐封面吸引　☐工作或生活需要
☐作者因素　☐價錢相宜　☐其他________

您如何獲得此書？

☐書展　☐報攤/便利店　☐書店(請列明：________)
☐朋友贈予　☐購物贈品　☐其他________

您覺得此書的書價：

☐偏高　☐適中　☐因為喜歡，價錢不拘

除玄學書外，您喜歡閱讀哪類書籍？

☐食譜　☐小説　☐家庭教育　☐兒童文學　☐語言學習　☐商業創富
☐兒童圖書　☐旅遊　☐美容/纖體　☐現代文學　☐消閑
☐其他________

## 成為我們的尊貴會員……

姓名：________　☐男/☐女　☐單身/☐已婚
職業：☐文職　☐主婦　☐退休　☐學生　☐其他________
學歷：☐小學　☐中學　☐大專或以上　☐其他________
年齡：☐16歲或以下　☐17-25歲　☐26-40歲　☐41-55歲　☐56歲或以上

聯絡電話：________　電郵：________

地址：________________________

請填妥以上資料，剪出或影印此頁並郵寄至：香港筲箕灣耀興道3號東滙廣場9樓「圓方出版社」收，或傳真至：(852) 2597 4003 ，即可成為會員！

*所有資料只供本公司參考

請填妥後對摺，黏貼後即可直接郵寄 謝謝

請貼郵票

寄

香港筲箕灣耀興道3號

東滙廣場9樓

「圓方出版社」收

請填妥後對摺，黏貼後即可直接郵寄 謝謝

圓 圓方出版社

# 正玄會

· 免費加入會員 ·

· 尊享購物優惠 ·

· 玄學研討會及教學課程 ·